미국 정치 연구

미국 정치 연구

2020년 9월 10일 초판 1쇄 찍음
2020년 9월 18일 초판 1쇄 펴냄

지은이 백창재
펴낸이 윤철호·고하영
편집 권우철
디자인 김진운
마케팅 최민규

펴낸곳 ㈜사회평론아카데미
등록번호 2013-000247(2013년 8월 23일)
전화 02-326-1545
팩스 02-326-1626
주소 03993 서울특별시 마포구 월드컵북로6길 56

이메일 academy@sapyoung.com
홈페이지 www.sapyoung.com

ISBN 979-11-89946-74-6 93340

미국 정치 연구

백창재 지음

사회평론아카데미

머리말

　다른 나라의 정치를 이해하는 것은 세계화 시대에 우리에게 여러 가지 실용적인 이득을 가져다줄 뿐 아니라, 정치에 대한 우리의 지식을 풍부하게 해 준다. 미국 정치에 대해서는 새삼 말할 필요도 없지만, 두 가지 필요성을 강조하고 싶다.

　하나는 미국의 대외정책에 미치는 국내 정치의 영향을 이해해야 할 필요성이 더욱 커지고 있다는 점이다. 세계화와 미국 단극(unipolarity)으로 규정되는 21세기 세계 안보·경제 질서는 현재 기로에 서 있는 듯하며, 앞으로의 변화는 우리 모두에게 중대한 영향을 미칠 것이다. 이 세계질서의 진로에 가장 큰 영향을 미치는 것은 당연히 미국의 대외정책이다. 그리고 미국의 대외정책 변화를 파악하기 위해서는 미국의 국내 정치지형과 담론의 변화를 제대로 이해해야 한다. 전통적으로 미국은 대외정책에 대해 국내 정치적 요소들의 영향이 큰 데다가, 냉전 당시의 초당적 합의가 사라진 지금은 더욱 의회와 압력단체들과 정치활동가들의 영향이 커졌기 때문이다.

다른 하나는 지난 200여 년간 미국은 거대한 정치적 '실험실'이었다는 사실이다. 당연한 것으로 여겨지는 많은 정치제도들이 사실은 미국에서 최초로 발명되고 수정되어 왔다. 성문 헌법에서부터, 대통령제, 위헌 심사, 국민 경선 등 이런 제도들은 한두 가지가 아니다. 이 독특한 제도들은 우리를 포함하여 많은 나라들에 전파되었다. 따라서 이 제도들이 원래 어떤 맥락에서 무슨 목적으로 생겨난 것이고, 어떤 조건에서 어떻게 작동하는지, 그 정치적 영향은 무엇인지를 정확히 이해하는 것은 지극히 중요하다. 제도의 외양과 순수한 취지만 고려하고 이 제도들을 도입하게 되면, 이런 제도들이 우리의 정치적 조건에서 제대로 작동할 것인지, 어떤 결과를 낳을지 알 수 없다.

이런 필요성에서 오래전에 이 책을 기획하게 되었다. "미국 정치를 이해하기 위해 무엇을, 어떻게 보아야 하는가"에 대한 생각을 정리하려는 것으로, 각 장은 하나의 연구 대상, 주제와 이에 대한 적절한 접근에 대해 논의한다.

제1장은 전체를 개괄하는 장으로, 미국 정치를 얼마나 독특한 것으로 다루어야 하는지 논의한다. 한 세대 전만 해도 '교과서적 미국 정치(textbook American politics)'는 다른 나라 정치와는 비교될 수 없는 독특한 것으로 규정되었다. 하지만 최근에는 점점 다른 민주주의 국가들의 정치와 유사한 것으로 여겨지고 있다. 미국 정치가 얼마나 독특한지, 혹은 얼마나 유사해질 것인지에 대한 나름대로의 판단을 제시한다.

제2장은 미국의 정치 이념에 대해, 특히 정치 이념이 정치제도의

수립과 정치세력들의 갈등에 미친 영향에 대한 루이스 하츠의 설명 중심으로 논의한다. 하츠는 미국 정치의 독특성을 근대 민주주의의 정치변동이라는 보편성 위에서 파악했다. 독특한 자유주의 이념 속에서 벌어진 정치세력들 간 투쟁의 결과 독특한 제도와 정치변동이 생겨났다는 하츠의 진단을 재해석한다.

제3장은 미국의 정치변동을 정당 중심으로 설명한다. 특히 1960년대부터 트럼프 시대까지 민주, 공화 양당에 대한 유권자 지지의 재편을 정당과 정당 지도부의 전략을 통해 분석한다. 유권자 분포의 변화로 선거 결과를 설명하는 주류 학계의 시각에서 벗어나, 갈등을 규정하고 대체해 나가는 정당의 역할을 중심으로 현대 민주주의를 분석하는 샷슈나이더적 전환이 필요하다는 주장이다. 미국 정치사가 생소하다면, 제3장의 보론과 제7장을 먼저 읽는 것이 나을 수 있다.

제4장은 정책결정의 장(場)으로서 미국 의회를 다룬다. 미국 의회는 어떻게, 어떤 요인 때문에 특정한 의사 결정을 하는가? 지난 40년 넘게 이 분야를 지배해 온 패러다임의 초석을 놓은 것은 메이휴의 연구이다. 메이휴의 이론이 연역 이론으로서 지니는 문제점들을 분석하고, 이후의 주류 이론들에 미친 부정적 영향을 평가한다. 그 대안적 관점으로, 메이휴와 동시대의 대가 리처드 페노의 분석틀을 다시 도입한다.

제5장은 대통령의 권력과 리더십에 대한 기존 연구들을 평가하고 적절한 접근을 모색한다. 전반부에서는 대통령 권력의 근간을 이루는 헌법적·제도적 자원에서부터 최근의 일방적 대통령론까지 대통령의 권력자원을 살펴보고, 각 권력자원에 내재된 명암을 평가한

다. 후반부에서는 대통령 리더십 연구를 개척했던 노이스타트의 복잡한 분석틀을 해부하고, 이와 상반된 구조적 관점을 소개한다. 양 접근의 절충 또는 혼합이 특정한 대통령의 통치행위를 이해하는 데 필요할 것이다.

제6장은 대통령제에 내재하는 근본적 문제로서 분점정부를 다룬다. 양당이 의회와 백악관을 나누어 지배하는 분점정부는 왜 발생하는가? 우리식 표현으로 여소야대인 분점정부는 정부의 통치 능력에 어떤 영향을 미치는가? 양당에 대한 유권자들의 지지구조가 변화하고 양당 간의 대립이 격화되면서 분점정부의 유형과 성격도 변화하고 있으며, 정부의 통치 능력에 대한 부정적 영향도 커질 수 있음을 보여 준다.

제7장은 1970년대 이래 미국의 정치제도개혁을 분석하고 앞으로의 개혁 방향을 전망한다. 먼저 예비선거제 확산으로 귀결된 정당개혁을 그 정치적 맥락, 필요성, 과정, 그리고 정치적 영향을 중심으로 분석한다. 같은 방식으로 1970년대 의회개혁을 설명하며, 실패한 개혁으로 의원 임기제한제 운동을 살펴본다. 마지막으로 1980년대 이래 제도개혁들이 성공하지 못한 이유를 분석하고, 정치제도개혁의 '의도하지 않은 결과(unintended consequences)'를 조명한다.

이 장들 대부분은 책을 기획한 이래 순차적으로 학술 논문의 형태로 발표되었다. 이 논문들을 수정하고 업데이트하여 종합한 것이다. 출처는 다음과 같다. 「루이스 하츠의 자유주의 사회 분석 재고」, 『한국정치연구』 18:3 (2009), 137-163; 「정당과 유권자: 샷슈나이더 이론의 재조명」, 『한국정치연구』 25:3 (2016), 1-30; 「미국 의회 연구: 메이휴와 페노를 중심으로」, 『한국정치연구』 26:3 (2017), 277-302;

「미국 대통령의 권력자원과 리더십」, 『국가전략』 24:4(2018), 135-173; 「여소야대와 정부의 통치능력」, 『국가전략』 4:2(1998), 119-148; 「미국적 정치제도의 장래 I: 제도개혁의 정치적 결과」, 『美國學』 21(1998), 1-33; 「미국적 정치제도의 장래 II: 1980년대 이후의 정치개혁」, 『美國學』 22(1999), 1-27.

마지막으로, 냉철한 전문가의 눈으로 진지하게 책을 만들어 준 고하영 대표와 사회평론아카데미 여러분들께 감사를 드린다.

2020년 여름

차례

머리말 4

제1장 미국 정치의 독특성과 보편성 13

미국 정치의 독특성 16
독특성의 기원 20
이념적 기반: 미국 예외주의 24
제도적 기반: 거대공화국의 정치제도 30
보편성의 측면 34

제2장 이념, 제도, 정치변동 41

하츠에 대한 평가 43
하츠의 문제의식 47
자유주의의 내용 50
이념, 정치투쟁과 제도 55

제3장 정당과 유권자 63

문화 전쟁? 65
유권자와 정당 70
샷슈나이더 이론의 재조명 79
샷슈나이더 이론의 적용 88
1990년대 이후 양당의 선택 97
보론 미국 정당체제의 변화 111

제4장 의회와 입법 행태 121

메이휴의 의회 연구 123
메이휴의 유산 136
페노의 복귀 147

제5장 대통령의 권력과 리더십 157

제도적 자원과 이점 162
대중 호소 전략과 국민 수권 170
개인적 자질과 리더십 181
구조적 맥락과 리더십 191
트럼프 시대 204

제6장 분점정부와 정부의 통치력 211

분점정부의 빈도 213
분점정부의 유형 217
분점정부의 원인 219
분점정부와 정부의 통치력 228
메이휴의 설명에 대한 평가 236
메이휴 이후 240
분점정부와 민주주의 245

제7장 정치개혁과 미국 정치제도의 장래 253

미국 정치제도의 변화와 개혁 255
의회개혁 258
정당개혁 281
개혁의 유산과 이후의 개혁 시도 301
의원 임기제한 개혁 306
정치개혁의 진로 328

참고문헌 334
찾아보기 346

제1장

미국 정치의 독특성과 보편성

흔히 미국은 자유 민주주의의 전형적 모델로 간주된다. 2차 세계대전 이후 '미국식' 정치제도는 우리나라를 포함한 많은 신생국들에 도입되었고, 20세기 말에 이르러서는 민주화 과정에 있던 많은 나라들이 미국 정치제도들을 모방하기도 했다. 심지어 이탈리아와 같은 선진 민주주의 국가조차 '미국식' 대통령제 도입을 모색했던 적이 있다. 그만큼 자유 민주주의의 전형으로서 미국 정치제도는 전 세계에 널리 알려져 있는 듯하다.

그러나 미국의 정치제도와 정치과정만큼 제대로 이해되지 않고 있는 것도 드물다. 예컨대 워터게이트(Watergate) 사건으로 리처드 닉슨(Richard Nixon)이 사임하자 서구 언론들은 경악했다. 그 정도의 일을 가지고 현직 대통령을 형사 소추하려 하고, 그 때문에 정권이 무너지는 일을 이해하지 못했던 것이다. 지난 2000년 대통령 선거에서 조지 부시(George W. Bush)가 유권자 총 득표수에서 지고도

플로리다주의 혼란스런 개표 결과 덕분에 선거인단 과반을 얻어 승리했던 때도 마찬가지였다. 앨 고어(Al Gore)의 지지자들이 결과를 받아들이지 않을 것이라고 예측되기도 했고, 부시 선거인단들이 반란표를 던지리라고 기대되기도 했다.

학계도 마찬가지다. 1956년 수에즈운하 사건에 대한 미국과 영국의 대응방식의 차이를 보면서 당대의 석학 리처드 노이스타트(Richard E. Neustadt)는 가장 가까운 동맹국인 미국과 영국 간에도 서로의 정치 시스템과 정책결정 과정에 대한 이해가 모자란다고 한탄했던 바 있다.[1] 또 당시까지 영국에서 출판된 미국 정치 관련 저술들을 평가하면서 넬슨 폴스비(Nelson W. Polsby)는 수많은 오류들을 지적하기도 했다.[2] 영국 학계가 이 정도이니, 다른 나라들은 미국 정치를 결코 이해하지 못하리라는 것이었다.

미국 대학의 교과과정에서 미국 정치 분야는 독립된 한 분야로 구성되며, 비교정치 분야나 각국 정치 연구들과 분리되어 다루어진다. 다른 나라 정치학계는 당연히 미국 정치를 비교정치와 각국 정치의 한 부분으로 간주한다. 요컨대 미국 학계에서는 미국 정치의 독특성을 전제하는 반면, 다른 나라 학계에서는 보편성과 비교 가능성을 당연시하는 것이다. 물론 어느 나라 정치학계나 자국 정치를 독립된 분야로 설정하여 더 깊이 있고 구체적으로 다룰 것이다. 그러나 미국 학계만큼 비교정치 분야나 각국 정치 분야와의 교류와 연계성이 없는 경우도 드물다.[3] 결과적으로 미국 학계의 판단으로는, 비교적인 시각에서 접근하는 다른 나라 학계는 미국 정치의 독특성을 이해할 수 없다는 것이다.

미국 정치의 독특성

원론적인 수준(textbook American politics)*에서 살펴보면, 미국의 정치 현상들 중에는 대단히 독특한 것들이 많다. 우선, 대통령제를 생각해 보자. 제헌가들(Founders)은 제헌과정의 우여곡절 끝에 대통령제 민주주의 제도를 '발명'했고, 그 후 200여 년이 흐르는 동안 미국의 대통령제는 나름대로 효율적인 민주적 정치제도로 기능해 왔다고 평가할 수 있다. 여기서 두 가지 미국적 독특성이 발견된다. 첫째, 어떻게 대통령제가 고안되었을까? 헌법제정과 비준 과정은 말 그대로 독립 이후에 민주주의 국가를 새로 만드는 과정이었고, 당시의 고전적 민주주의 이론에서는 국민의 대표들로 구성된 의회제 민주주의의 수립이 당연한 길이었다. 그러나 제헌가들은 권력분립(separation of powers)을 기반으로 하는 대통령제를 고안해 냈고, 더욱이 단일 행정수반제(unitary executive)를 채택했다. 식민지 시절의 경험이라든가 당시의 국내외 상황 등 여러 가지 요인이 작동했을 것이지만,[4] 이런 정치제도의 발명 자체가 미국적 독특성이라고 평가할 만하다.

둘째, 제3의 민주화 물결이 한창이던 1990년대에 신생 민주주의 국가들을 관찰하면서 후안 린츠(Juan Linz)는 대통령과 의회의 권력분립으로 인한 이중적 정통성(dual legitimacy)의 문제를 지적한 바

---

* 이 표현은 케네스 셉슬의 '교과서적 의회(textbook Congress)'를 차용한 것이다. 1980년대까지 미국 정치 전반과 의회, 정당 등에 대한 지배적인 관점을 의미한다. Kenneth Shepsle, "Congressional Influence and Behavior: The Changing Textbook Congress," in John E. Chubb and Paul E. Peterson, eds., *American Political Institutions and the Problems of Our Time*, Brooking Institution, 1989, p. 239 참조.

있다.[5] 서로 다른 지지기반을 지닌 양자 간의 충돌과 경쟁, 또는 독주가 민주주의의 위기를 초래할 수 있다는 것이다. 브라질에서 필리핀, 심지어 우리의 경우에서도 일어났던 의회 해산과 대통령 탄핵 등이 린츠의 주장을 뒷받침한다. 이는 비단 신생 민주주의에만 적용되는 문제가 아니다. 강력한 리더십을 지닌 대통령의 정당이 의회를 장악할 경우, 권력분립의 원리를 무색하게 할 정도로 대통령이 독주할 가능성이 높다. 반면, 대통령과 의회를 서로 다른 정당이 장악하는 분점정부(divided government)의 경우에는 정당 간 경쟁이 양부 간 경쟁(interbranch rivalry)으로 비화되어 정부의 기능이 마비될 수도 있다. 어떤 경우에도 민주적 통치력(democratic governability)은 심각하게 훼손된다. 이러한 위험이 건국 초기부터 지금까지 별로 현실화되지 않았다는 데서 미국 대통령제의 독특성을 발견할 수 있다. 물론 평가하는 관점의 차이가 있을 수는 있으나, 미국 대통령제는 최소한 국정의 마비나 독재에 가까운 형태로 변형되지는 않았다. 대통령제의 이론적 결함을 200여 년간의 미국의 경험이 구해 준 셈이다.

다음으로, 미국 정당 역시 대단히 독특하다. 일찍이 모리스 듀베르제(Maurice Duverger)는 미국 정당을 유사하게 생긴 빈 병 두 개에 비유한 바 있는데, 1970년대까지 미국의 민주, 공화 양당은 이념정당, 정책정당과는 거리가 멀었다.[6] 서구 정당의 기준으로 볼 때 그야말로 '빈 병'이었던 셈이다. 당시 미국정치학회조차 책임정당정부(responsible party government)를 구현하기 위한 정치개혁안을 모색할 정도였다. 19세기 중후반 민주, 공화 양당체제가 수립될 때부터 미국 정당은 다양한 이익들의 연합이자 각 주 정당들의 결합체였다.

특정한 이념과 노선을 중심으로 결집되지 않고 정치 연합의 역할을 수행하는 것이 미국 정당의 핵심적 기능이었다. 이처럼 독특한 정당으로 인해 독특한 미국적 정치 현상이 벌어져 왔다는 것이다.[7]

의회 역시 독특하다. 우선, 미국 의회는 다른 나라 의회들과 비교할 때 가장 강력하다. 20세기 초반까지 미국 의회는, 우드로 윌슨(Woodrow Wilson)이 미국 정부는 '의회 정부(Congressional government)'라고 진단했을 정도로 막강한 권한을 행사했다.[8] 뉴딜 이후 제왕적 대통령(imperial presidency)이 대두된 후에도 의회는 다양한 개혁과 전문성 및 자원 확보를 통해 상실된 권한을 회복했다. 실질적으로 행정부를 통제하고 독자적으로 정책을 수립할 수 있는 강력한 의회인 것이다. 한편, 미국 의회는 의원들 각자가 자기 지지기반을 대표하는 데 중점을 둔다는 점에서도 독특하다. 위임가(trustee)로서의 역할보다는 대표(representation)의 기능에 치우치며, 각 의원들이 대표하는 이익의 총합이 의회의 입법으로 나타난다. 결과적으로 미국 의회는 '집단적 무책임의 입법부(legislature with collective irresponsibility)'라는 비난을 받기도 한다. 이러한 의회가 막강한 전문성과 권한을 지니고 있다는 점 역시 미국적 독특성으로 볼 수 있다.

입법과정 역시 독특하다. 대부분의 나라에서 실질적인 입법권은 하원에 집중되어 있으나, 미국에서는 입법권이 상하 양원에 대등하게 분배되어 있다. 따라서 특정한 법안이 통과되기 위해서는 양원 각각에서 모두 과반수의 지지를 받아야 하고, 다시 양원 간 협의위원회(conference committee)에서 그 의견 차이가 절충되어야 한다. 그만큼 입법과정이 복잡하고 입법권이 분산되어 있는 셈이다. 더욱이 입법과정과 절차가 유연한 상원에는 무제한 발언(filibuster)이라는 특이한 제도까지 마련되어 있어서 소수가 효과적으로 다수의 의지를 저지할 수 있게 되어 있다. 다수의 지배가 아닌 '슈퍼 다수의 지배(super majority rule)'가 원칙인 것이다.

마지막으로, 선거제도 역시 미국인들조차 제대로 이해하기 힘들 정도로 복잡하고 독특하다. 우선, 주요 공직에 대한 양당의 후보가 실질적으로 정당조직이 아닌 유권자 전체에 의해 결정된다. 다른 나라에는 유례가 없는 이 예비선거제(primary election)는 정당조직으로부터 공천권을 박탈하여 유권자들에게 주었다는 점에서, 정당의 민주화를 최고의 수준까지 달성한 셈이다. 그러나 이로 인해 현대 민주주의의 불가결한 요소인 정당이 약화될 수밖에 없고, 각 후보나 유권자는 예비선거와 본선거라는 두 번의 선거를 치르게 된다.

또한 대통령 선거의 본선거는 대단히 복잡한 방식으로 승자를 결정한다. 외양상으로는 유권자들의 직접투표에 의해 승자가 결정되는 것 같지만, 미국의 대통령 선거는 직접투표와 선거인단에 의한 간접투표가 혼합된 형태이다. 우선 각 주에는 상원의원 수와 하원의원 수를 합한 만큼의 선거인단이 할당된다. 캘리포니아, 뉴욕, 텍사스 등 인구가 많은 주가 하원 의석 수가 많으므로 당연히 많은 수의 선거인단을 지닌다. 11월 초에 벌어지는 본선거는 주별로 승자를 선출하는 것으로, 약간의 예외를 제외하면 각 주의 승자가 주에 할당된 선건인단을 확보한다. 이렇게 해서 총 538표의 선거인단의 과반수를 확보한 후보가 대통령에 당선되는 것이다. 요컨대 50개 주로 구성된 연방의 대통령을 선출하는 것이므로, 각 주별로 승자를 가리고, 과반수의 주가 아니라 "선거인단 할당 비중을 가중하여 가장 많은 주들이" 원하는 후보가 당선되는 셈이다. 따라서 선거인단 270명 이라는 매직넘버를 확보하는 데 필요한 주들, 특히 양당에 대한 지지가 대등한 주들(swing states)에 선거운동이 집중되게 된다. 다른 주들이나 유권자 전체의 관심과 이익이 희생될 수도 있는 것이다.

이처럼 미국 정치가 지닌 독특성은 다 열거하기 힘들 정도이다. 하지만 어느 나라 정치나 나름대로 특성이 있고 이 특성들이 경로 의존적으로 증대·심화된다는 점을 감안하면, 미국 정치가 얼마나 독특한 것인지 평가해 볼 필요가 생긴다. 어디까지가 미국 정치의 독특성이고 어디까지가 보편성인가? 미국은 다른 나라들보다 훨씬 더 독특한가? 독특함의 원인과 기원은 무엇인가? 이러한 물음에 대해 지금까지 많은 논의들이 축적되어 있다. 우선, 독특성을 강조하는 시각들 중 대표적인 것들을 비판적으로 살펴보자.

독특성의 기원

독립과 건국 당시부터 미국 정치체계가 이룩한 업적은 괄목할 만하다. 세계적 패권국을 상대로 독립을 쟁취한 것, 독창적인 정치제도를 마련하여 최초의 민주주의 국가를 수립한 것, 19세기 전반기에 이미 보통선거권을 확립한 것, 다양한 이민 집단들의 유입과 산업사회의 갈등 속에서도 통합과 안정을 유지해 온 것 등은 안팎으로 경이로움과 부러움, 자긍심의 대상이었다.* 따라서 미국 정치체계의

---

* 물론 남북전쟁은 특수한 문제를 두고 벌어진 특별한 예외라고 간주된다.

이러한 성공을 설명하려는 시도가 일찍부터 시작되었다.

예컨대 19세기 말에 역사학자 프레드릭 잭슨 터너(Frederick Jackson Turner)는 유럽과 다른 독자적 발전을 이끌어 온 것이 광활한 개척지의 존재와 개척정신이었다고 주장했다. 많은 사람들이 한때 타당하다고 여겼던 이 '변경론(frontier thesis)'은 단순한 비교에 의해 기각된다.[9] 미국 못지않게 개척지가 넓었던 캐나다와 러시아는 전혀 다른 성격의 정치 사회 질서를 낳았기 때문이다. 미국의 빠른 산업화와 자본주의적 성장에 주목하여 민주주의의 발전이 설명되기도 했다. 그러나 이 주장은 더욱 쉽게 기각된다. 미국보다 더 빨리 자본주의적 산업화를 경험했던 영국이나 프랑스, 독일 등은 훨씬 뒤에야 보통선거권이 도입되었던 것이다. 청교도정신(Puritanism) 역시 마찬가지다. 청교도정신이 미국적 정치·경제·사회 발전의 열쇠였다면, 애초에 청교도들을 낳았던 영국은 왜 달리 발전했을까? 일상적으로 거론되었던 요인들은 비교의 잣대를 들이대면 쉽게 의미를 상실한다.

한편, 사회과학적 분석을 통해 미국 정치체계의 성공을 설명하려는 시도도 많았다. 우선, 잭슨 대통령하에서 대중민주주의가 확산되던 1830년대에 미국을 관찰한 알렉시스 드 토크빌(Alexis de Tocqueville)은 대중민주주의가 기능할 수 있는 미국적 조건으로 자유의 정신과 평등 의식, 그리고 종교의 역할에 주목했다.[10] 그에 따르면, 경제적 상승의 기회가 많고 다양한 이민 집단으로 구성되어 있는 미국 사회에는 평등 의식이 대단히 강하다. 평등 의식은 곧 독립과 자유에 대한 강한 의식을 낳았으며, 이는 다시 인민주권과 민주주의의 기반이 되었다. 반면, 강한 평등 의식은 부정적 효과를 가져올 수도 있다. 평등 의식은 개인주의와 직결되어 사회 구성원들을 서로 고립시키고 극단적인 이기심과 물질적 탐욕에 빠뜨릴 수 있는 것이다. 반면에 경제적 기회의 평등과 보통선거권, 인민주권론 등에 구현된 평등 의식은 대중을 다수로 만들어 '다수의 독재(tyranny of majority)'를 낳을 수도 있다. 토크빌은 이러한 위험을 막아 주고 있는 것으로 보아 종교에 주목했다. 종교는 인간에게 비물질적 동기를 부여하고 타인에 대한 의무감을 상기시킨다. 평등주의적·개인주의적 인간이 지닐 수 있는 물질에 대한 과도한 집착을 규제하고, 억제하며, 순수화시키는 것이다. 그렇다고 해서 종교가 물질적 동기와 이기심을 완전히 없애는 것은 아니며, 정직한 수단에 의해 이러한 동기를 추구하도록 설득한다. 토크빌은 미국에서는 이와 같이 평등 의식과 종교가 대립되어 있지 않고 '올바르게 인식된 이익(self-interest rightly understood)'을 함양해 주기 때문에 민주주의를 지탱하는 초석으로 기능한다고 보았다. 연방제도나 권력분립과 같이 다수의 독재를 막는 제도적 장치들의 역할도 중요하지만, 종교야말로 미국의 대중민주주의가 다수의 독재로 빠지지 않고 안정적인 민주주의로 운영되게 해 주고 있다는 것이다.

100년 뒤, 현대 미국 정치학의 선구자 중 한 명인 펜들톤 헤링(Pendleton Herring)은 토크빌과는 전혀 다른 시각에서 미국 민주주의의 성취를 분석했다.[11] 그에 따르면 모든 사회에는 다양한 이익이 존재하고 이들 간에는 갈등이 일어나는데, 민주주의를 유지하기 위해서는 이러한 상충하는 이익들이 조정되어야 한다. 미국 사회는 본질적으로 보다 다양한 분파적 이익들이 대립하고 있기 때문에, 미국 민주주의의 가장 중요한 과제는 이러한 이익들 간의 공조를 이루면서 다수를 만들어 내는 것이다. 미국의 정치제도, 특히 정당은 이 측면에서 대단히 뛰어난 성공을 거두어 왔다고 혜링은 평가한다. 미국 정당은 특정한 이슈나 정강 정책을 제시하는 데 연연하지 않고, 변화하는 환경 속에서 가능한 한 많은 유권자들과 이익들을 포용하여 다수를 이루는 데 중점을 두어 왔다. 정당의 이러한 성격 때문에 다양한 이익 간에 조화가 이루어질 수 있었고, 안정적 민주주의가 유지될 수 있었다는 것이다.

한편, 다원주의적 접근이 지배적이던 1950년대에 로버트 달(Robert Dahl)은 미국 민주주의의 초석을 다원주의적 사회의 성격에서 찾았다.[12] 그는 헌법에 의해 만들어진 제도적 요인들은 민주주의의 성공을 보장하지 못한다고 주장했다. 헌법과 제도란 어떤 집단이 정치적 투쟁에서 일정한 이점이나 불이익을 지니는지를 결정할 뿐 독재를 막아 주지는 못하기 때문이다. 미국 민주주의가 독재가 되는 것을 방지해 준 것은 달이 '다두제(polyarchy)'라고 명명한 사회적 조건이다. 다두제적 사회에서 다수는 광범위한 합의가 이루어진 포괄적 문제에 대해서는 지배력을 행사할 수 있지만, 구체적 문제와 정책 영역에서 소수를 억압하거나 결정권을 행사하지 못한다. 오히려 다양한 소수들이 그들의 의사를 표출하고 정책에 반영되도록 하기 때문에, 다두제 사회는 '소수 지배(minority rule)'에 가깝다. '정상적인(normal)' 미국 정치체계는 이와 같이 다양한 소수들이 각 정책결정의 중요 단계에서 적극적이고 정당하게 그들의 의사를 관철시킬 수 있는 체계인 것이며, 이로 인해 안정적 민주주의가 유지되어 왔다고 달은 분석했다.*

---

* 다원주의자들의 주장은 여러 가지 의문을 남겼고, 다양한 측면에서 비판받아 왔다. 어떠한 소수가 지배하는 것인가? 현실적으로 그렇지 못한 소수들의 경우는 희생되어야 하는

이러한 논의들의 연장선상에서 보다 체계적으로 미국 정치의 독특성과 그 기반을 분석한 연구들은 대체로 미국적 이념과 제도 두 가지에 주목한다.[15]

이념적 기반: 미국 예외주의

미국 사회의 독특성과 연관하여 가장 치열하고 광범위하게 논의되어 온 것이 이념적 기원으로서 '미국 예외주의(American exceptionalism)'이다. 미국 예외주의의 개념은 19세기 후반의 급속한 산업화 과정에서 대두되었는데, 서구와 달리 미국 사회에는 계급 갈등, 곧 '사회문제(the social question)'가 존재하지 않는다는 이데올로기에서 출발했다. 높은 사회이동성과 열려 있는 기회구조 때문에 미국 자본주의에는 계급 갈등이 필연적이지 않다고 주장되었던 것이다. 이는 곧 미국 사회에서 사회주의 운동이 취약한 이유, 또는 취약해야만 하는 근거로 제시되었다. 이후 미국 역사학계의 합의론자들(consensus school)에 의해 미국 예외주의는 미국 사회에 존재해 온 합의로 해석되었다. 자유주의이든, 공화주의이든, 미국적 가치에 대

가? 소수의 이익과 공공 이익은 상치되지 않는가? 달 자신도 후기의 저작에서 다원주의 사회의 문제들을 인식했다. 다원주의는 사회적 불평등을 고착·심화시킬 수 있고, 시민들의 이기심을 부추김으로써 시민의식을 기형화하며, 정치적 자원 자체가 불균등하게 배분되어 있기 때문에 궁극적으로 소수의 강력한 집단들과 그 지도자들만이 정책결정에 대한 영향력을 독점하게 된다는 점을 지적했던 것이다. Robert A. Dahl, *Dilemmas of Pluralist Democracy*, Yale University Press, 1982 참조. 또한 다원주의적·다두제적 사회구조는 미국적 독특성의 원인이라기보다는, 독특성 중 한 가지 측면이거나 독특성의 결과일 수 있다.

한 합의가 존재해 왔고, 이 합의로 인해 사회적 갈등이 최소화되었다는 것이다. 나아가 이러한 예외성은 곧 다른 나라와 구별되는 미국만의 우월성을 의미했다.

이런 식의 예외주의 논의는 일종의 국가 이데올로기로 의도적으로 강조되어 온 측면이 강하다. 계급 갈등의 폭발에 대한 두려움, 합의를 강조하여 갈등을 은폐하려는 의도, 미국만의 선민의식이 깔려 있는 것이다.[13] 그러나 미국 예외주의가 다른 나라와 달리 미국인들 대다수만이 공유하고 있는 근본적인 신조라고 한다면, 그것이 무엇이 되었든 '우월한 것'이라기보다는 단지 '다른 것'으로 간주되어야 할 것이다.

이런 시각에서 시모어 마틴 립셋(Seymour Martin Lipset)은 미국 예외주의를 포괄적으로 분석했다.[14] 립셋 역시 출발점은 "왜 미국에는 사회주의 정당이 없는가?"였지만, 미국이 다른 나라와 크게 다른 점이 이뿐만이 아니라는 점을 인식했다. 립셋은 다양한 영역에서 나타나는 미국의 독특한 사회현상들을 방대한 경험적 자료들을 동원하여 보여 준다.

> 미국은 다른 나라와 질적으로 상이한 상태를 지속해 왔다. (…) 이 나라는 변칙 사례이다. 이 나라는 가장 종교적이고 낙관적이고 애국적이고 권리 지향적이며 개인주의적이다. 범죄에 대해 말하자면, 이 나라는 최고의 범죄율을 보이고 있다. 수감자에 대해 말하자면, 이 나라는 가장 많은 사람들이 감옥에 갇혀 있다. 소송을 좋아하는 것에 대해 말하자면, 이 나라는 인구 비례로 가장 많은 변호사가 있으며 이와 더불어 높은 비율의 불법행위와 배임행위가 있다. 이 나라

는 유권자의 투표율에서 거의 최하위권에 접근하고 있지만, 동시에 자발적인 조직에 대한 참여율은 최고를 기록하고 있다. 이 나라는 여전히 실질 소득의 차원에서 가장 부유한 나라이고, 노동자의 생산성은 최고 수준이며, 인구당 고등 교육 및 대학원 수준의 교육을 받고 있거나 끝마친 사람의 비율이 가장 높다. 이 나라는 전문직이나 다른 고위직 및 엘리트 직종으로의 상향이동성에 있어서 선도적인 국가이며, 여가보다 일에 헌신하는 정도는 최고에 가깝다. 그러나 이 나라는 소득 분배에서는 선진국 가운데 가장 불평등하고, 복지 혜택의 제공에서는 바닥권에 위치하며, 저축률과 세금부과율도 가장 낮다. [...] 긍정적인 면과 부정적인 면은 대체로 동일한 동전의 앞뒷면이다.[15]

이러한 독특한 현상들은 서로 연관되어 있으며 그 기원에는 독특한 미국적 신조가 있다는 것이 립셋의 주장이다. 그는 자유주의, 평등주의, 개인주의, 포퓰리즘(populism) 및 자유방임주의의 다섯 가지 이념을 미국적 신조로 간주한다. 이 중 다른 나라들과 뚜렷이 구분되는 정치적 신조는 세 가지이다. 첫째, 평등 의식이다. 토크빌 이래 많은 사람들이 지적했듯이, 미국은 봉건제의 신분 질서가 없는 상태에서 모든 사람이 평등하다는 이념으로 건국된 나라이다. 따라서 애초부터 신분에 의한 구분이라는 것이 존재할 여지가 없었다. 그러나 중요한 점은 이 평등이 결과의 평등이 아니라 기회 및 존중의 평등이라는 것이다. 기회의 평등에 대한 강한 신념은 두 가지 중요한 결과를 낳았다. 하나는 정치적 평등 관념에 의해 일찍부터 보통선거권이 확립되고 민주주의가 확고해졌다는 점이다. 다른 하나는 기회의 평등을 바탕으로 이룬 성취에 대해서는 정당성과 불가침성이 당연시된다는 점이다.

둘째는 개인주의다. 신분제의 위계질서를 경험한 서구 사회와 달리, 미국에서는 집단을 통한 사회적 문제해결이 무시된다. 기회의 평등이 보장된 상태에서 개인적으로 해결하는 것이 미국적인 것으로 존중된다. 사회는 집단들로 구성되는 것이 아니라 평등한 개인들로 구성되기 때문이다. 강한 개인주의 속에서는 계급이나 사회주의적 이념이 침투하기 어렵고, 노조 가입률도 낮을 수밖에 없다. 낮은 사회복지 수준도 이와 연관되어 있다. 국가에 의한 집단적 복지 제공보다는 개인적 노력과 기부가 선호되는 것이다.

셋째, 강한 개인주의는 곧 반(反)국가주의로 연결된다. 미국인들의 정치적 신조에는 국가권력 자체에 대한 불신과 국가의 개입에 대한 저항이 뿌리박혀 있다. 이러한 반국가주의는 헌법 제정 당시 국가권력을 최대한 약화시키기 위해 권력을 분립, 분산시키는 정부 구조를 만들게 했다. 뿐만 아니라 아직도 미국 유권자들은 대통령과 의회 다수당을 양당에 나누어 주는 분할투표(split ticket voting)를 선호한다. 또한 반국가주의는 포퓰리즘과 직결된다. 미국은 어떤 국가들보다 많은 수의 공직을 선거에 의해 선출한다. 심지어 정당의 후보를 유권자들이 직접 선출하는 예비선거제까지 도입되었고, 주민발의도 대단히 활성화되어 있다. 경제 영역에 있어서 반국가주의는 자유방임주의로 표출된다. 국가의 개입이 작으면 작을수록 시장이 잘 작동한다는 신념, 부의 분배와 복지 제공에 있어서도 국가가 개입하면 비효율적일 것이라는 믿음에는 국가권력에 대한 뿌리 깊은 불신이 자리 잡고 있는 것이다.

이와 같은 미국적 신조가 정치, 경제, 사회, 문화의 다양한 영역에서 미국을 독특하게 만든다는 것이다. 특히 정치 영역에 대해 립셋은 다음과 같은 독특성을 강조한다. 첫째, 대부분의 민주주의 국가들이 일원화된 정부를 갖고 있는 데 반해 미국은 권력분립 형태의 정부를 수립했으며, 이는 독립혁명 당시부터 내려오는 국가권력에 대한 뿌리 깊은 적대감, 곧 반국가주의에 기인한다. 권력분립하에서 대통령과 양원, 연방 대법원은 각기 상이한 임기와 서로 다른 지지기반을 지니고 권력을 공유하며, 상호 견제한다.

둘째, 20세기 초 상원의원 선거가 직접선거로 바뀌고, 1970년대 이래 정당 후보가 예비선거에 의해 유권자 직접투표로 결정되는 것, 다른 어떤 나라들보다 많은 수의 공직자들을 선거에 의해 선출하는 것, 그리고 주민발의안이 확대된 것 등에서 나타나듯이, 직업 정치인보다는 공중이 정책 형성 과정에서 가능한 한 많은 부분을 통제해야 하다는 믿음, 곧 포퓰리즘이 강하게 작동한다.

셋째, 이는 미국인들의 국가 개념이 '상대적 무(無)국가성', 곧 선출된 정부의 권력에 대한 강력한 제한을 중심으로 하고 있기 때문이다. 이와 같이 약한 국가와 개인의 권리에 대한 강조로 인해 미국에서는 "오직 법이 주권자이다."[16] 따라서 소송과 법률은 미국인들의 삶에서 독특하게 강력한 역할을 수행하며, 심지어 정치·사회적 변화를 일구어 내는 가장 강력한 단일 변수이자, 그러한 변화를 가져오는 정상적인 수단으로 간주되어 왔다.

넷째, 권력분립의 정치제도와 선거제도는 제3당의 출현을 가로막아 양당제를 이끌었다. 양당제하에서 정당은 자연히 이질적인 세력들의 연합으로 구성되며, 권력분립에 의해 당내의 다양성이 촉진

된다. 원내 정당조직의 취약성으로 인해 의원들의 독립성이 허용되며, 의원들은 당의 주류 노선에 반해 지역구 의사에 따라 표결할 수 있다. 이는 미국 정치를 다른 어떤 나라의 정치보다 더 물질적이고 특수 이익 지향적이며, 개인주의적으로 움직이도록 만든다.

다섯째, 권력분립의 필요성은 유권자들 대다수에게도 각인되어 있다. 많은 유권자들이 큰 정부보다는 작은 정부를 선호하며, 권력의 집중을 막기 위해 분리투표를 하여 분점정부가 수립되는 데 일조한다. 토머스 제퍼슨(Thomas Jefferson) 시대보다 정부의 역할이 커야 한다는 데는 이견이 없으나, 미국인들은 여전히 작은 정부를 선호하며 정부 권력이 대중에 의해 통제되어야 한다고 믿는다.

비교론적으로 볼 때, 미국 정치의 이러한 독특성들은 인정할 만하다. 권력분립에 의해 취약해진 정부, 대중의 통제, 약한 정당, 개인적이고 독립적인 의회 등이 모여서 미국 정치의 독특한 작동 방식과 과정을 만들어 내고 있다고 볼 수 있는 것이다. 또한 이 현상들을 관찰하면, 립셋이 제시하는 관념들이 일정하게 작용한 것으로 평가할 수 있다. 대통령제라는 권력분립제가 고안된 데는 이를 통해 국가권력을 제한하려는 반국가주의가 작용했을 수 있고, 강력한 개인주의와 분권주의로 인해 정당이 다양한 이익들의 연합으로 구성되었을 수 있는 것이다.

그러나 립셋의 논의는 분석적·비교적이기보다는, 다분히 기술적(descriptive)이며 발견적(heuristic)이다. 미국인들의 신조는 자유와 평등주의, 개인주의, 포퓰리즘, 자유방임주의로 이루어져 있다는 것인데, 이 다섯 가지 신조들 간의 관계는 어떤지, 왜 어떤 신조가 특정한 영역에만 영향을 미쳤는지, 미국이 다른 나라들보다 각각의 신조

모두가 강한지 등에 대한 설명이 없다. 또한 이러한 신조들이 언제, 어떻게 생겨났는지 역시 설명하지 않는다. 역사적 경험을 통해 축적되어 온 것인지, 타고난 것인지, 위대한 사상가들에 의해 확산된 것인지, 립셋의 논의로는 파악할 수 없다. 더욱이 정치, 경제, 사회, 문화의 다양한 영역에서 미국의 역사적 경험은 충분히 굴곡과 변화를 겪어 왔음에도 불구하고,* 미국 예외주의의 신조로 이 모든 영역과 모든 과정을 설명할 수 있을까?

제도적 기반: 거대공화국의 정치제도

이런 면에서 미국 정치의 독특성의 기원을 구체적인 정치제도의 측면에서 찾아볼 필요가 있다. 정치제도에 대한 논의는 제헌 당시 연방파들의 정치 이론을 담은 『연방주의자 논고(Federalist Papers)』에서 시작하여 지금까지 많은 연구들이 있지만, 대체로 미국 정치제도의 특성을 권력분립(separation of powers), 권력 공유제(separated institutions with sharing powers), 혹은 권력과 책임의 분립(separation of powers and responsibilities)에서 찾는다. 이 중 후자를 체계적으로 논의한 넬슨 폴스비의 논의를 살펴보자.

폴스비는 미국 정치제도의 독특함이 국가 자체의 규모와 복잡성

---

* 예컨대 미국의 경제정책이 자유방임주의화한 것은 19세기 후반이다. 이전에는 국가 개입형 경제발전론, 곧 '아메리칸 시스템(American system)'이 휘그당, 공화당, 심지어는 잭슨 민주당의 정책 지향이었다. 같은 자유방임주의 신조가 산업화 초기에는 국가 개입주의를 이끌었다는 역설이다.

에 기인한다고 주장한다.[17] 인구와 지리적 규모에서 미국은 다른 나라들보다 훨씬 크다. 순전히 규모로만 측정할 때 미국에 견줄 만하거나 더 큰 나라는 중국, 인도, 러시아, 인도네시아, 브라질뿐인데, 이들 모두는 민주주의 국가가 아니다. 실질적으로 소수의 엘리트들에 의해 통치되기 때문이다. 또한 미국처럼 인종과 민족 집단, 종교, 문화적으로 이질적인 국민으로 구성된 나라도 드물다. 요컨대 미국은 다른 국가들보다 훨씬 크고 이질적인 거대공화국이다.

이러한 폴스비의 논의는 제임스 매디슨(James Madison)의 '거대공화국론(large republic)'에 기반을 둔 것이다. 제헌 당시 매디슨은 연방정부 수립의 필요성을 역설하면서, 공화국은 클수록 민주주의에 적합하다고 주장했다. 규모가 작을수록 한 파당(faction)이 득세할 가능성이 크며, 단순 다수가 형성되어 소수를 억압하게 되리라는 것이다. 반면, 규모가 클수록 여러 파당 중에 한 파당이 독주하게 될 가능성이 낮고 단순 다수의 형성이 어렵다는 논리였다. 이후 민주주의의 역사를 보면, 이 점에 있어서 매디슨이 옳았다고 할 수는 없다. 스위스나 네덜란드 등 규모가 작은 국가들도 민주주의를 성공적으로 운영해 왔기 때문이다.

그러나 폴스비는 미국이 거대공화국이 될 운명임을 알았다는 점에서 매디슨이 선견지명이 있었으며, 이러한 거대공화국에 적합한 민주주의는 권력분립 체제여야 한다는 매디슨과 연방주의자들의 통찰이 전적으로 옳았다고 주장한다. 왜 거대 민주주의에는 일원화되고(monolithic) 중앙집권적인 권력구조가 적합하지 않은가? 왜 분권적이고 분립적이어야 하는가? 하나의 국가로서 최소한의 정통성과 통합을 유지하기 위해서는 책임과 권력의 분산이 필수적이라는 것이 폴스비의 답이다. 그렇지 않을 경우, 국가권력에 대한 저항과 분리주의가 초래되거나, 역으로 저항세력에 대한 강압과 독재가 유발되리라는 것이다.

이러한 통찰을 바탕으로 만들어진 미국 헌법은 국가권력과 정책결정력을 철저하게 분산, 분립시켜 놓았다. 그중 세 가지가 미국 정치제도의 근간을 이루는 핵심적인 제도라고 폴스비는 주장한다. 첫째, 연방제다. 대부분의 공공정책에서 정책결정에 대한 책임은 소수에게 집중되어 있지 않고, 연방제에 의해 수많은 지역으로 분산되어 있다. 대중교통 정책의 경우, 철도에 대한 규제나 항공관제 정책 등은 워싱턴에서 결정되지만 운전면허 같은 것은 주정부가 관할하고, 지하철 건설이나 버스 노선 등은 지방정부의 소관이다. 즉, 연방제는 특정 정책 영역에서 정책결정 권한과 그에 대한 책임이 지리적으로 분산되도록 만든다. 따라서 한 국가로서 특정한 방향의 정책이 결정되어도, 구체적인 내용과 세부적인 형태는 지리적으로 적합하도록 맞추어지는 한편 정책 실패에 대한 책임도 중앙으로 집중되지 않을 수 있게 된다.

둘째, 중앙정부의 권력분립, 특히 행정부와 의회 간의 독립적 관계다. 웨스트민스터 식의 의회와 달리 미국 의회는 행정부로부터 완전히 독립되어 있을 뿐 아니라 의원들은 각 주 및 지역구에 의해 선출되며, 따라서 자기 지역구의 관심과 이해에 반응하도록 되어 있다. 대통령이나 행정부와는 완전히 다른 동기 구조에 의해 의회가 움직이도록 설계된 것이다. 더욱이 미국 의회는 독립적 입법 활동을 유지하기 위해 철저한 분업체제로 운영된다. 특정한 정책에 대한 결정권이 소관 위원회와 소위원회의 전문 입법가들에게 분산되어 있는 것이다. 따라서 원내 정당보다는 의원 각자, 혹은 해당 분야의 전문가 의원의 권한이 강하게 되고, 이들은 곧 자기 지역구와 지지기반의 이익을 반영하게 된다.

마지막으로 성문 헌법에 위배되는 정부 기관들의 행위를 무효화할 수 있는 강력한 사법부의 존재다. 이 권한은 헌법의 권리장전(Bill of Rights), 곧 정부 권력에 대한 제약으로서 일반 시민들이 지니는 권리로부터 나오는 당연한 사법부의 권한이다. 사법부를 통해서가 아니라면, 일반 시민들이 자신의 천부적 권리를 어떻게 행사할 수 있겠는가? 이와 같이 사법심사(judicial review)는 정부 권력을 일반 시민 개인에게까지 분산시키는 결과를 가져온다.

이 세 가지 독특한 정치제도에 의해 현실 정치의 다양하고 독특한 모습들이 생겨난다. 만일 미국이 규모가 작거나 동질적인 국가였다면, 이와 같은 권력 분산과 분립이 필요하지 않았을 수 있다. 그러나 미국에서는 수많은 국민들이 광대한 지역에 흩어져 살고 있고, 인종과 종교와 민족집단별로 크게 나누어져 있다. 이런 상태에서 사회적 평화와 최소한의 통합이 유지되기 위해서는, 국가 정책과 정치지도자들에 대해 폭넓은 인정과 인내를 가져올 수 있도록 충분히 분산된 정부 제도가 필수적인 것이다. 미국의 독특한 정치 현상을 가져온 것은 '거대공화국'의 필요성 때문이며 이를 위해 권력을 분립, 분산시킨 정치제도가 애초에 고안되었다는 것이 폴스비의 주장이다.

미국 정치의 독특성의 본질이 지리적·사회적·인구적으로 다양한 이해들이 대표되는 한편 책임은 분산시키는 정치제도에 있다는 폴스비의 주장은 일견 타당해 보인다. 또한 이러한 정치제도의 필요성이 거대공화국의 통합에 있다는 논리도 설득력이 있다. 그러나 폴스비의 설명과 연관하여 두 가지 문제점이 제기될 수 있다. 우선, 제헌 당시 연방주의자들이 과연 지금처럼 규모가 크고 다양한 세력으로 이루어진 국가를 상정했을까? 당시의 인구 규모나 영토의 크기, 그리고 인구 구성을 감안할 때, 매디슨이 상상할 수 있었던 거대공화국의 크기는 아마 현대 미국의 10분의 1도 되지 않았을 것이다. 그 정도 규모에서라면 굳이 연방제와 권력분립과 사법심사가 모두 필요했을까? 그렇다면, 당시의 미국보다 인구가 많은 현대의 국가들 대부분은, 미국과 같은 권력분립 체계를 지니지 않은 경우 안정적이고 통합된 민주주의를 실현하지 못하는가? 또한 뉴딜 이후 1970년대 초까지 미국의 국가권력은 이전에 비해 엄청나게 팽창했고, 연방정부가 훨씬 강력한 우위에 서게 되었으며, 의회보다는 제왕적 대통령이 압도적인 권한을 행사하게 되었다. 이 시기는 어떻게 설명할 수 있을까? 1970년대 이후 점차 이전 상태로 돌아가고 있다는 점을 감안할 때, 시대적 요청에 따라 잠시 미국적 원리에서 일탈한 것으로 보아야 할 것인가? 그렇다면 미국적 독특성이란 것도 필요에 따라 변할 수 있는 것인가?

보편성의 측면

지금까지 살펴본 논의들이 지닌 한 가지 공통적 경향은 미국적 특성에만 초점을 둔다는 점이다. 다른 사례들과의 비교는 염두에 두지 않으며, 미국적 특성은 절대화되어 독특성(uniqueness)이 된다.

이념과 제도적 특성에 있어서 어느 정도나 특이한가를 논하지 않고, 이분법적으로 미국적 독특성이라고 진단하는 것이다. 결과적으로 다른 나라들에 비해 미국이 얼마나 더 평등주의적·개인주의적·자유방임적·반국가주의적·포퓰리즘적인지, 얼마나 더 미국 정치제도가 권력분립적·책임분산적인지 알 수 없다. 또 건국 초기에서 19세기 산업화 시기를 거쳐 대공황 시기와 현대에 이르기까지 미국적 독특성이 얼마나 변해 왔는지에 대한 답도 없다. 과연 미국 정치는 다른 나라와 비교가 무의미할 정도로 독특한 것인가? 그렇다면 미국 정치 분야에서 개발된 많은 이론들이 다른 나라에 적용되어 온 것은 어떻게 설명할 것인가? 어느 나라나 그렇듯이, 미국 정치의 독특성도 보편성 위에 존재하면서 나타나는 작은 차이가 아닐까? 작은 차이가 좀 더 큰 것으로, 그리고 이 차이도 사회 변동에 따라 변해 온 것으로 볼 수 있지 않을까?

미국만의 독특해 보이는 현상들도 거시적·구조적 맥락에서는 보편적인 언어로 설명이 가능할 수 있다. 하나의 예를 들어 보자. 미국 역사에서 대단히 미국적인 현상으로 여겨지는 것 중에 금주령(Prohibition)이 있다. 주류의 제조, 수입, 판매, 유통을 금지한 것으로, 1920년부터 1933년까지 14년간 발효되었다. 일부 서구 국가들 중 금주령과 유사한 조치를 취한 경우가 있으나, 이처럼 장기간 전국적으로 엄격한 금주법이 시행된 곳은 없다. 더욱이 금주령은 1919년 수정 헌법 18조에 의해 발효되었으며, 폐기된 것도 1933년 수정 헌법 21조에 의해서였다.

20세기 초반에 헌법 수정을 통해 이러한 금주 정책을 취했다는 것은 대단히 미국적인 현상으로 여겨져 왔다. 가장 종교성이 높은 나라였기 때문에, 혹은 종교의 영향력이 가장 큰 나라였기 때문에 금주령이 가능했을 것으로 쉽게 생각할 수 있다. 실제 19세기 중반부터 금주, 절주 운동이 전개되어 왔는데, 그 주축 세력은 교회와 여성단체들이었다. 개신교 교파들 상당수가 음주를 죄악으로 규탄했고, 여성단체들은 가정 폭력으로부터 여성을 보호하기 위해서 금주령 운동에 참여했다. 그렇다면 왜 이 운동이 수십 년이 지난 1919년에 결실을 거두었을까? 또 1933년은 어떻게 설명할 수 있을까?

수정 헌법 18조가 상원을 통과하고 각 주들에서 비준된 과정을 면밀히 살펴보면, 왜 1919년이 되어서야 금주령 운동이 성공을 거두었는지 파악된다.[18] 겉으로 드러났던 주축 세력은 '반음주 연맹(Anti-Saloon League)'이었지만, 금주령 운동이 성공할 수 있도록 자금과 전략을 제공한 것은 거대 기업들이었다. 이들의 지원이 제공되었던 1910년대 후반에서야 비로소 성공을 거두었던 것이다. 거대 기업이 금주령 운동을 지원하게 된 이유는 바로 음주로 인한 산업재해 때문이었다. 포디즘의 대규모 생산라인이 확산되면서 노동자들의 음주와 이로 인한 산업재해는 막대한 비용을 유발했고, 이를 막기 위해 거대 기업들이 금주령을 원했던 것이다. 마찬가지로 수정 헌법 21조에도 거대 기업들의 영향력이 작용했다. 대공황 속에서 뉴딜이 시작되던 시기에, 새로운 세원으로 주세를 개발함으로써 기업과 거부들에게 부과될 세금이 경감되기를 원했던 것이다. 대단히 미국적이자 종교적인 현상으로 보이는 금주령조차 자본주의적 이해관계, 생산체제의 변화, 국가-기업 관계, 국가의 침투성 등과 같은 보편적인 언어로 설명될 수 있는 것이다.

1980년대 이후 벌어지고 있는 정치 현상들도 보편성을 강조하는 시각을 강화시켜 준다. 독특했던 '교과서적' 미국 정치가 상당히 달라지고 있는 것이다. 우선, 정당의 지지기반이 변화하기 시작했다. 60년대 위대한 사회(Great Society)와 민권법(Civil right act) 등의 영향을 받으며 공화당의 남부 공략(Southern strategy)이 성공하면서 뉴딜의 정당 지지구도가 해체되었다. 남부에서 공화당이 득세하고, 민주당의 지지기반은 동부와 서부 해안과 대도시에 집중되게 변화한 것이다. 이에 따라 보수적이면서도 과거 민주당을 지지했던 유권자들이 공화당 지지로 돌아섰고, 진보적이면서 공화당을 지지했던 유권자들은 민주당을 지지하게 되었다. 양당의 지지기반이 내적으로 동질화된 반면 양당 간에는 이질화가 심화된 것이다. 더욱이 정치활동가들과 예비선거 투표자들과 같은 양당의 핵심 지지 세력들은 이념적으로 더욱 양극화되었다.*

이러한 정당 지지구조의 재편의 결과, 의회 내에서 양당 의원들의 이념 차이도 크게 증가했다. 특히 공화당 의원들의 경우 보다 보수화되었고, 민주당의 경우도 남부 의원들의 몰락으로 당내 보수파가 위축되었다. 정당 내 선호의 동질성과 정당 간 선호의 이질성이 이루어진 것이다. 한때 60퍼센트대에 머물던 정당 단합도(party unity score)는 90년대 이후 80퍼센트 이상으로 급등하기 시작했고, 양당 지도부의 권한과 정당 기율(party discipline)도 강화되었다.

이러한 현상들이 지속되면서, 미국 정치학계도 더는 교과서적 의회나 교과서적 미국 정치의 시각에 머무르지 않게 되었다. 권력분립과 취약한 정당이라는 미국적 독특성만으로 정치 현상을 바라보는

---

* 이에 대해서는 제2장에서 상술한다.

것이 아니라, 상반된 이념과 이질적인 이익들로 단합된 양당 간의 경쟁의 측면도 강조되기 시작한 것이다. 대표적으로 조건적 정당정부론(conditional party government)은 미국 정치가 서구의 책임정당정부를 닮아 가고 있다고 주장한다.* 이념과 정책으로 단합된 정당들이 선거에서 경쟁을 하고, 그 결과 집권한 정당이 자신의 프로그램을 실행하고 이에 대한 심판을 다음 선거에서 받는 서구 내각제와 유사해진다는 것이다. 다만 민주, 공화 양당의 정당 내 동질성과 정당 간 이질성이 지속적으로 증가한다는 조건이 충족되어야 한다는 점에서 조건적 정당정부론이다.

과연 미국 정치가 이렇게 진화될 것인가? 최근의 추세는 언제, 어디까지 진행되고, 미국 정치는 어느 정도까지 서구 정치를 닮아 갈 것인가? 지금과 같은 선거제도와 정당 경쟁의 상태에서는 분점정부가 빈발할 것으로 예상되는데, 책임정당정부와 유사한 형태의 정치가 권력분립의 제도에서 기능할 수 있을까? 이 문제를 해결하기 위해서는 헌법과 정치제도의 대폭적인 수정이 필요할 것인데, 정치제도의 근본적인 수정이 가능할 것인가?

이러한 문제들이 미국 정치의 독특성과 보편성을 가늠하는 데 실마리가 될 수 있을 것이다. 조건적 정당정부론은 어디까지나 '조건적'이다. 한계가 있다는 의미이다. 서구 내각제의 원내 정당 단합도가 100퍼센트라면, 미국의 정당 단합도는 60퍼센트에서 이제 90퍼센트까지 크게 증가했으나, 아마도 이 정도가 한계일 것이다. 그만큼이 미국 정치의 독특성이 아닐까?

---

* 이에 대해서는 제3장에서 상술한다.

본문의 주

1) Richard Neustadt, *Alliance Politics*, Columbia University Press, 1970.

2) Nelson W. Polsby, "Review Article: the British Science of American Politics," *British Journal of Political Science*, 2:4(Fall, 1972), pp. 491-499.

3) 백창재, "미국 정치학의 성격과 정치학 교육," 강정인 편, 『정치학의 정체성』, 책세상, 2013, pp. 39-40.

4) Sidney Milkis and Michael Nelson, *The American Presidency: Origins and Development, 1776-2007*, CQ Press, 2008, pp. 3-7.

5) Juan J. Linz and Arturo Valenzuela, eds., *The Failure of Presidential Democracy*, Johns Hopkins University Press, 1996.

6) M. Duverger, *Political Parties: Their Organization and Activity in the Modern State*, Taylor & Francis, 1964.

7) Pendleton Herring, *The Politics of Democracy: American Parties in Action*, Norton, 1965.

8) Woodrow Wilson, *Congressional Government: A Study in American Politics*, Houghton Mifflin, 1885.

9) Louis Hartz, *The Liberal Tradition in America: An Interpretation of American Political Thoughts Since the Revolution*, Harcourt Inc., 1955(백창재·정하용 역, 『미국의 자유주의 전통』, 나남, 2012), pp. 49-51.

10) Alexis de Tocqueville, *Democracy in America*, 1835, 1840(Knopf, 1944).

11) Pendleton Herring, *op. cit.*

12) Robert A. Dahl, *A Preface to Democratic Theory*, University of Chicago Press, 1956.

13) Dorothy Ross, *The Origins of American Social Science*, Cambridge University Press, 1991(백창재·정병기 역, 『미국 사회과학의 기원』, 나남, 2008).

14) Seymoor Martin Lipset, *American Exceptionalism: A Double-edged Sword*, W. W. Norton & Company, 1996(문지영 외 역, 『미국 예외주의』, 후마니타스, 2002).

15) *Ibid.*, pp. 26-27.

16) *Ibid.*, pp. 47-48.

17) Nelson Polsby, "On the Distinctiveness of the American Political System," in Alan Brinkley, Nelson Polsby, and Kathleen M. Sullivan, *New Federalist Papers: Essays in Defense of the Constitution*, W. W. Norton & Co., 1997, pp. 29-34.

18) Thomas Ferguson, "From Normalcy to New Deal: Industrial Structure, Party Competition, and American Public Policy in the Great Depression," *International Organization*, 38(1984), pp. 41-94.

제2장

이념, 제도, 정치변동

앞 장에서 살펴보았듯이, 미국 정치에서 나타나는 독특한 현상들은 미국적 이념과 제도에서 그 기원을 찾을 수 있다. 미국적 이념과 제도의 틀 안에서 독특한 정치변동이 이루어졌고, 그 과정에서 독특한 정치적 결과와 현상들이 나타났던 것이다. 그리고 그 독특성은 다른 나라들과 비교할 때 더욱 두드러진다.

이와 같이 미국 정치체계의 수립 당시부터 미국적 이념과 제도의 상호작용, 그리고 그 안에서 이루어진 정치변동의 역동적 과정을 절묘하게 분석한 것이 루이스 하츠(Louis Hartz)의 『미국의 자유주의 전통』이다.[1]

그간 하츠에 대해서는 미국 정치사상 분야에서 논의되어 왔다. 따라서 미국의 이념과 각 정치사상에 대한 하츠의 해석이 얼마나 옳은지에 대한 논의가 대부분이다. 그러나 후술하듯이, 『미국의 자유주의 전통』에는 정치 이념뿐 아니라 정치제도와 정치세력들의 이합

집산과 성쇠의 역동적 관계가 담겨 있다. 미국의 독특한 이념과 독특한 제도, 그리고 독특한 정치변동 과정을 근대 민주주의와 자본주의 발전의 보편성 위에서 분석하고 있는 것이다.

하츠에 대한 평가

1955년에 출간된 『미국의 자유주의 전통』만큼 미국 정치사상 연구에 큰 영향을 미친 연구는 찾아보기 힘들다. 하츠는 독립전쟁 시기부터 로크적 자유주의(Lockean liberalism)라는 강력한 단일의 합의(consensus)가 형성되는 과정을 추적했다. 이 과정에서 하츠는 유럽적 봉건주의, 남부의 반동, 사회주의, 그리고 혁신주의적 도전조차도 결국은 자유주의라는 강력한 전통 앞에서 어떻게 좌절되고 흡수되었는지를 보여 주었다.

하츠의 과감하고 포괄적인 합의주의적 해석은 큰 반향을 불러일으켰다. 1950년대는 합의주의 사조의 전성기라고 할 수 있어서, 미국사에 대한 뛰어난 합의주의적 해석들이 제시되었다.* 리처드 호프스태터(Richard Hofstadter)와 라인홀트 니부어(Reinhold Niebuhr) 등도 미국이 세계와 연관을 갖는 독특한 방식을 분석하여 하츠와 유사한 논지를 제시한 바 있다. 그러나 이들의 연구는 하츠처럼 포괄

---

* 하츠와 동시대의 합의주의 사조에 대한 상세한 논의는 Robert B. Fowler, "Louis Hartz, the Liberal Tradition in America, and Their Critics," a paper presented at the annual meeting of the APSA, 2004; James T. Kloppenberg, "In Retrospect: Louis Hartz's The Liberal Tradition in America," *Reviews in American History*, 29(2001), pp. 460-478 참조.

적이지는 않았다. 대니얼 부어스틴(Daniel Boorstin)의 연구는 하츠만큼 포괄적인 기간을 다루면서 미국적 합의를 추적했지만, 이 합의는 일체의 이념에 대한 거부로 규정되었다. 미국의 재능은 이념 없이도 정치를 원활히 이끌어 온 건강한 능력이라는 것이다.[2]* 하츠만이 미국의 정치적 전통에 내재하는 이념적 합의에 대해 가장 일관성 있고 포괄적인 이론적 분석을 제시했던 것이다. 합의주의 학파에서 하츠가 중심적 위치를 차지하는 이유가 여기에 있다.

그러나 정치적·사회적 격동기였던 1960, 70년대를 지나면서 미국 역사학계에서 합의주의 학파에 대한 반발이 거세졌다. 합의주의를 거부하는 연구들 대부분은 당연히 하츠를 핵심적인 비판 대상으로 삼았다. 이후 갈등학파의 지속적인 공격으로 1980년대에『미국의 자유주의 전통』은 오류로 가득 찬 잘못된 연구의 전형으로까지 폄하되었다. 그렇지만 1990년대부터 하츠는 재조명을 받기 시작했고, 하츠에 대한 비판들조차 하츠의 분석틀에 크게 영향을 받은 것이 밝혀지면서 적극적으로 재해석되고 있다.

하츠에 대한 비판은 경험적 비판과 방법론적 비판뿐 아니라 도덕적·이념적 비판까지 다양한 형태로 제기되는데,** 핵심은 두 가지이다.『미국의 자유주의 전통』이 미국사에서 전개되어 온 중대한

---

* 부어스틴은 하츠가 미국의 역사가들이 쓴 몇 권의 사상서 덕을 보았다고 비판한다. 그러나 미국인들은 로크를 읽을 필요도 없었고 로크주의자가 될 필요도 없던 자연적 자유주의자였다는 하츠의 진단만으로도 이러한 비판에 대한 충분한 반박이 될 수 있을 것이다.

** 파울러는 하츠에 대한 다양한 비판을 역사적 사실 기술의 오류, 유럽과의 비교 분석상의 오류, 분석수준과 지나친 추상화의 문제, 역사학적 방법론 부재, 보수적 편향성 등으로 분류하여 검토한다. 이러한 비판들에는 하츠에 대한 이념적 오해와 정치학자로서 미국 역사를 다룬 하츠에 대한 역사학계의 불만이 깔려 있을 수 있다. Robert B. Fowler, *op. cit* 참조.

갈등들을 외면했다는 것과 자유주의 이외의 다른 이념과 사조의 비중을 간과했다는 점이다. 하츠가 기술한 것과 다른 미국사의 현실을 강조하거나 미국 정치사상의 다양성과 대립을 부각시키는 것이다.

하츠에 대한 비판들에 가장 큰 영향을 미친 것은 미국사에서 갈등의 존재를 재발견하고 그 현실적 중요성을 강조한 수정주의, 혹은 갈등학파다. 이 입장은 1960년대와 70년대의 격렬했던 반전, 민권 운동의 영향을 크게 받았다. 그 시대적 분위기 속에서 미국을 독특하다고 여기거나 갈등에서 자유로운 국가로 보는 어떠한 시각도 배격되었던 것이다.[3] 수정주의 입장에서 볼 때 미국 역사는 추상적인 철학들 간의 대립과 조정이 아니다. 미국사의 전개 과정에서 핵심적 역할을 한 것은 바로 경제 영역에서 계급 간 갈등, 빈자와 부자 간의 갈등, 그리고 이익집단 간의 갈등이다.[4] 그런데 『미국의 자유주의 전통』을 읽어서는 미국사에 존재했던 자본과 노동 간의 갈등을 파악할 수 없다는 것이다. 이러한 연구들은 하츠의 공격 대상이었던 혁신주의 역사가들, 대표적으로 찰스 비어드(Charles Beard)나 버넌 패링턴(Vernon Parrington)의 주장을 정교화한 것으로 볼 수 있다.[5]

패링턴은 미국 역사와 사상에서 선량하고 민주적인 세력과 사악한 엘리트, 특히 자본가 엘리트를 구분했다. 농본주의 전통의 제퍼슨으로부터 1880년대 민중주의 운동가들에 이르는 지도자들을 진정한 민주주의자로 칭송하면서, 탐욕스럽고 무자비한 도시의 경제 엘리트들과 대비시켰던 것이다. 비어드의 가장 영향력 있는 연구는 『미국 헌법의 경제적 해석(Economic Interpretation of the Constitution of the United States)』(1913)으로, 여기에서 비어드는 공채의 소유자였던 엘리트 집단이 평범한 미국인들의 이익을 희생시키면서 자신들의 경제적 이익을 확보하기 위해 헌법을 제정했다고 주장했다. 갈등학파는 이처럼 미국사를 추동해 온 중대한 경제적·사회적 갈등을 하츠가 외면했다고 비난하는 것이다.

자유주의 이외의 이념들이 미국 정치에 미친 영향을 고려하지 못했다는 비판도 제기된다. 독립혁명 이전부터 지금까지 자유주의적 합의가 존재한다는 하츠의 주장을 무색하게 만들 만큼 강력한 다른 이념들이 작동했다는 것이다. 예컨대 버나드 베일린(Bernard Bailyn)은 독립혁명 전후의 방대한 정치적 문헌과 팸플릿을 분석하면서, 영국의 저항 이론(dissent theory)이 미국의 독립과 건국에 더 중요한 역할을 했다고 주장했다.[6] 한편 포콕(J. G. A. Pocock)과 같은 학자들은 공화주의적 덕목을 강조하는 영미 공화주의의 전통이 로크적 자유주의보다 독립혁명 과정을 더 잘 묘사한다고 주장했다.[7] 진정한 공화국을 설립하려는 열망과 부패에 대한 혐오를 특징으로 하는 공화주의 사상이 자유주의 이념과 대립했다는 것이다. 이들은 공화주의 이념이 1787년 제헌회의부터 1800년 제퍼슨 혁명에 이르는 시기까지 패배했던 것은 인정하지만, 하츠가 자유주의 자체를 미국 역사 전반에 걸친 현상으로 간주함으로써 자유주의를 과장했다고 비판한다. 따라서 『미국의 자유주의 전통』 전체의 분석이 의문시된다는 것이다.[8]

정치사상이나 역사학계의 시각에서 보면 이러한 비판들이 타당할 수 있다. 어떻게 자유주의라는 단일한 요인으로 독립혁명에서 뉴딜까지 전개된 미국의 정치 발전 과정을 설명할 수 있는가? 독립혁명 당시에 발견되는 공화주의의 강력한 영향을 어떻게 무시할 수 있는가? 산업화 과정에서 심각해진 독점자본의 폐해와 은폐된 계급 갈등을 어떻게 간과할 수 있는가?

하츠의 문제의식

하츠의 문제의식을 파악하고 『미국의 자유주의 전통』을 이에 따라 독해하면 전혀 다른 의미를 발견할 수 있다. 이매뉴얼 월러스틴(Immanuel Wallerstein)이나 조반니 아리기(Giovanni Arrighi)식 표현을 빌리자면 "긴 19세기(the long 19th century: 1750~1950)"의 서구 정치사회 변동이 하츠의 출발점이었다. 이 시기는 구체제가 무너지고 서구 각국이 나름의 우여곡절을 겪으면서 민주주의로 나아갔던 시기이다. 하츠가 파악했듯이, 최소한 대국들의 경우 이 과정에서 일정한 패턴이 발견된다. 우선 구체제(ancién regime)에 대항하여 계몽적 자유주의가 등장하고, 양자 간의 대결 속에서 마침내 구체제가 무너진다. 그러나 급진주의에 대한 두려움으로 자유주의는 민주주의로 나아가지 못한 채 구체제의 잔재와 타협하여 반동의 시기가 도래한다. 그 후 개혁적 자유주의가 등장하지만 좌절한 급진주의는 사회주의로 발전하여 자본주의와 대결한다. 궁극적으로 자본주의의 위기가 도래하면서 파시즘이 대두한다.

이것이 긴 19세기 서구의 패턴이지만, 미국은 예외다. 뒤에서 자세히 논하겠지만, 우선 미국의 독립혁명은 구체제를 무너뜨리려는 십자군적 사회혁명이 아니었다. 더욱이 건국 초기 연방파가 권력을 장악했던 짧은 시기 이후 미국은 대중민주주의를 실현했다. 미국

사에는 반동의 시절이 존재하지 않았던 것이다. 그러나 서구에 개혁적 자유주의가 등장하던 시기에 미국은 이미 확립된 민주 자본주의(democratic capitalism)하에서 독점적 자본주의와 미국 절대주의(American Absolutism)의 전성기를 맞았다. 반면에 위협적인 수준의 사회주의 운동도 실현되지 않았고, 개혁적 혁신주의도 '사회문제'는 외면했다. 그럼에도 불구하고 대공황의 위기 속에서 극좌와 극우의 도전이 없었던 미국은 뉴딜(New Deal)이라는 사회주의적 처방으로 문제를 해결해 나갈 수 있었다. 요컨대 근대 서구의 정치변동이라는 보편성 속에서 미국을 파악하자, 미국의 예외성, 독특성이 두드러지게 되었던 것이다.

그 이유는 무엇인가? 정치학자로서 하츠는 당연히 이 시기 서구 사회의 정치세력들의 배열(political alignment)을 생각했다. 귀족-토리(Tory), 대자산가-휘그(Whig), 소자산가(petite bourgeois) 및 프롤레타리아 등 네 세력 간의 이합집산과 대결의 결과가 서구의 정치변동을 낳았던 것이다. 즉, 토리를 제외한 세력들이 연합하여 구체제를 무너뜨리는 사회혁명이 일어났지만, 프롤레타리아의 급진화에 겁을 먹은 휘그가 다시 토리의 잔존세력과 연합하여 반동이 도래했다. 이후 민주화가 지연되면서 소자산가들은 개혁적 자유주의로 나아갔고, 좌절한 프롤레타리아는 사회주의로 급진화되었다.

미국이 다른 패턴으로 움직이게 된 것은 바로 정치적 배열이 달랐기 때문이다. 우선 미국에는 토리가 존재하지 않았다. 애초에 봉건제가 존재하지 않았고, 신분의 구속이란 것이 없이 모두가 "평등하게 태어났던" 것이다. 따라서 무너뜨릴 구체제도 존재하지 않았고, 부활할 반동의 가능성도 없었다. 둘째, 미국의 휘그들은 서구의 휘그들과 동일한 이해관계와 행동 양식을 지니고 있었다. 일단 독립이 확보되자 휘그 세력은 대중에 대한 공포를 지니게 되었고, 대중민주주의를 지연시키려고 했다. 그러나 이들에게는 제휴할 토리가 없었으므로 패배할 수밖에 없었고, 궁극적으로 대중민주주의를 받아들일 수밖에 없었다. 셋째, 소자산가와 프롤레타리아 역시 존재했지만, 평등하게 태어난 기회의 땅에서 이들은 서구의 소자산가와 프롤레타리아와 달랐다. 프롤레타리아는 자산가가 되는 성공의 기회를 믿었고, 사회혁명을 꿈꾸지 않았다. 소자산가도 프롤레타리아를 두려워하지 않았다. 결국 모두가 '미국 민주주의자(American democrat)'가 되었던 것이다. 그 결과, 이들 간의 정치적 대결 구조와 승부는 서구와는 전혀 다른 미국적 패턴으로 귀결되었다.

요컨대 정치적 배열의 상이함이 서구와 미국 간의 서로 다른 정치변동 과정을 낳았다는 것이다. 그렇다면 미국의 정치적 배열이 달랐던 이유는 무엇인가? 우선, 토리가 없었던 이유는 자명하다. 토크빌이 주목했듯이, 봉건제와 신분의 구속으로 대변되는 구체제가 존재하지 않았기 때문이다. 그렇다면 소자산가와 프롤레타리아가 서구와 달랐던 이유는 무엇인가? 프롤레타리아가 급진화되지 않고 그에 대한 공포도 작을 수밖에 없었던 이유는 무엇인가? 그 답을 하츠는 구체제의 부재가 낳은 미국적 자유주의 이념에서 찾았다.*

---

* 하츠는 봉건제의 유무라는 강력한 구조적 변수 하나로 긴 19세기 서구와 미국의 정치변동을 설명해 낸다. 이것은 바로 비교정치학의 근간과도 같은, 그러나 지금은 안타깝게도 잊혀져 가고 있는, 비교 역사구조적 접근(comparative historico-structural approach)이다. 더욱이 베링턴 무어(Barrington Moore, Jr.)나 테다 스카치폴(Theda Skocpol)보다 훨씬 방대하고 장기적인 변동을 대상으로 대단히 강력하고 경제적인(parsimonious) 설명을 구축한 것이다.

이와 같이 비교정치학의 관점에서 하츠를 재해석하면, 미국 정치의 독특성에 관한 통찰을 얻게 된다.* 근대 서구사회의 정치변동이라는 보편적인 현상 속에서 미국이 지녔던 독특한 조건을 파악할 수 있고, 이 조건에 의해 진행된 미국만의 독특한 정치변동 과정을 추적할 수 있는 것이다. 이 과정을 재구성해 보자.

자유주의의 내용

봉건제가 없는 상태에서 근대에 진입한 사회의 성격을 하츠는 '자연적 자유주의(natural liberalism)'라는 단 하나의 요소로 규정했다.[9] 이런 사회는 '자연적으로' 자유주의적 이념이 지배하는 사회일 수밖에 없다는 것이다. 봉건제가 존재했던 사회라면 구체제를 무너뜨리는 과정에서 온갖 사회사상과 이념이 생겨나고 대결을 벌이지

---

* 하츠가 이 책을 집필한 현실적인 문제의식에도 주목할 필요가 있다. 1950년대 초반은 2차 세계대전이 끝나고 미국이 본격적으로 냉전을 시작하던 때였다. 역사상 최초로 전 세계적인 미국의 개입이 시작되었던 것이다. 이 상황에서 하츠가 목도했던 것은 안팎으로 야기된 위기였다. 밖으로는 이질적인 것들과 조우하면서 생겨난 공포였고, 안으로는 동조성(conformity)에 대한 광적인 집착이었다. 공산주의와의 이데올로기 대결에서 허둥대는 한편, 매카시즘의 광풍 속에 국내의 자유마저 위기에 빠져들었던 것이다. 그 원인을 하츠는 로크의 전제(tyranny of Locke)가 지배하는 미국 사회의 정신적 특성에서 찾았다. 오직 자유주의밖에 모르고, 자유주의 이외의 것을 이해하지도 인정하지도 못하는 미국이 전 세계적인 개입을 하면서 겪을 수밖에 없는 위기라는 것이다. 해법은 한 가지다. 미국인들 스스로가 미국 사회가 자유주의만이 존재하는 독특한 사회임을 깨닫고, 국내적으로나 국제적으로 이질적인 것도 존재할 수 있음을 인정해야 하는 것이다. 불행히도 이 가능성에 대해 하츠는 분석적인 면에서 낙관적인 것 같지 않다. 전 세계적인 개입으로 인해 언젠가는 깨달을 수 있으리라는 허망한 기대만이 결론에서 제시된다. 이 점 역시 『미국의 자유주의 전통』을 정치학적 관점에서 독해해야 함을 시사한다.

만, 구체제가 없는 자유주의 사회에서는 원래부터 자유주의만이 존재한다는 것이다. 따라서 자연적 자유주의는 어떤 사상가에 의해 개발되고 보급된 것이 아니고 대부분의 사람들이 본능적으로 지니고 있는 신조이며, 자각하지 못하더라도 합의를 이루고 있는 정신적 틀(frame of mind)이자 모든 사고의 바탕이다.

하츠는 자유주의가 무엇인지 명확히 규정하지 않았다.[10] 봉건제를 한마디로 규정하기 힘들 듯이, 자유주의 역시 근대의 온갖 사회 개혁적 함의들로 덧칠이 되어 있으므로 모호한 개념이라고 인정할 뿐이다. 마찬가지로 미국의 자유주의를 로크적 자유주의로 단정하면서도 로크주의가 무엇인지 설명하지 않았다. 이는 하츠에 대한 비판들의 주요 표적이기도 하지만, 오히려 하츠가 말하는 자연적 자유주의의 성격 자체 때문일 수도 있다.* 근본적인 폭넓은 원리로 구성되어 있고 상충하는 원리에 대해서는 결코 용납하지 않지만, 많은 하위 원리들을 담아낼 수 있는 자유주의인 것이다.

하츠의 자유주의가 가장 폭넓은 의미에서 무엇으로 구성되었는지는 그의 문제의식으로부터 찾아볼 수 있다. 자유주의는 구체제에 대한 투쟁에서 생겨난 것이므로, 봉건적 사회질서의 핵심적 속성에 대한 거부가 곧 자유주의의 본질이 된다. 봉건 질서의 핵심 원리는 무엇인가? 바로 신분 질서이다. 구성원들의 사회적 권리를 규정하는 신분의 속박으로부터 해방되기 위한 투쟁이 근대 사회혁명이고, 그

---

* 이러한 맥락에서 하츠의 자유주의 개념을 논의한 Paul Roazen, *The necessity of choice: nineteenth-century political thought*, Transaction Publisher, 1990 참조. 로크에 대한 하츠의 이해에 대해 Joshua Dienstag, "Serving God and Mammon: The Lockean Sympathy in Early American Political Thought," *American Political Science Review*, 90:3(1996), pp. 497-511 참조.

이념적 토대가 자유주의의 근본적인 내용이다. 즉, 정치적·경제적 평등이 하츠가 말하는 자유주의의 구성 원리인 것이다.

자유주의의 근본적인 내용은 정치적·경제적 평등이지만, 미국의 자유주의 전통은 서구의 자유주의와 다른 모습을 지닌다. 서구의 자유주의도 근대 사회개혁 과정에서 다양한 요소들을 흡수해 나갔지만, 미국의 자유주의는 애초에 구체제가 없는 상태에서 자연스럽게 주어진 것이기 때문에 이 조건에 의해 왜곡되고 변형되었다는 것이다. 이러한 미국의 자유주의에 대해 하츠는 몇 가지 특징적 성격에 주목했다.

첫째, 정치적 평등, 곧 대중민주주의에 대한 확신이다. 신대륙에서 모든 미국인들은 정치적으로 평등하게 태어났으므로 참정권의 평등과 시민적 자유는 당연시되었다. 모두가 '미국 민주주의자'였기 때문에 이에 대한 어떠한 형태의 도전도 격퇴될 수밖에 없었고, 일찌감치 대중민주주의가 뿌리를 내렸다.[16] 하지만 두 가지 예외가 존재한다. 건국 초기 휘그들은 이를 깨닫지 못하고 서구식의 귀족정을 꿈꾸었지만, 얼마 지나지 않아 미국 민주주의자들에 의해 궤멸되었다. 대중민주주의가 미국적 삶이라는 사실을 인정한 뒤에야 휘그들은 정치사회의 일원으로 복귀해 기회를 엿볼 수 있게 되었던 것이다. 또 다른 예외는 남부의 노예주의자들이다. 북부와 마찬가지로 '자연적' 자유주의자였음에도 불구하고, 노예제를 정당화하려고 온갖 이념과 사회과학적 이론을 동원해야 했던 남부 노예주의자들은 정신적 고문 속에서 흔적도 없이 사라져 갔다.

둘째, 정치적 평등만큼이나 강조된 것이 경제적 평등인데, 이는 신분의 제약 없이 개인적 부를 추구할 수 있는 기회가 보장되는 것으로 해석되었다.[12] 곧 기회의 평등을 의미했던 것이다. 미국이 기회의 땅이라는 믿음과 더불어 경제적 평등에 대한 이러한 관념은 미국 자유주의를 자본주의적 욕망에 극히 취약하게 만들었다. 예컨대 잭슨 민주주의(Jacksonian Democracy) 시기의 대중민주주의자들은 겉으로는 반자본주의적 원칙을 강조하고 자본가들을 공격했지만, 휘그들의 '국가 진흥주의'를 그대로 따랐다. 보호 관세로 국내 산업을 육성하고, 내륙 개발을 위해 철도를 건설하고, 은행 체제를 통해 신용을 확대하는 등 휘그들의 경제적 지배를 가져올 수 있는 경제정책을 추진했던 것이다. 누구나 성공할 수 있고 부를 쌓을 수 있다는 자본주의적 탐욕 때문이었다.

미국 자유주의에 내재된 이 자본주의적 욕망은 남북전쟁이 끝나고 본격적인 산업화가 진행되면서 최고조에 이르렀다. 하츠는 이를 '앨저주의(Algerism)'라고 부르는데, 허레이쇼 앨저(Horatio Alger)의 수많은 대중소설에 나오는 주인공들처럼 누구나 노력에 의해, 심지어는 운에 의해 벼락부자가 될 수 있다는 허황된 꿈이 미국 사회를 뒤덮었다는 것이다. 서구에서 개혁적 자유주의가 득세하던 시기에, 이와는 정반대로 미국에서 휘그들이 정치적·경제적 권력을 독점할 수 있었던 이유이다.[13] 미국 자유주의에 내재된 경제적 평등, 기회의 평등에 대한 강조가 필연적으로 가져온 결과라는 것이다.

셋째, 미국 자유주의에는 국가권력에 대한 의혹과 '억센 개인주의(rugged individualism)'의 충동이 내재되어 있다. 서구의 경우 구체제를 붕괴시키고 사회구조를 혁명적으로 변화시키기 위해 국가권력이 필요했지만, 구체제가 없었던 미국에서 국가권력은 애초부터 제한의 대상으로 여겨졌다. 국가권력을 통해 사회문제를 해결할 수 있다는 기대는 약화되었고,* 개인적 자유를 국가권력이 침범할 수 있다는 위험성이 강조되었다. 이는 자연히 '성공과 실패'가 오직 개인에게 달려 있다는 신념으로 굳어졌다.[14]

넷째, 미국 자유주의의 또 다른 특성은 동조주의(conformism)에 있다. 누구나 똑같다는 생각은 곧 누구나 똑같아야 한다는 믿음으로 연결되었다. 더욱이 애초부터 자연적 자유주의밖에 존재하지 않는 사회에서 자유주의 이외의 이념이나 신조는 이해될 수 없었다. 이러한 동조주의는 절대주의적인 자유주의의 신봉으로 발전했다.[15] 정치적 평등과 경제적 기회의 평등, 곧 19세기 후반의 민주 자본주의에 대한 절대주의적 신념으로 굳어졌던 것이다. 나아가 다른 형태의 정치적 평등이나 경제적 평등에 대해 비미국적인(unAmerican) 것으로 배척하는 배타적 성격을 지니게 되었고, 홀로 자유주의를 실현하고 있는 사회에 대한 '미국 절대주의(American Absolutism)'로 왜곡되었다.

마지막으로, 독립과 건국 당시부터 이루어졌던 이러한 자유주의적 합의는 미국 사회의 근본적인 작동 원리로 간주되었다. 이 근본 원리는 헌법에 비장(秘藏)되었고, 모든 사회문제들은 이 헌법을 해석하여 해결하면 될 것이었다. 헌법 숭배(Constitutional fetishism)와 사법심사(judicial review)로 귀결되었던 것이다. 이제 더는 근본 원리에 대한 고민은 필요 없게 되었고, 합의된 근본 원리 위에서 문제해결만 하면 되었다. "철학의 주검 위에 법률이 융성하게"[16] 되었던 셈이다.

---

* 건국 초기 알렉산더 해밀턴의 경제정책이나 1830년대 휘그들의 '아메리칸 시스템(American system)', 곧 국가 진흥주의는 분명히 산업 발전을 위한 국가의 역할을 강조했다. 자본주의적 욕망이 반국가주의보다 강했다고 하겠다. 그러나 산업화가 급속히 이루어진 19세기 후반 이후에는 자유방임주의가 지배적인 사고였다. 단, 무역에 있어서는 대공황까지 보호주의 정책이 유지되었다.

이와 같이 실용주의(pragmatism)화된 자유주의적 합의는 사회의 근본적인 문제와 작동 원리를 외면하도록 만들었지만, 한편으로는 실용주의의 이름 아래 대단히 융통성 있는 변화를 가능하게 해 주었다. 개혁적 자유주의가 득세했던 서구에서는 대공황을 맞아 좌우의 공격 때문에 아무것도 하지 못하고 있을 때, 프랭클린 루스벨트(Franklin D. Roosevelt)는 별다른 정치적 위협 없이 뉴딜 정책들을 추진하면서 "다만 문제해결을 하고 있다"고 주장할 수 있었다는 것이다.

이와 같이 정치적 평등과 대중민주주의에 대한 확신, 개인적 부를 추구할 수 있는 기회의 평등으로 해석된 경제적 평등관, 국가권력에 대한 의혹과 개인주의적 기질, 미국 절대주의로 변질된 동조주의적 충동, 근본 문제에 대한 완전합의를 전제로 한 실용주의가 바로 하츠가 염두에 두었던 미국적 자유주의의 윤곽이다. 1776년과 1787년* 당시부터 대다수 미국인들은 이러한 정신적 틀 내에서 사고하고 행동했으며, 그 결과 이후의 정치변동이 이루어져 왔다는 것이다.

이념, 정치투쟁과 제도

자유주의 이념이 지배하는 미국은 민주 자본주의로 귀결되도록 예정되어 있었다는 것이 하츠의 주장이다. 그러나 남북전쟁 이후 민주 자본주의가 확고해질 때까지 정치세력들 간의 투쟁이 벌어졌고, 이들의 세계관과 이해관계와 전략에 따라 민주주의와 자본주의가

---

*   1776년은 독립선언이 있었던 해이고, 1787년은 헌법이 재정된 해이다.

부정되거나 공격당하기도 했다. 이런 식의 정치적 투쟁과정 속에서 만들어진 것이 미국적 정치제도다.

우선 독립혁명을 전후한 시기부터 미국의 자유주의 사회는 국가 주권에 대해 회의적이었다. 미국인들은 식민지 의회도 영국 의회와 동등한 주권을 지니고 있다고 주장하며 독립의 길로 나아갔는데, 이는 국가권력에 대한 미국 자유주의의 독특한 관점 때문이었다는 것이다. 유럽 자유주의의 경우 국가권력은 이중적 성격을 지니고 있었다. 절대왕정과의 대결에서 국가권력이란 제한되어야 하는 것이었으나, 다른 한편 구체제의 사회구조를 타파하기 위해서 국가권력은 반드시 필요한 도구였다. 계몽군주론이 대표적 예다. 정치권력은 증오의 대상이자 유용한 도구였던 것이다.

그러나 미국의 경우 국가권력은 오직 제한되어야 할 대상이었다.[17] 미국인들은 명예혁명을 통해 수립된 영국의 의회주권마저 무시하며 식민지 의회가 동등한 주권을 지니고 있다고 주장했다. 유럽에서는 권력의 단일성을 훼손했다고 비난받던 몽테스키외가 미국에서는 권력에 대한 견제와 균형(check and balance)의 개념을 제시한 위대한 정치이론가로 존중되었다. 미국적 자유주의는 국가권력에 대한 아무런 고민 없이 시종일관 국가권력을 제한했던 것이며, 이는 영국과의 대결 과정에서부터 여실히 드러났다. 그 이유는 자명하다. 미국인들에게는 국가권력을 동원해서 타파해야 할 구체제의 사회구조가 없었기 때문이다. 태어날 때부터 평등했던 자유주의 사회의 단순성이 여기에 있다.

심지어 제헌과정의 정치투쟁은 국가권력을 더욱 약화시켜 권력분립적 정부 제도를 만들어 냈다. 독립혁명 시기에 미국 사회를 예외적인 것으로 규정했던 건국 시조들은 역설적이게도 헌법 제정 시기에는 미국을 유럽과 크게 다르지 않은 보편적 사회로 파악했다.[19] 부분적으로 이와 같은 관점의 전환은 혁명 이후 사회적 긴장의 반영이었다. 예컨대 미국인들은 독립 직후 보스톤에서 일어난 소규모 소요 사태인 셰이즈의 반란(Shays' Rebellion)을 프랑스의 원시 공산주의라고 할 수 있는 바뵈프주의(Babouvisme)와 같은 것으로 파악했다. 귀족제에 대한 공격뿐 아니라 재산권이나 모든 사회적 차별에 대한 공격으로 보았던 것이다.

찰스 핑크니(Charles Pinckney)와 같은 일부 반대파들이 미국은 유럽이 아니어서 귀족과 평민의 구분이 없는 평등한 상호의존의 사회라고 주장했음에도 불구하고, 제임스 매디슨(James Madison)이나 존 퀸시 애덤스(John Quinncy Adams) 같은 연방주의자들은 인간에 대한 '홉스적 관점'을 관철시켰다. 인간 본성은 이기심이라는 보편성을 지니기 때문에 미국 사회에도 '귀족'과 '수평파(levelers)'의 유령이 상존하며, 다수의 '폭도(mob)'가 소수에 대해 위협이 된다고 상정했던 것이다. 필라델피아에 모인 연방주의자들은 이처럼 이기적 집단들 간의 갈등으로 점철된 사회를 상정하고 헌법을 고안했다.[19] 그 결과가 '다수의 독재'를 방지하기 위해 고안된 권력분립적 정부 제도였다.

'견제와 균형'의 원리로 조직된 정부는 교착과 지연, 의도된 혼란을 낳을 수밖에 없다. 이런 식의 정부는 뚜렷한 프로그램을 추구하는 공동체에서는 용인될 수 없다. 정부가 전복되거나 통합이 불가능한 상태에 빠질 것이다. 권력분립적 정부 제도는 오직 고도로 통합되고 상호의존적인 사회, 집단 간 갈등이 최소화된 사회에서나 기능할 수 있는 것이다. 연방주의자들의 잘못된 홉스적 현실주의가 낳은 미국 헌법이 오히려 자유주의 사회에 적합한 정부 제도를 만들었다는 것이 하츠의 주장이다.[20]*

알렉산더 해밀턴(Alexander Hamilton)과 같은 일부 연방주의자들은 심지어 귀족원(House of Lords)을 추진했다. 신생 정부를 지탱할 반석은 자산가들이며, '폭도들'로부터 이 엘리트들을 보호해 줄 수 있는 정치제도가 있어야 한다고 믿었던 것이다. 그러나 귀족이 존재하지 않는 사회, 모두가 평등한 자유주의 사회에서 이 허황된 꿈은 좌절될 수밖에 없었다. 제헌과정에서 귀족원이 강한 반대에 부딪히자 해밀턴은 다른 곳에서 귀족정의 닻을 찾았다.[21] 바로 연방헌법 자체였다. 헌법이야말로 '국민 역사'와 '국민 정신'을 체현한 근본법이라고 규정되고 신성화되었다. 그리고 이 근본법에 기반을 두고 일단의 종신제 판사들이 정부 행위의 정당성을 판단하는 제도가 만들어졌다. 바로 귀족원에 가장 가까운 연방 대법원의 '사법심사제(judicial review)'**이다.***

이렇게 해서 엘리트주의적 휘그 세력은 기대했던 귀족정을 이루

---

* 디긴스는 하츠의 합의주의적 미국 헌법 분석을 찰스 비어드의 경제적 해석과 한나 아렌트의 공적 덕목에 주목한 해석과 더불어 가장 성공적인 미국 헌법 해석으로 평가한다. 비어드, 아렌트, 하츠의 미국 헌법 해석에 대한 논의는 John P. Diggins, "Class, Classical, and Consensus Views of the Constitution," *The University of Chicago Law Review*, 55:2(1988), pp. 555-570 참조.
** 의회가 만든 법과 정책에 대해 대법원이 위헌 판결을 하는 제도로, 1803년 마버리 대 매디슨(Marbeury v Madison) 판례가 선구가 되었다. 1800년 선거 참패 이후 권력을 상실한 연방파들이 사법부에 근거를 두고 강력한 거부권을 구축했던 것이다.
*** 사법심사제 자체가 헌법에 명시된 것은 아니며, 연방파들의 집요한 노력에도 불구하고 건국 초기에는 일반적으로 받아들여지지 않았다. 사법심사제가 공식화된 것은 1803년 마버리 대 매디슨 판례였다.

는 데는 실패했으나 다수의 지배에 장애가 되는 정치제도를 수립하는 데 성공했다. 주정부와 연방정부의 모호한 권한 분리, 입법부로부터 독립된 권한을 지닌 대통령제, 양립된 입법부, 헌법 수호자로서의 사법심사 등과 같은 독특한 미국적 정치제도들이 탄생했던 것이다. 여기에는 휘그의 전략적 성공에 못지않게 대중민주주의 세력의 착각과 혼동이 크게 작용했다.

하츠가 미국 민주주의자라고 부르는 대중민주주의 세력은 소수의 휘그를 제외한 모든 미국인이다. 소자산가와 농민과 프롤레타리아를 포괄하는 혼성체(hybrid)의 성격을 띠었다. 자유주의 사회에서 소자산가는 프롤레타리아를 두려워할 필요가 없었고, 농민은 도시 시장을 상대로 생산을 했고, 프롤레타리아는 성공의 기회를 믿고 있었으므로 이들은 하나가 될 수 있었다.[23] 압도적 다수로서 미국 민주주의자는 대중민주주의를 지연시키고 귀족원을 설립하려는 휘그의 책동을 손쉽게 분쇄할 수 있었다.

그러나 제헌과정과 건국 초기의 이 정치투쟁에서 대중민주주의 세력은 휘그들과 마찬가지의 함정에 빠지게 되었다. 자유주의 사회의 본질에 대해 휘그처럼 이해하고 있었기 때문이다. 휘그를 '귀족'과 '자본가'라고 공격하면서 미국 민주주의자는 스스로의 정체성에 대해 혼동에 빠지게 되었다. 자신의 적을 유럽적 계급범주로 공격하고 나자, 이 정치적 언술에 따라 자신 안에서 '소자산가'와 '빈농'과 '프롤레타리아'의 외양을 발견하게 되었다는 것이다.[24] 이렇게 되면 유럽의 정치투쟁에서 촉발되었던 두려움이 현실화될 수밖에 없다. 자신 안에 '폭도'가 존재하며 '다수의 독재'가 일어날 수도 있다는 불안감에 사로잡히게 되었고, 자유주의 사회에서는 평등한 모두가 하나이고 따라서 개인과 소수에 대한 다수의 압제가 있을 수 없다는 평범한 사실을 잊었던 것이다. 결과적으로 대중민주주의 세력은 권력분립적 정치제도와 사법심사를 받아들이게 되었다.

이와 같이 독특한 미국 정치제도들의 기원은 제헌과정과 건국 초기에 엘리트주의적 휘그들과 대중민주주의자들 모두가 자유주의 사회의 본질을 착각했던 데 있다. 미국적 자유주의 사회가 민주 자본주의로 귀결될 것임을 이해하지 못한 채 유럽적 계급범주를 통해 정치투쟁을 전개했던 것이다. 유럽식 계급투쟁에 대한 두려움 때문에 권력분립적 제도들을 고안했던 것인데, 이러한 제도들이야말로 자유주의적 합의를 이루고 있었던 미국 사회에서나 작동할 수 있었다는 것이 하츠의 역설적 분석이다. 1840년 선거와 이후 도금기(gilded era)에 휘그들이 해밀턴식 엘리트주의를 포기하고 대중민주주의를 받아들이게 되고, 대중민주주의자들이 자본주의적 열망을 좇게 되면서, 미국적 자유주의가 귀결될 수밖에 없었던 민주 자본주의가 만개하게 되었다.

본문의 주

1) Louis Hartz, *The Liberal Tradition in America: An Interpretation of American Political Thoughts Since the Revolution*, Harcourt Inc., 1955(백창재·정하용 역, 『미국의 자유주의 전통』, 나남, 2012).

2) Daniel Boorstin, *The Genius of American Politics*, University of Chicago Press, 1953.

3) Michael Kammen, "The Problem of American Exceptionalism: A Reconsideration," *American Quarterly*, 45:1(1993), pp. 1-43.

4) Aileen Kraditor, "American Radical Historians on Their Heritage," *Past and Present*, 56(1972), pp. 136-53; Bernard Sternsher, *Consensus, Conflict, and American Historians*, Indiana University Press, 1975.

5) Robert B. Fowler, "Louis Hartz, the Liberal Tradition in America, and Their Critics," a paper presented at the annual meeting of the APSA, 2004.

6) Bernard Bailyn, *The Ideological Origins of the American Revolution*, Harvard University Press, 1967.

7) J. G. A. Pocock, *The Machiavellian Moment: Florentine Political Thought and the Atlantic Republican Tradition*, Princeton University Press, 1975.

8) Rowland Berthoff and John Murrin, "Feudalism, Communalism, and the Yeoman Freeholder: The American Revolution as a Social Accident" in Stephen G. Kurtz and James H. Hudson, eds., *Essays on the American Revolution*, W. W. Norton, 1973, pp. 256-288; Benjamin Barber, "Louis Hartz," Political Theory, 14:3(1986), pp. 355-358.

9) Louis Hartz, 『미국의 자유주의 전통』, pp. 26-28.

10) *Ibid.*, pp. 23-25.

11) *Ibid.*, pp. 147-151.

12) *Ibid.*, pp. 177-180.

13) *Ibid.*, pp. 252-259.

14) *Ibid.*, pp. 269-275.

15) *Ibid.*, pp. 89-94, 276-278.

16) *Ibid.*, p. 34.

17) *Ibid.*, pp. 69-83.

18) *Ibid.*, pp. 99-102, 120-125.

19) *Ibid.*, pp. 116-120.

20) *Ibid.*, pp. 122-123.

21) *Ibid.*, pp. 142-146.

22) *Ibid.*, pp. 155-159.

23) *Ibid.*, pp. 160-169.

제3장

정당과 유권자[*]

---

* 미국 정당 및 정당체제의 변화에 대해 3장 말미에 보론으로 덧붙였다.

1990년대 이래 미국 정치에서 두드러진 현상은 이념적 대립과 충돌이다. 의정 과정에서 초당적 문제해결보다는 비타협적 대결이 빈번하고, 양당 간의 '공격 정치(attack politics)'와 양부 간 힘겨루기가 자주 목격된다. 민주, 공화 양당의 적극적 지지자들(activists)은 이전보다 훨씬 이념적 편향성을 지니고 자기 당에 압력을 행사하며 상대 당을 공격한다. 일반 유권자들도 이념에 따라 양당에 대한 선호를 결정하는 경향이 증대되고 있다. 극단적인 이념적 지향을 내세우는 언론과 논객이 이런 현상을 조장한다. 2010년의 티파티(Tea Party) 운동과 2016년 대통령 선거는 이전의 접근법으로는 이해가 될 수 없는 현상이다.

이러한 미국 정치지형의 변화를 이 장에서는 정당을 중심으로 바라본다. 유권자를 중심에 두고 접근하는 선거 분석이나 정당 연구로는 1990년대, 멀리는 1960년대 이래의 변화를 제대로 이해하기 어렵기 때문이다. 정치변동의 주역을 정당과 지도부로 보는 엘머 에릭 샷슈나이더(Elmer Eric Schattschneider)의 정당 이론을 살펴보고, 이러한 관점에서 최근의 변화를 어떻게 분석할 수 있는지 논의한다.

문화 전쟁?

미국 사회 전반에 걸쳐 확산되고 있는 이념적 대결은 '문화 전쟁(culture war)'으로 규정되어 왔다.[1] 미국 사회가 문화적 '정통(orthodox)'과 '진보(progressive)'의 두 진영으로 분열되고 있으며, 두 세력 간의 갈등과 충돌이 불가피하다는 것이다. 정치적으로 이는 전통적인 경제적 갈등 대신에 도덕적·문화적·가치 중심적 갈등의 중요성(salience)이 커지고 있음을 의미한다.

사실 경제적 이해를 기반으로 형성되었던 기존 균열 구조가 해빙되고 탈물질적 이슈들이 부상하는 탈근대 정치 현상은 1960년대 후반부터 선진 산업 민주주의 국가들 전반에서 나타났다. 미국도 예외는 아니어서, 이 시기의 반문화(counter-culture) 운동부터 1980년대 종교적 우파(religious right)의 정치세력화까지 탈물질적인 정치적 갈등들이 대두되었다. 그러나 민권과 인종갈등 문제를 제외하면, 문화적·도덕적·종교적 이슈들이 선거와 정당정치의 핵심으로 등장한 것은 1990년대 이후라고 평가된다.

과연 미국 사회는 문화적으로 얼마나 분열되었는가? 이에 대해 미국의 사회학계는 대체로 부정적인 입장을 내놓는다. 경험적 자료들을 분석한 결과, 도덕과 결부된 이슈들에 대한 일반 미국인들의 판단은 극단화되지 않았으며, 종교적 충동도 1990년대를 지나면서 수그러들고 있다는 것이다.[2] 문화 전쟁은 일부에 의해 부풀려진 '허구(myth)'로 취급된다. 반면에 새로운 도덕적 이슈들이 선거와 정당 정치에 미치는 영향에 대해 민감할 수밖에 없는 정치학자들은 문화적 양극화의 중대성에 주목해 왔다.[3] 가치와 종교적 이슈들에 대한 이념적 대립이 정당의 부활과 정당일체감의 재편성을 가져오고 있다는 분석들이 제기되면서, 이 문제는 큰 논란의 대상이 되었다.

이런 가운데 의회와 선거, 정당 연구의 권위자인 모리스 피오리나(Morris Fiorina)에 의해 문화 전쟁에 대한 권위 있는 평가가 내려졌다.[4] 1980년대부터 2005년까지 수행된 각종 여론조사 자료들을 면밀하게 분석한 뒤, 피오리나는 미국 사회가 이념적으로 전혀 양극화되지 않았다고 진단했다. 낙태 문제에서부터 동성애자 권리 문제, 또는 총기규제 문제나 안락사 문제에 이르기까지, 가치나 도덕과 연관된 이슈들에 대해 평균적인 미국인들은 대부분 중립적인 견해를 지니고 있다는 것이다. 한 세대 전과 마찬가지로 극단적 견해의 비중은 증가하지 않았으며, 대부분의 유권자들은 이러한 이슈들이 중요한 국가적 문제라고 생각하지도 않는다. 여전히 경제적 이슈들이나 테러와의 전쟁과 같이 국민의 삶에 직접적인 영향을 가져오는 문제들이 중대한 이슈로 간주되며, 투표에 영향을 미친다. 한 마디로 문화 전쟁은 허구라는 것이다.

그렇다면 지난 20여 년간 미국 사회에서 이념적 갈등에 대해 벌어진 논란은 무엇인가? 의회에서 빈번하게 벌어지는 극한 대립은 양당의 지지층과는 무관한 것인가? 이에 대해 피오리나는, 대중은 극단화되지 않았으나 정치인, 정당활동가(activists), 논객 등 정치 엘리트들이 치열한 대결을 벌이고 있는 것이며 대중매체들이 이를 과장해 왔다고 진단한다. 이념적 이슈들은 유권자들로부터 호응을 받지도 않았으며, 선거 결과에 별다른 영향을 미치지도 않았다는 것이다. 오히려 2004년 선거 이후처럼 이념 대결에 식상한 지지층이 이탈하는 역효과를 가져오기도 한다.

그럼에도 불구하고 피오리나는 이념이 정당일체감에 미친 영향을 인정하고 있다. 1980년대 이후 공화당 지지층 중 진보적인 유권자들은 사라졌고 민주당 내 보수적인 지지층도 이탈했다는 것이다. 이것이 바로 '정돈(sorting)'이다. 이념적으로 자신이 진보적이라고 생각했던 공화당 지지자들은 민주당 지지로 돌아섰거나 무당파(independent)가 되었으며, 보수적 이념을 지녔던 민주당 지지자들은 공화당을 지지하거나 무당파가 되었다. 따라서 유권자 전체, 미국 사회 전반의 이념적 성격과 구성에는 아무런 변화가 없었지만, 민주, 공화 양당 간에 이념적 지향이 맞지 않는 지지층들의 교환은 이루어졌다.

일찍이 선키스트는 미국의 정당정치를 4당 체계로 규정한 바 있다.[5] 의회 내이든 유권자 수준에서든, 공화당 내에 상당수의 온건파들이 있고 민주당 내에도 다수의 보수파들이 있기 때문에 미국에는 네 개의 정당이 존재하고 있는 것과 마찬가지라는 것이다. 피오리나의 진단대로라면 이제 미국은 더는 4당 체계가 아니다. 양당의 이질적 존재들이 마침내 '정돈'된 것이다. 이것이 무시할 만한 현상인가? 미국 사회 전체적으로 이념적 양극화가 벌어진 것은 아니지만, 미국 정치와 미국 정당의 양극화는 이루어진 것이 아닌가?

피오리나가 정확히 지적한 '정돈'은 두 가지 과정으로 이루어졌다. 하나는 남부에서 이루어진 유권자 재편(realignment)이다. 1960

년대 민권 이슈로 인해 민주당에 등을 돌리기 시작한 보수적인 남부 유권자들은 1980년대 이후 확고한 공화당 지지층으로 돌아섰다. 따라서 민주당 내 보수적 지지층은 사라졌고, 그 결과 의회 내의 보수적인 남부 출신 의원들의 세력도 크게 위축되었다. 민주당이 진보로 '정돈'된 것이다. 공화당의 경우, 1980년 선거부터 보수적 이념과 전통적 가치를 동원하여 유권자들을 공략하면서 보수적 색채를 강화했다. 그 결과 남부 유권자들과 복음주의자들이 공화당의 텃밭이 되었고, 이념적 극단화에 반발한 세력이 이탈하게 되었다. 보수로 '정돈'된 것이다.*

이러한 과정을 보면, 미국의 정당정치가 중대한 변화를 겪어 왔음을 부인할 수 없다. 그럼에도 불구하고 피오리나가 문화 전쟁은 허구이며 정치계급(politicos)이 현실에서 유리된 이념 대결을 벌이고 있다고 비난하는 이유는 무엇인가? 사실, 피오리나가 우려하고 있는 미국의 정치 현실은 '양극화'다. 유권자들은 극단화되지 않았으나 투표소에서 두 개의 극단적인 선택만을 강요당하고 있음을 그는 개탄하고 있는 것이다. 이것이 아마 피오리나가 이 책을 쓴 문제의식일 것이다.

피오리나는 이렇게 개탄스런 현실이 초래된 근원으로 1960년대 이래 진행되어 온 '참여의 확대'에 주목한다. 참여의 확대라고 해서

---

* 피오리나는 이 점을 거듭 지적하고 있다. 특히 2004년 선거를 분석하면서, 부시의 선거 전략이 경제적 보수와 사회적 보수의 양 차원을 공략하여 경제적으로 민주당 지지성향 이지만 사회적으로 보수적인 유권자들의 지지를 획득하려 했다고 보고 있다. 물론 경제적으로 공화당 지지성향이지만 사회적으로 진보적인 유권자들은 이탈했다. 특히 Morris Fiorina, et al., *Culture War? The Myth of a Polarized America*, 1st ed., 3rd ed., Longman, 2011, pp. 170-182 참조.

평균적인 미국인들과 일반 유권자들의 참여가 확대되어 온 것이 아니다.* 아론 월다브스키(Aaron Wildavsky)가 '맹목파(purist)'로 불렀고,[6] 제임스 윌슨(James Wilson)이 '아마추어(amateur)'라고 불렀던[7] 정치활동가들(political activists)의 개입의 폭과 정도, 그리고 영향력이 크게 확대되어 온 것이다. 특정한 이슈들, 대부분의 일반 유권자들은 관심도 없는 문제들에 대해 비타협적인 견해를 지니고 있는 이 활동가들이 정치인들과 양당에 강력한 영향력을 행사하고 있어서, 양당과 후보들이 제시하는 이념적 입장이 극단화하고 있다는 것이 피오리나의 진단이다.

유권자들로부터 유리된 채 이념적 대결을 벌여 혼란을 초래하고 있는 미국의 정치 현실을 피오리나가 우려하는 것은 지극히 당연한 일이다. 그러나 피오리나의 논지를 따라가다 보면, 자연스레 여러 가지 의문이 떠오른다. 과연 유권자들은 변하지 않았는데 정치계급이 이념적으로 극단화하여 대립하고 있는 것인가? 이들은 왜 그러는 것일까? 이들이 벌이고 있는 이념적 대결이 유권자들의 이념과 정당일체감에는 영향을 미치지 않는 것일까?

피오리나가 상정하고 있는 전형적인 정당정치는 앤서니 다운스(Anthony Downs)식 모델에 근거를 두고 있다.[8] 유권자들은 이념적 성향이나 정책에 대한 입장에 있어서 공간적으로 정상분포를 이루

---

* 물론 1972년 이후 예비선거를 통해 그간 당 지도부들이 선출했던 대통령 후보를 일반 유권자들이 선출하게 된 참여 확대의 형태도 있다. 그러나 예비선거나 코커스(caucus)에 실제 참여하여 후보 선출 결과에 조금이라도 영향을 미칠 수 있는 유권자들의 수가 본선거에 비해서 훨씬 미미하다는 점을 고려할 때, 유권자 전체의 참여가 크게 확대되었다고 평가하기는 어렵다. 이 역시 소수의 적극적 참여층과 정치활동가들의 영향력만을 키워 주는 결과를 초래하고 있는 것이다.

고 있으며, 정당은 더 많은 유권자들과 상대적으로 더 가까운 입장을 취하기 위해 경쟁한다. 이처럼 유권자들의 분포는 주어진 것이며, 정당과 후보들은 주어진 분포 속에서 수동적으로 경쟁하는 것이다. 따라서 정당과 후보들이 유권자들의 분포를 변화시킬 가능성은 배제된다. 유권자들의 분포를 무시한 채 극단적인 입장을 취하거나 유권자들이 무관심한 이슈를 제기하는 것은 패배의 지름길이다. 과연 정당과 유권자 간에 설정된 이러한 관계는 타당한가?

유권자와 정당

'다운스 패러다임'으로 부를 수 있는 이 지배적인 시각은 미국 정치를 유권자-선거-의원(정책)의 세 축으로 구성한다.[9] 일정하게 분포되어 있는 유권자의 지지를 더 획득하기 위해 정당과 후보자들은 경쟁하고, 선출된 의원들은 재선을 위해 경쟁한다. 재선은 주어진 유권자 분포에서 정당과 후보자가 유리한 위치에 서는 것으로 결정되므로, 의원과 정당은 유권자를 의식한 정책결정을 한다. 유권자-선거의 단계가 중위투표자론(median voter theorem)으로 정리된다면, 의원-유권자 단계는 피오리나나 데이비드 메이휴(David Mayhew)가 종합한 '선거의 고리(electoral connection)'이다.[10]* 전자가 선행하고 후자는 부속된다. 즉, 유권자 분포에 따른 선거 경쟁이 정치의 시작이자 본질이며 입법과정은 이를 보완, 강화하는 것이다.

---

* 이에 대해서는 제4장에서 논의한다.

이념적 공간에 유권자가 일정하게 분포하고 이 분포 속에서 정당이 경쟁한다는 공간 모델(spatial model)은 해럴드 호텔링(Harold Hotelling)에서 유래했다. 경쟁 관계에 있는 기업의 위치가 한 곳으로 수렴되어 사회적 효용을 해친다는 경제이론을 1920년대 미국의 양당 경쟁에 적용했던 것이다. 이념적 공간에 유권자들이 '균등하게' 분포되어 있고 유권자들의 지지가 '비탄력적', 즉 정당에 대한 충성도가 강하다면, 이념적 공간의 좌·우에 위치하고 있던 양당은 더 많은 지지를 획득하기 위해 각기 중앙으로 이동할 것이다. 이러한 수렴의 결과로 선택의 여지가 없어져서 정당정치의 질은 떨어진다고 분석되었다.

그러나 대공황 시기부터 민주, 공화 양당의 정책 차이가 점점 벌어지게 되면서 호텔링 모델은 수정되었다. 유권자들의 지지가 '탄력적'이라면, 즉 정당과의 거리가 멀어지게 되면 유권자들이 정당에 대한 지지를 철회한다고 가정하면, 양당이 중앙으로 갈수록 좌·우 양끝의 지지층이 이탈하므로 양당이 중앙으로 수렴하지 않는다고 설명되었던 것이다.

1950년대가 되면 민주, 공화 양당은 다시 뉴딜식 합의로 수렴되어 갔고, 탄력적 지지 모델은 설명력을 잃게 되었다. 이에 대한 해결책으로 제시된 것이 다운스 모델이다. 유권자들의 지지는 '탄력적'이지만, 유권자의 분포는 균등한 것이 아니라 중앙을 정점으로 하는 종(bell) 모양의 '정상분포'이기 때문에 양당의 이념적 입장이 수렴된다는 것이다.[11]

다운스의 이 공간 모델도 다시 현실과 동떨어지게 되었다. 1964년 선거에서 공화당이 베리 골드워터(Barry Goldwater)를 대통령 후보

그림 3-1 공간 모델의 수정

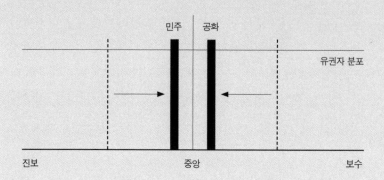

I. 1920년대 양당 수렴 설명
유권자 분포: 고정적, 균등 / 유권자 선호: 비탄력적 / 양당: 중앙으로 수렴

II. 뉴딜시기 양당 이질화 설명
유권자 분포: 고정적, 균등 / 유권자 선호: 탄력적 / 양당: 중앙에서 이탈

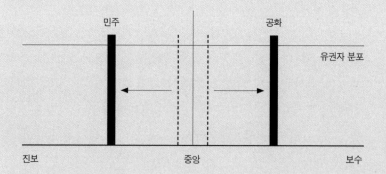

III. 1950년대 양당 수렴 설명(다운스 모델)
유권자 분포: 고정적, 정상분포 / 유권자 선호: 탄력적 / 양당: 중앙으로 수렴

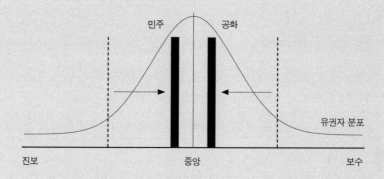

IV. 1964년 이후 양극화 설명(허시먼)
유권자 분포: 고정적, 정상분포 / 유권자 선호: 비탄력적 / 양당: 양극화

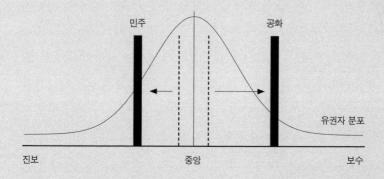

로 지명하고 본선거에서 참패했던 것이다. 왜 공화당은 이념 공간의 중앙을 떠나 오른쪽 끝을 향했는가? 공간 모델의 관점에서 제시할 수 있는 유력한 해답은 아마 '항의(voice)' 개념을 적용한 앨버트 허시먼 (Albert O. Hirschman)의 설명일 것이다.[12] 허시먼은 유권자의 지지가 '비탄력적'이라고 보았다. 다른 정당을 지지할 수 없다는 것이다. 그렇기 때문에 이념적 공간에서 좌, 우 양 끝에 있는 지지자들은 자기 당의 입장이 중앙을 향해 자신과 멀어질 경우 다른 대안이 없기 때문에 모든 자원을 동원해서 '항의'하고 영향력을 행사한다. 때로 1964년 공화당의 경우처럼 최적점을 지날 때까지 자기 당을 끌고 가서 참담한 결과를 가져올 수도 있다는 것이다.

이와 같이 유권자 분포와 정당의 위치 잡기, 그리고 선거 결과로 구성되는 공간 모델은 현실 정치에 따라 거듭 수정되고 변형될 수밖에 없었다. 유권자는 고정된 정상분포인데, 정당들은 중앙으로 수렴되기도 하고 양극으로 선회하기도 했으며, 때로는 1980년 공화당의 경우와 같이 극단화가 마침내 성공을 거두기도 했던 것이다. 공간 모델의 이러한 문제들은 정당의 입장과 선거 결과를 도출하는 데 주어진 유권자 분포만으로는 충분하지 않을 수 있다는 점을 시사한다. 허시먼의 경우에도, 비탄력적 지지층의 항의를 수용하여 정당이 중앙에서 이탈할 수 있다면 누가 손익을 계산하여 이 결정을 하는가라는 의문이 제기될 수 있다. 항의를 수용하는지 여부는 정당의 결정이고, 이는 유권자 분포에 대한 수동적 적응이 아니라 정당의 성패를 결정짓는 전략적 결정일 수 있다. 또한 어떤 항의는 성공하고 어떤 항의는 무시되기도 한다. 결정적인 차이는 항의를 뒷받침하는 영향력과 자원일 수 있다. 보다 극단적 성향의 지지자들의 항의가 효과적이기보다는, 보다 많은 자원을 통제하는 지지자들의 항의가 효과적일 수 있는 것이다. 그렇다면 유권자들의 단순한 이념적 분포가 아니라 실제로는 영향력이 가중된 분포가 관건일 것이다.

다운스 패러다임에 대한 가장 신랄한 비판은 최근 해커와 피어슨 등이 제기했다.[13] 다운스 패러다임은 선거에만 치중함으로써 실제 정치적 삶의 본질적 내용, 즉 정책을 경시하여 선거에 부속시켰다는 것이다. 결과적으로 유권자 개인들에 대한 선거 분석은 넘쳐나지만, 어떤 정책이 어떻게, 왜 만들어지고, 어떤 결과를 초래했는지에 대해서는 연구되지 않는다. 이는 다시 미국 정당을 단순히 선거에서 승리하려는 정치인들의 집합으로 간주하게 만들어서, 정당 자체의 중요성을 격하한다. 정당은 그저 정당일체감의 대상일 뿐인 것이다. 나아가 보다 많은 유권자들의 지지를 얻고 집권한 정당이 자신의 지지층을 만족시키기 위해 만든 정책들은 당연히 정당한 것으로 간주될 수밖에 없다.

이들이 대안으로 제시한 것은 '정책 중심적 접근(policy-focused approach)'이다. 정책을 미국 정치 연구의 한복판으로 복귀시키자는 것이다. 이 접근의 초점은 "정책과 조직화된 이익(organized interests)에 있으며, 선거와 유권자 분포는 대단히 유동적이고, 핵심적 대결은 공직을 획득하려는 것이 아니라 공고한 통치구조(governance)를 만들어 내려는 것이다."[14] 샷슈나이더의 초반기 연구,[15] 즉 스무트-홀리 관세법(Smoot-Hawley Tariff Act) 입법과정의 압력 정치(pressure politics) 분석에 기반을 두고, 정책과 조직화된 이익을 중심으로 정치 과정을 분석할 것을 제안한다.

이들의 관점에서 정책은 단순히 선거 결과에 따라 만들어지는 부

산물이 아니며, 그 자체가 정치를 만들어 나간다. 정책의 성격에 따라 새로운 정치 행위자들과 집단들이 만들어지기도 하고 사라지기도 하며, 개인과 집단의 행태와 전략이 결정된다. 예컨대 스무트-홀리 관세법 당시까지 보호주의 정책은 고관세로부터 이익을 누리는 수많은 기업과 집단을 정치화시켰고, 이들에 의한 압력 정치를 초래했다. 또 사회보장(Social Security) 정책의 변화는 노인층을 대거 동원해 내어 선거 구도와 정당 경쟁에 영향을 주기도 했다. 이처럼 선거, 곧 정치와 정책 간의 관계는 다운스 모델과는 역의 관계일 수 있는 것이다. 더욱이 뉴딜 이후 국가 개입이 대폭 커지면서 현대의 국가 정책의 의미는 더욱 중요할 수밖에 없게 되었다.[16]

정책은 또한 정치투쟁의 궁극적 목표이다. 선거의 승자는 국가권력을 장악하고 정책을 통해 자신의 선호를 실현한다. 정치인들에게는 선거의 승리와 공직의 획득이 목표일 수 있으나, 정보와 자원이 풍부하고 잘 조직된 집단들에게는 국가권력을 장악하여 정책을 달성하는 것이 궁극적 목표이다. 선거는 단지 한 가지 수단일 뿐이다. 여기에서 해커와 피어슨은 정당을 구성하고 있는 조직화된 이익들을 핵심적 행위자로 설정한다.[17] 특정 정책에 대한 강력한 요구를 지닌 조직화된 이익들이 연합하여 양당을 구성하고 있다는 것이다. 목표 달성을 위해 국가권력을 장악하려면 다수 연합을 형성해야 하는 대중민주주의에서 조직화된 이익들 간의 연합과 타협은 필수적이다. 이들은 일시적으로 선거에서 실패하는 것보다는 정책 목표가 훼손되는 것을 더 감당할 수 없다. 이 경우 조직화된 이익들의 목표가 우선한다. 조직화된 이익들의 자원과 정보, 조직이 정당 활동에 필수적이고 조직화된 이익들의 선호를 무시하는 정치인들은 응징당할 수도 있기 때문이다.

이러한 관점에서 해커와 피어슨은 지난 30년간 벌어지고 있는 양당 간의 이념적 양극화 현상을 분석한다.[18] 의회 표결 분석이나 대통령 후보들의 이념적 정향, 심지어 대법관들의 이념 성향에 대한 경험적 자료에 의하면, 정치 엘리트 수준에서 양극화는 심각하게 진행 중이다. 그러나 이는 피오리나가 진단하듯이 양당 간 양극화가 아니라, 비대칭적 극단화(asymmetrical polarization)이다. 민주당은 크게 변하지 않았으나 공화당이 더욱 보수화되고 있는 것이다.* 그 이유를 이들은 기업들의 조직화된 이익(business interests)이 크게 강화되어 양당, 특히 공화당에 강력한 영향력을 행사하는 데서 찾는다. 민주당의 경우, 기업들의 영향력이 DLC(Democratic Leadership Council)를 통해 행사되어 민주당의 진보화, 특히 경제정책에 있어서 진보적 성향이 강화되는 것을 가로막는다. 반면 공화당의 경우는 기업 이익과 연합하고 있는 기독 우파(Christian conservative), 티파티, 총기규제(gun control) 반대세력 등을 견제할 수 있는 중도 온건 보수 세력이 존재하지 않는다. 그 결과 공화당이 지속적으로 보다 보수화되어 가고 있고, 이 비대칭적 극단화 현상이 양당 간 양극화로 오인된다는 것이다.**

---

* 상대적으로 공화당이 더욱 극단화되고 있는 것은 옳은 평가이고 피오리나도 부분적으로 인정하는 바이다. Morris P. Fiorina, "America's Polarized Politics: Causes and Solutions," *Perspectives on Politics*, 11:3(2013), pp. 852-859 참조. 그러나 남부가 이탈한 민주당 역시 이전보다 진보화된 것은 사실이다. 따라서 민주당이 이념적 위치를 고수하고 있는데 공화당만이 극단화로 가고 있다고 볼 수는 없다. 양당 간 이념적 극단화가 얼마나 비대칭적인가는 사실상 주관적인 평가일 수 있다.

** 미국 사회의 또 하나의 중대한 문제인 경제적 양극화도 이들은 마찬가지로 설명한다. 1980년 이래 기업 이익들이 공화당을 강력한 신자유주의 정책으로 이끌었으며, 민

정책 중심적 접근에서 정당은 다운스 모델에서처럼 주어진 유권자 분포에 대해 수동적으로 반응하는 존재가 아니다. 유권자의 선호와 다르게 움직일 수 있고, 때로는 단기적인 선거의 승리를 희생할 수도 있다. 이런 면에서 1964년 이래 미국의 정치 현실에 보다 적합한 관점이라고 평가할 수 있다. 그러나 이 접근에서 정당은 조직화된 이익들에 포획되어 있는 존재이다. 기업 이익을 중심으로 특정 정책 목표를 추구하는 잘 조직화된 이익들이 전면에서, 그리고 이면에서 미국의 정치 현실을 장악하고 있다고 보는 것이다. 궁극적으로 정당은 사라지고 조직화된 이익과 이들이 원하는 정책만 남은 것이다. 그렇다면 이러한 현실에 대한 해결책은 무엇인가? 자원과 정보에 있어서 누구보다 강력한 기업 이익을 어떻게 견제할 것인가? 공화당의 폭주와 민주당의 자제가 계속될 수밖에 없는가? 정책 중심 접근에는 해답이 없다.

이렇게 볼 때, '샷슈나이더적 접근'이라고 스스로 명명한 이 접근은 전혀 샷슈나이더적이지 않다. 아마도『정치, 압력, 관세(Politics, Pressure, and the Tariff)』시기의 샷슈나이더일지는 모르지만,『절반의 인민주권: 현실주의자의 시각』시기의 샷슈나이더는 아니다. 후술하듯이, 샷슈나이더는『절반의 인민주권』에서 압력 정치에 대한 대안으로 현대 정당정치의 필요성을 역설한 바 있다.[19] 이런 맥락에서 정당에 대한 샷슈나이더의 이론을 다시 음미할 필요가 있다.

주당의 경우 DLC와 같은 경제적 보수 세력이 신자유주의 정책에 대한 견제를 막았다는 것이다. Jacob S. Hacker and Paul Pierson, "After the 'Master Theory': Downs, Schattschneider, and the Rebirth of Policy-Focused Analysis," *Perspectives on Politics*, 12:3(2014), pp. 654-655.

샷슈나이더 이론의 재조명

현대 대의 민주주의에서 유권자들이 할 수 있는 일은 무엇이고, 선거는 어떻게 조직화되며, 정당은 어떤 기능을 수행하는가? 압력집단들은 어떻게 견제될 수 있는가? 무엇이 보다 나은 민주주의인가? 1896년 체제(system of 1896)가 무너지고 루스벨트와 민주당에 의해 뉴딜 정당 체계가 수립되는 것을 목도하면서 샷슈나이더는 이 질문들에 대한 해답을 『절반의 인민주권』에서 제시했다.

샷슈나이더의 이론을 이해하기 위해서는 정치의 본질을 바라보는 그의 시각, 곧 정치에 대한 규정(definition)에서 출발할 필요가 있다. 일반적으로 정치는 두 가지 상반된 시각에서 이해되어 왔다. 하나는 정치의 본질을 권력 현상에서 찾는다. 정치란 권력을 추구, 획득, 행사, 유지하는 모든 현상인 것이다. 다른 하나는 사회적 동물인 인간이 공동체 안에서 자신의 개체성을 구성하고 표현하는 과정으로 정치를 이해한다. 전자가 마키아벨리와 홉스로부터 현대 국제정치학자들로 이어지는 현실주의의 입장이라면, 후자는 고대 그리스로부터 한나 아렌트(Hannah Arendt)와 현대 참여 민주주의자들로 이어지는 전통이다.

정치가 지닌 이러한 양면성을 샷슈나이더는 모두 담아낸다. 그는 정치가 '싸움(fight)'과 같다고 규정한다.[20] 전형적인 현실주의자의 단순한 정의 같지만, 그가 말하는 싸움은 화장실 싸움이 아니라 길거리 싸움이다. 은폐된 공간에서 벌어지는 싸움이 아니라, 구경꾼이 둘러싸고 있는 공개된 싸움이다. 길거리 싸움에서는 구경꾼이 언제든지 싸움에 가담하여 패싸움이 벌어질 수 있다. 더욱이 정치라는 싸움은 스포츠 경기와는 달리 엄격한 규칙에 따라 진행되지도 않거니와, 선수와 관객이 명확히 구분되지도 않고 언제든지 관객이 게임에 참여할 수 있다. 따라서 단순히 당사자 간의 힘의 차이에 따라 승패가 결정되는 화장실 싸움과 달리, 길거리 싸움에서 싸움 당사자들에게 중요한 것은 자신의 입장을 정당화하고 이를 구경꾼들에게 제대로 알려서 자기편의 지지를 확보하는 것이다. 이로 인해 패싸움의 결과는 달라질 수 있다. 이와 같이 정치의 본질을 길거리 패싸움에 비유한 샷슈나이더의 정의는 앞의 두 가지 입장을 절묘하게 조화시킨다. 정치의 핵심적 속성은 권력 투쟁이지만 여기에는 목적이 있으며, 이 투쟁 과정은 정당화와 소통과 동원으로 구성되는 것이다.

이처럼 샷슈나이더는 정치의 본질을 갈등(conflict)에서 찾는다. 이 갈등은 원래의 당사자들뿐 아니라 공동체의 다른 구성원들까지 간여하게 만드는 전염성을 지닌다. 따라서 특정한 갈등이 어디까지 전염되어 얼마나 많은 성원들, 어떤 성원들까지 연루시키는가, 곧 갈등의 범위가 갈등의 결과를 결정한다.[21] 갈등의 범위의 변화는 특정한 편견(bias)을 수반한다. 모든 참여자는 중립적이지 않고 파당적(partisan)이기 때문이다.

정치에 있어서 가장 중요한 전략은 바로 이 갈등의 범위를 어떻게 통제하거나 변화시키는가 하는 것이다.[22] 갈등의 범위가 변화하면 새로운 경쟁구도가 생기게 되고, 새로운 힘의 균형이 이루어지게 되며, 새로운 결과가 초래되기 때문이다. 많은 중대한 정치 현상이 갈등의 범위의 변화로 해석될 수 있다. 예컨대 지방자치제, 특히 탈정당적(non-partisan) 지방자치제는 갈등의 범위가 확대되어 전국화되는 것을 방지하려는 제도이다. 그 지역의 갈등을 지역 내에 국한함으로써 외부 세력들이 간여하는 것을 막는 것이다. 이렇게 되면 그 지역 내의 세력관계에 의해 갈등의 결과가 결정된다. 또한 자유 기업 체제라는 것도 단순히 사적 소유권의 확립에만 연관되는 것이 아니라, 기업과 연관된 갈등의 범위를 기업 내로 한정하려는 체제이다. 기업 외부의 공적 개입을 차단한 채, 기업 내의 갈등을 기업 내에서 해결하게 해 주는 제도인 것이다.

정치에 대한 이러한 규정을 바탕으로 샷슈나이더는 정치가 이루어지는 체계를 두 가지로 분류한다. 하나는 압력 체계(pressure system)이고, 다른 하나는 정당 체계(party system)이다. 압력 체계는 이익집단들로 이루어진다.[23] 이익집단들은 특수한 사적이익을 추구하며, 그 구성원들이 조직화되어 있다. 조직화된다는 것은 곧 가입(membership)이 제한되어 있음을 의미한다. 구성원의 성격이나 자격이 제한되어 있다는 것은 다시 이 집단이 규모가 작으며(small) 소수(minority)임을 의미한다. 국민 과반수가 회원인 이익집단이란 존재하지 않기 때문이다. 사적 이익이라는 것은 이익 자체가 집단 구성원에게만 돌아간다는 의미이며, 사회 전체에 혜택이 비배제적으로(unexclusively) 부여되는 공익(public interest)과 엄격히 구분된다. 요컨대 압력 체계는 소수의 회원들을 조직화하여 이들에게만 혜택이 되는 특수이익을 추구하는 집단들로 이루어지는 정치체계이다.

문제는 압력 체계의 대표성에 있다. 조직화에는 비용이 수반되므로, 조직화할 수 있는 소수는 사회경제적 강자들이다. 다양한 경험적 자료들을 동원하여 샷슈나이더는 이 점을 명확히 입증하고 있다.[24]

사회경제적 지위가 높은 계층이 보다 쉽게 조직화되어 압력집단을 이루기 때문에, 압력 체계는 본질적으로 계급 편향적일 수밖에 없다. 더욱이 현실적으로는 기업들이 가장 강하게 압력집단으로 조직화된다. 모든 이익들이 조직화되거나 조직화될 수 있는 잠재적 이익이라는 다원주의자들의 주장은 현실적으로나 이론적으로나 타당하지 않다. 갈등관계에 있는 모든 이익들이 조직화될 수 있다면, 그 결과는 '교착(stalemate)'이기 때문이다.

이처럼 압력 정치는 소수의 사회경제적 상층에 편향적이며, 민주주의와는 거리가 멀다. 정당정치는 다수를 대표해야 한다는 점에서 이와는 완전히 다르다. '승리를 위해' 유권자 과반의 지지를 획득해야 하기 때문이다. 정당은 극도로 단순하게 대안을 제시하여 유권자를 조직화한다. 과반의 유권자를 위한 편견을 동원하는 것이다. 또한 정당이 "압력집단들의 연합으로 구성되는 것이 아님"을 샷슈나이더는 분명히 밝히고 있다.[25] 예컨대 민주당은 노동조합과 같은 이익집단들을 포함하고 있으나, 이 집단들이 선거에서 민주당의 승리에 기여하는 바는 극히 작다. 정당보다 이익집단들이 우선하는 것은 아니다.

그렇다면 정당은 정치체계를 어떻게 조직하고 누구를 대표하며 어떤 역할을 하는가? 현대사회 내에는 잠재적·현실적으로 수많은 갈등이 존재하며, 이 갈등에 따라 사회 구성원들이 나뉠 수 있다. 그러나 이 중 중요한 갈등이 되는 것은 소수이다. 갈등이 대부분 양립 불가능하며 강도(intensity)에 있어서 동질적이지 않기 때문이다.[26] 모든 갈등이 균등하게 중요한 사회는 산산이 조각날 것이다. 갈등들 간에는 우선성(priority)이 달라서, 어떤 갈등들은 지배적인 갈등이 되어 사회 내에 강력한 균열(을 구축하는 반면, 어떤 갈등들은 흡수되거나 잊혀지거나 의미를 잃거나 사회 구성원들을 자극할 능력을 상실한다. 본질적으로 갈등들 간에는 경쟁과 다툼(conflicts of conflicts)이 존재하는 것이다.

정당은 바로 특정한 갈등의 균열선을 중심으로 사회 구성원들을 나누고 자기편을 결집하는 역할을 한다. 그럼으로써 다수를 결집하여 정치권력을 장악하는 것이다. 정당은 갈등들 간의 갈등에서 특정한 갈등을 선택하여 이 갈등을 규정(definition)한다.[27] 갈등의 규정이야말로 가장 중요한 권력자원으로, 다른 갈등들을 덮어 버리고 자신에게 유리하도록 이슈와 대안을 결정해 준다. 갈등의 선택에 따라 권력이 분배되는 것이다. 이렇게 규정된 갈등을 중심으로 정당은 편견을 동원하여 상대편을 나누고 자기편을 결집한다. 모든 정당, 정치조직, 리더십, 정치제도는 기존 갈등을 관리하고 새로운 갈등을 억누르며 갈등들 간의 차별성을 유지한다.[28]

정치변동은 기존 갈등이 새로운 갈등으로 대체되면서 일어난다.[29] 기존의 지배적인 갈등은 강도(intensity)와 가시성(visibility)에 있어서 우월하고, 다른 이슈들을 덮어 버릴 수 있다. 또한 연관된 다른 균열들과 합쳐져서 막강한 균열선을 구축할 수 있다. 이 균열선에 의해 구성된 다수는 기존의 정치적 배열에서 기득권을 지닌다. 이미 잘 알려진 익숙한 반대편만을 상대하기 때문이다. 그러나 이 기존의 균열에서는 수많은 사회 구성원들이 희생되고 있다. 이들의 갈등이 흡수되고 덮어져 있는 것이다. 따라서 이들의 누적된 불만이야말로 새로운 갈등과 새로운 배열을 위한 운동의 자원이 될 수 있다. 새로운 운동은 새로운 갈등과 균열을 규정하여 기존 다수 내에서의 분열을 유발하고, 소외된 구성원들을 결집하여 갈등의 대체를 이룰 수 있다. 어떠한 정치적 배열도 모두를 똑같이 만족시킬 수는 없기 때문에, 이러한 과정이 지속되면서 정치체계의 동적 변화 (dynamic)가 이루어지는 것이다.

정당과 정치변동에 대한 샷슈나이더의 이론을 명쾌하게 보여 주는 것이 1896년 체제의 수립과 붕괴 과정이다.[30] 1896년 선거를 통해 수립된 이 체제는 정치적으로는 공화당 우위의 정당체제를, 경제적으로는 독점 기업과 자유방임의 지배를 가져왔고, 대공황과 1932년 선거에 의해 막을 내리게 된다. 1896년 체제가 등장하게 된 배경에는 1880년대 중서부 이서 지역을 휩쓴 급진적인 농민 운동, 곧 민중주의(populism)가 있다. 민중주의 위협 속에서 공화당과 민주당 양당의 보수파들은 남북전쟁과 재건기(Reconstruction)의 기억을 불러일으켜 지역주의(sectionalism)에 호소했다. 민중주의가 내세웠던 산업 대 농업, 독점 대 반독점, 도시 대 농촌 간의 갈등을 대체하는 남부 대 북부라는 갈등을 동원하는 데 성공했던 것이다. 결과적으로 지역주의 이외의 다른 갈등들은 묻혀 버렸고, 지역주의하에서 이후 한 세대를 넘겨 남부는 민주당, 동북부는 공화당의 일당체제가 수립되었다. 동북부 지역이 인구 밀집 지역이므로 전국적 선거에서는 당연히 공화당의 승리가 보장되었고, 그 결과 공화당이 분열되었던 1912년(및 1916년) 선거를 제외하면, 공화당 우위의 체제가 지속되었다. 남부의 민주당 보수 엘리트들은 전국적 선거의 승리를 포기한 채 지역주의에 의지하여 남부에 대한 확고한 지배를 구축했다. 이로 인해 흑인과 백인 빈곤층의 이익은 철저히 배제되었다.

이와 같이 민중주의와 지역주의 간의 '갈등의 갈등'에서 지역주의가 승리하는 '갈등의 대체'가 이루어지게 되면서 세 가지 정치적 결과가 초래되었다. 첫째, 남부와 동북부 지역에 각각 민주당과 공화당의 일당체제가 수립되었다. 둘째, 지역적 일당체제를 수립한 양당 간에 전국적인 정치, 경제, 사회, 외교 정책에 있어서 거의 차이가 존재하지 않게 되었다. 셋째, 이러한 정당체제에서 유권자들의 정치에 대한 관심이 줄어들고 투표율이 지속적으로 하락했다. 요컨대 전 국가적 공익과 다수 연합을 동원하기 위한 정당 활동과 정치는 실종되었던 것이며, 샷슈나이더가 『정치, 압력, 관세』에서 분석했듯이 정경유착을 통한 압력 정치가 횡행하게 되었던 것이다.

1896년 체제가 붕괴된 과정도 샷슈나이더의 이론으로 명쾌히 규명된다. 대공황 속에서 치러진 1932년과 1936년 선거에서는 루스벨트의 민주당 뉴딜연합이 승리한다. 그 결과 1896년 체제가 붕괴하고 민주당 우위의 뉴딜 정당체제가 수립되는데, 이 시기 역시 갈등의 대체로 설명된다. 당시 민주당이 내세운 정강·정책은 이전과 확연히 달랐고, 공화당과도 뚜렷이 구분되었다. 국가의 시장 개입과 정부의 역할, 농업 정책, 노동 정책, 기업규제 정책, 사회복지 정책 및 외교 정책에 이르기까지 민주당의 정책은 진보적인 방향으로 크게 변화했던 것이다.

이러한 정책들이 대공황기의 유권자들로부터 민주당에 대한 지지를 동원할 수 있었고, 그 결과 남부를 제외한 모든 지역에서 민주당은 부활했다. 비남부 지역에서 양당 간 세력구도가 민주당 우위 내지 경쟁의 구도로 바뀌었던 것이다. 남부 지역은 여전히 지역주의에 의해 민주당 일당체제였으므로, 뉴딜 정당체제에서 민주당은 확고한 우위를 장악할 수 있었다. 이와 같이 비남부 지역에서 정당 경쟁이 전국화(nationalization)된 것은 민주당이 뉴딜 이슈로 낡은 지역주의 갈등을 대체하는 데 성공하여 뉴딜 갈등이 전국화될 수 있었기 때문이다. 그 결과 압력 정치체계가 무너지고, 양당 간의 전국적인 경쟁과 갈등의 동원이 이루어지게 되었다.

정당에 대한 이러한 기대는 현대 대중민주주의에 대한 그의 '현실주의적' 관점에서 유래한다. 샷슈나이더는 고전적 민주주의론을 비판한다. "인민에 의한 정부(government by the people)"라는 정의는 현실적으로 틀린 것일 뿐 아니라, 유해한 것이다.[31] 여론조사와 각종 경험적 자료들에 따르면, 일반 유권자들은 이슈 투표(issue voting)를 할 능력이 결여되어 있다. 주요 정책들에 대한 정보도 적으며, 자신의 이해와 선호도 분명하지 않고, 후보와 정당들의 입장을 잘 알지도 못하기 때문에, 자신의 선호가 대표될 수 있도록 투표하지 못하는 것이다. 즉, 고전적 개념의 민주주의를 할 능력이 없는 것이다.

그렇다면 처방은 두 가지다. 하나는 인민들을 교육하여 이러한 능력을 발휘할 수 있도록 하는 것이고, 다른 하나는 이러한 능력이 없는 인민들의 참정권을 박탈하는 것이다. 두 방안 모두가 불가능하거나 불합리하다는 것은 명백하다. 따라서 고전적 민주주의론자들은 이상과 다른 현실에 부딪혀서 결국 민주주의와 인민주권을 비하하거나, 혹은 정치적 무관심층의 존재가 오히려 민주주의를 안정되게 한다는 식의 회의론에 빠지게 된다.

샷슈나이더에 따르면, 인민주권이란 것은 절반(semi-sovereign people)에 불과한 것이다. 인민은 주권을 위임받을 대표들을 선출하고 주요 정책에 대해 제시된 대안들을 선택한다는 면에서 주권을 지니는 것이지, 모든 사안을 알고 모든 정책 과정에 참여하여 결정한다는 의미에서 주권을 행사하는 것은 아니다. 이는 인민들에게 과도한 멍에를 지우는 것이며, "모든 것을 알려고 집착하면 광기에 다다른다."[32]

주요 정책 사안들을 파악하고, 이해관계를 분석하고, 대안을 제시하며, 논의를 조직화하고, 선호를 동원하는 역할은 정치 조직들과 지도자들의 몫이다. 다만 인민들에게 제시되는 대안들이 의미가 있기 위해서는 대안들이 경쟁적이어야 한다. 실질적인 선택이 보장되어야 하는 것이다. 이를 위해서는 대안을 제시하는 정치 조직들과 지도자들이 경쟁적이어야 한다. 이 조건이 보장되어야 비로소 나머지 절반의 인민주권이 확보된다. 이와 같이 경쟁적인 '전문가들(expert)'과 '무지한(ignorant)' 인민들 간의 협력으로 민주주의가 운영되는 것이다. 따라서 샷슈나이더가 제시하는 민주주의에 대한 조작적(operational) 정의는 "경쟁적인 정치 조직들과 지도자들이 제시한 대안들 중에서 인민이 선택을 할 수 있는 정치체계"이다.[33]

이처럼 샷슈나이더는 현대 대의 민주주의에서 정당에 핵심적 역할을 부여하고 있다. 정당은 선거에서 승리하여 권력을 장악하기 위해 다수의 지지를 끌어낼 수 있는 갈등을 능동적으로 만들어 내며, 유권자들은 이에 반응한다. 다운스 패러다임과는 반대되는 논리다. 또한 앞에서 살펴본 정책 중심적 접근과도 뚜렷이 구별된다. 집단과 집단들의 연합은 다수가 될 수 없으므로 정당이 완전히 집단에 포획될 수 없다는 것이다.

샷슈나이더 이론의 적용

미국 정당에 대한 샷슈나이더의 시각을 통해 현대 미국 정당 체계의 변동을 분석하고 있는 것은 마크 브루어(Mark D. Brewer), 제프리 스톤캐쉬(Jeffrey M. Stonercash), 샌디 마이셀(Sandy Maisel) 등의 최근 연구들이다.[34] 이들은 정당의 목적을 두 가지로 상정한다. 하나는 당연히 선거에서 승리하는 것이고, 다른 하나는 정부 권력을 장악하여 정책을 수립하는 것이다. 물론 양자는 밀접히 연계되어 있고 서로를 규정한다.

정당이 이 목적들을 이루는 과정에는 세 가지 요인이 작용한다. 하나는 끊임없이 변화하는 환경 조건들이다. 전국적·지역 간 인구 구성의 변화, 경제적 부침과 산업구조의 변화, 사회적 행태와 문화적 변화 등 환경의 변화가 선거에 미칠 영향에 정당은 지속적으로 대비해야 한다. 둘째는 당내 합의를 도출하는 것이다. 양당 내부에는 다양하고 이질적인 세력들이 존재하고 있다. 전통적으로 당내 긴장을 유발하는 요소들은 지역, 계급, 종교, 인종 등 여러 가지가 있고, 최근에는 이념이 두드러진 영향을 미치고 있다. 양당의 리더십은 이러한 긴장을 극복하고 합의된 전략을 추진해야 한다. 셋째, 다양한 유권자 집단들의 지지를 끌어내어 승리연합(winning coalition)을 이루어 낼 수 있는 장단기 전략을 수립해야 한다. 선거 승리를 위한 적절한 계획을 수립하고 계획을 완수할 수 있는 최선의 전략을 마련하며, 이 전략으로 얻게 될 결과를 예상하고, 이러한 결과가 가져올 의미를 추정하는 것이다.[35]

이들은 양당의 리더십과 활동가들이 이러한 전략적 구상을 지니고 경쟁한다고 상정한다. 물론 기대했던 결과가 나오지 않을 수도 있고, 단기적 성공이 장기적 실패를 가져올 수도 있으며, 반대의 경우들도 가능하다. 또한 새로운 지지층을 얻는 과정에서 기존 지지층의 이탈이 초래될 수도 있다. 어떤 경우이든 양당의 리더십은 상황에 따라 전략을 조정하며 계산된 행동을 한다는 것이다.[36] 이러한 '순환 모델(feedback loop of sort)'을 통해 뉴딜 이래 민주, 공화 양당의 전략들과 지지기반의 변화를 살펴보자.

뉴딜연합의 결성은 1928년, 1932년, 1936년 선거 당시 민주당의 전략적 성공의 결과였다.[37] 1930년대 이전까지는 지역주의 구도에 의해 공화당이 전국적 다수당의 위치를 고수하고 있었다. 소수당이었던 민주당, 특히 동북부 도시지역의 민주당은 1920년대 후반에 집권을 위한 전략을 수립했는데, 당시 뉴욕 주지사였던 루스벨트가 중심적 역할을 했다. 경제적 호황이 지속되고 있었던 1920년대에 미국 사회는 큰 변화를 겪고 있었다. 이민이 대폭 증가하고 완전한 산업사회가 되면서 농촌보다 도시지역의 인구, 특히 도시 노동자와 빈곤층의 비중이 증가했다. 동북부 민주당 리더십은 집권의 기회를 여기에서 찾았다. 바로 '도시 공략(urban strategy)'이다. 남북전쟁 이래 민주당 텃밭인 남부와 도시지역 빈곤층 및 이민자, 그리고 노동자들의 지지를 확보하여 승리연합을 결성하려 했던 것이다.

경제적 호황으로 승리의 기회가 극히 작았던 1928년 선거에서 민주당은 대통령 후보로 가톨릭 신자 앨 스미스(Al Smith)를 선출했다. 가톨릭 신자와 이민자의 호응을 얻기 위해서였다. 남부 일부의 반대와 이탈에 부딪히기도 했고 선거 결과는 예상대로 참패였으나, 1928년 선거 이후 민주당은 이민자와 가톨릭 신자의 지속적 지지를 확보하게 되었다.

1932년 선거에서 민주당과 루스벨트는 대승을 거두었다. 무엇보
다도 대공황의 한복판에서 집권당이던 공화당이 승리할 가능성은
없었던 덕분이었다. 이미 1930년 중간선거부터 공화당은 유권자들
의 응징을 받고 있었다. 그러나 1932년 선거에서 루스벨트와 민주당
은 별다른 공약을 제시하지는 못했다. 경제위기에 대해 무언가를 하
겠다고 공언했을 뿐, 아직 특별한 해결책을 고안하지는 못했던 것이
다. 취임 후 소위 '100일간의 밀월기간(100 days of Honeymoon)' 동
안 루스벨트 행정부는 1차 뉴딜의 수많은 경제정책들과 사회입법들
을 통해 경제적 고통을 경감시키려 했지만, 뚜렷한 성과를 거두거나
일관된 집행이 이루어지지는 않았다.

1936년 선거를 앞두고 루스벨트 행정부의 2차 뉴딜이 시작되었
다. 2차 뉴딜은 이전보다 훨씬 진보적 정책들로 구성되고 일관되게
추진되었는데, 명확하게 지지기반을 목표로 한 정책들이었다. 민주
당의 지지기반을 장기간 지속될 수 있는 승리연합으로 재편하려는
정치적 계산에 따라 수립되었던 것으로, 경제적 진보와 보수의 균열
을 전면에 내세웠던 것이다. 대표적으로, 사회보장법(Social Security
Act)을 통해 고령자와 은퇴자, 장애인에게 연금 혜택을 제공했고, 와
그너법(Wagner Act)에 의해 노조 결성과 단체교섭을 보장했으며, 세
제 개혁으로 부유층의 재산세와 소득세를 대폭 인상했다. 이러한 정
책들의 정치적 목표는 명확했고, 루스벨트도 확실히 의식하고 있었
다. 루스벨트의 보좌관이던 레이먼드 몰리(Raymond Moley)에 따르
면, "와그너법의 혜택을 통해 노동의 지지를 확보하고, 실업수당과
노령연금을 제공하고, 풍부한 구호 자금을 사용하며, 계급을 떠올리

는 수사(speech)를 함으로써 북부 대도시 지역의 거대한 대중 표들을 확고히 할 수 있다"는 점을 루스벨트가 인식하고 있었다는 것이다.[38] 다른 한편, 인종 문제에 대해 연방정부가 개입하지 않는 한 남부의 민주당 지지는 지속될 것으로 판단했다.

루스벨트의 전략은 대성공을 거두었다, 1936년 선거에서 루스벨트는 61:37의 압승을 거두었고, 상·하원에서도 민주당은 오히려 의석을 늘릴 수 있었다. 민주당은 빈곤층, 노조, 도시거주자, 가톨릭, 이민자, 북부 흑인, 여성, 젊은 층 사이에서 높은 지지를 확보했고 남부의 지지도 지속되어 소위 '뉴딜연합'을 결성할 수 있었다. 샷슈나이더의 주장대로, 갈등의 대체를 통해 다수의 지지를 확보했던 것이다.

그러나 민주당의 승리연합에는 본질적으로 갈등이 내재되어 있었다. 뉴딜연합은 남부의 전통적 지지를 기반으로 도시 공략의 결과가 결합된 것이었는데, 보수적인 남부의 이질성이 갈등의 원천이 되었던 것이다. 주권주의(state rightism)의 전통이 강한 남부 민주당은 연방정부의 권한 확대에 회의적이었다. 특히 두 가지 이슈에 대해 강하게 반대하는 입장이었다. 하나는 민권 이슈로, 남부의 인종차별(segregation)에 대해 연방정부가 개입하는 것을 저지하려 했다. 다른 하나는 진보적 노동 관련 입법들에 의해 민주당 내에서 노조의 영향력이 강해지는 것을 우려했다. 따라서 대통령 선거에서 민주당에 대한 남부의 지지는 점점 약화되어, 1952년과 1956년 선거에서 남부는 공화당에 50퍼센트에 가까운 지지를 보냈다. 이미 1948년 대통령 선거에서 남부의 주지사 스트롬 서먼드(Strom Thurmond)가 주권주의를 내세우고 제3당 후보로 출마하기도 했다. 한편 남부 출신 의원들은 공화당과 보수연합을 결성하여 진보적 사회입법과 민권법안들을 저지하며 당내 진보파와 대립하곤 했다.

1950년대는 미국 사회의 '황금기'로 불릴 만큼 대중 소비 시대가 도래하고 빈부격차가 크게 완화되었던 시기였다. 미국 사회에 경제적 여유가 생기게 되면서 이를 누리지 못하는 빈곤 계층에 대한 사회적 관심이 증대되었다. 한편, 남부의 인종차별 문제에 대한 근본적 해결도 모색되기 시작했다. 이미 민권운동이 격렬히 전개되고 있었을 뿐 아니라, 인종차별이 더는 존재할 수 없다는 의식이 비남부 지역에서 확산되어 갔다. 이러한 사회의 변화 속에서 민주당 진보파는 더욱 도시지역과 비백인 지지층에 주목하게 되었다.

1958년과 1960년 선거는 민주당 내 진보파의 입장을 강화시켜 주었다. 경제 불황에서 치러진 1958년 중간선거에서 민주당은 대승을 거두었는데, 특히 남부 이외의 도시 지역에서 큰 지지를 획득했다. 더욱이 1960년 선거에서는 가톨릭 신자인 존 F. 케네디(John F. Kennedy)가 대통령 선거에서 승리했음은 물론, 의회 선거에서 민주당이 더 많은 의석을 확보하였다. 이 또한 북동부와 중서부 대도시 지역에서 획득한 지지 덕분이었다. 이처럼 당내 입지가 강화된 민주당 진보파는 비남부 대도시 중심의 선거 전략을 강화하는 방안을 모색하게 되었다.

1960년 선거에서 리처드 닉슨에게 신승을 거두었던 케네디는 재선을 앞두고 지지층의 확대가 필요했는데, 케네디와 민주당이 초점을 둔 것은 대도시 흑인들이었다.[39] 케네디는 대도시 지역의 빈곤한 흑인층을 지원하는 각종 정책들을 구상하고 시행했다. 암살된 케네디를 승계한 린든 존슨(Lyndon B. Johnson) 역시 이를 더욱 적극적으로 추진했다. 텍사스 출신의 보수적 상원의원이었던 존슨도 남부가 아니라 대도시 저소득층과 비백인 유권자들에게서 민주당이 승리연합을 구축할 기회를 포착했던 것이다.[40] 1964년 선거를 앞두고 존슨은 강력한 민권법을 제정했고, 도시 빈곤층을 위한 '위대한 사회' 계획을 발표했다.

민주당 진보파의 기대는 결실을 거두었다. 1964년 선거에서 존슨은 골드워터에게 압승을 거두었는데, 소득 하위 3분의 1 계층의 73퍼센트, 도시 거주자의 73퍼센트, 흑인 유권자의 100퍼센트가 존슨을 지지했다. 흑인 표는 존슨이 획득한 총 지지표의 13퍼센트에 달했다.* 상하 양원 선거에서도 민주당은 1930년대 이래 최대의 우위를 점하게 되었다. 선거 직후 존슨과 민주당은 위대한 사회 프로그램의 수많은 입법들을 추진했다. 뉴딜의 사회정책이 완성된 것으로, 연방정부의 역할을 대폭 증대시켜 사회문제들을 해결하려 했던 것이다. 이러한 프로그램들은 다시 대도시 빈곤층과 유색인종을 민주당의 강력한 지지기반으로 만들어 주었다.

이처럼 민권과 사회복지의 두 이슈를 전면에 부각하여 새로운 균열선을 구축함으로써 민주당 진보파는 지지기반을 재정렬했다. 점점 증가하는 대도시 빈곤층과 유색인종 및 사회적 진보세력이 핵심적 지지층을 이루게 되었던 것이다. 그러나 이 전략에는 대가가 따랐다. 남부 민주당이 강력히 반발했고, 대통령 선거에서 남부 유권자들이 이탈하게 되었던 것이다. 4년 뒤인 1968년 선거에서 앨라배마 주지사 조지 월리스(George Wallace)는 제3당 후보로 출마하여 15퍼센트에 가까운 득표를 하면서 민주당을 패배시켰다. 이 선거에서

---

* 이후 대통령 선거에서 흑인 표는 민주당 후보가 획득한 총 득표의 20퍼센트에 달하게 되었다.

민주당의 허버트 험프리(Hubert Humphrey)에 대한 남부 유권자들의 지지는 26퍼센트로, 이전의 절반 수준이었다.* 이후 대통령 선거에서 남부의 이탈은 지속되었고, 의회 선거에서도 민주당에 대한 남부 유권자들의 지지는 크게 약화되었다.

남부의 재편은 민주당 도시 공략의 결과만은 아니다. 민주당의 진보화가 남부 지지층을 이탈하도록 만들었다면, 동시에 이들을 끌어들인 것은 공화당의 '남부 공략'이었다. 뉴딜 이후 소수당으로 전락한 공화당의 주도 세력은 동북부의 온건파(moderates)였다. 이들은 정부 역할의 확대가 어느 정도 필요하다는 데 동의했고, 민권 이슈에 대해서도 남부 민주당보다 진보적이었다. 공화당이 남부에서 지지를 획득하기가 불가능하므로 비남부 지역에서 호응을 얻기 위해 온건한 노선을 견지했던 것이다. 심지어 1952년 대통령 선거에서 공화당 온건파들은 보수적 후보의 출마를 막기 위해 드와이트 아이젠하워(Dwight Eisenhower)를 충원하기도 했다.[41]

1950년대를 거치면서 점점 커지고 있는 정부 역할에 대한 비판이 확산되기 시작했다. 높은 세금과 연방정부 지출 증대, 정부의 규제 확대, 개인적 자유의 침해 등에 대한 반대 운동이 전국적으로 조직화되기 시작했다. 이들은 공화당의 노선을 재정적 보수주의(fiscal conservatism)로 설정해서 유권자들의 호응을 얻으려 했다. 1964년 선거에서 마침내 공화당 내 보수파들은 재정적 보수주의의 대변인과 같았던 골드워터를 대통령 후보로 지명하는 데 성공했다. 골드워터는 재정적 보수주의와 주권주의, 그리고 강경한 반공주의를 내세

---

* 이후 대통령 선거에서 민주당 후보들이 남부에서 받은 지지는 40퍼센트를 넘지 못했다. 남부 출신 후보가 나온 1976년과 1996년만이 예외이다.

우고 본선거를 치렀으나, 그 결과는 참패였다.

　그러나 골드워터는 5개의 남부 주에서 승리했고, 의회 선거에서도 공화당이 남부 지역 의석을 늘리는 성공을 거두었다. 공화당 보수파의 노선이 남부 유권자들의 호응을 얻을 수 있고, 공화당이 남부를 공략할 수 있는 가능성이 생겼던 것이다. 1960년대 후반까지 남부에서는 인종통합 정책과 반문화(counter culture) 운동에 강하게 반발하는 정서가 확산되고 있었는데,* 이에 대응하여 작은 정부론과 함께 개인적 자유와 주권을 강조하는 보수주의로 남부를 공략하려는 공화당의 전략이 수립되었다. 이 전략은 닉슨에 이르러 성공을 거두는 듯했다. 1968년 선거에서 닉슨은 민주당 후보보다 많은 남부 표를 획득했고, 민주당에서 가장 진보적인 조지 맥거번(George McGovern)을 상대로 한 1972년 선거에서는 무려 남부 유권자들의 80퍼센트의 지지를 얻었다. 그러나 뒤이은 워터게이트 사건으로 공화당은 최악의 상태에 빠지게 되었다.

　공화당의 남부 공략이 결실을 거두게 된 것은 1980년 선거였다. 1970년대부터 미국의 경제 상황은 악화되기 시작하여 제임스 카터(James E. Carter) 행정부 후반에 최악의 침체에 빠져들었다. 케인스주의 경제정책이 더는 통하지 않는 상황이 벌어진 것이다. 로널드 레이건(Ronald Reagan)은 이에 대해 공급 위주 정책을 대안으로 제시했다. 감세와 탈규제로 투자를 촉진하여 경제를 활성화한다는 것

---

*　연방정부의 개입과 민주당에 대한 남부의 반발을 여실히 드러내 주었던 것이 1968년 선거에 제3당 후보로 출마한 월리스였다. 연방정부의 엘리트들이 남부의 삶을 파괴하고 있나는 포퓰리즘 전략으로 월리스는 30퍼센트에 가까운 남부 표를 획득했다. Brewer and Stonecash, *Dynamics of American Political Parties*, pp. 113-115.

으로, 재정적 보수주의의 경제이론이 마련되었던 것이다. 이와 함께 레이건은 전통적인 미국적 가치와 개인주의, 주권주의를 강조하며 가치 문제를 본격적인 어젠다로 설정했다. 1980년 선거에서 레이건은 대승을 거두었고, 공화당은 상원까지 장악했다. 특히 남부에서 레이건은 60퍼센트의 지지를 획득했고, 재선에서는 69퍼센트로 지지를 확충했다.

레이건 행정부 시기에 공화당은 지지기반을 확대하기 위해 5개 집단을 공략 대상으로 선정했다. 남부 유권자, 재정적 보수주의자, 교외(suburb) 거주자, 백인 남성, 문화적·종교적 보수주의자가 그것이다.[42] 재정적 보수주의자들에 대해서는 감세와 탈규제로 확고한 지지를 획득했다. 남부의 경우, 남부 출신 빌 클린턴(Bill Clinton)이 출마했던 1992년과 1996년을 제외하면 공화당 후보가 60퍼센트 이상의 표를 획득할 정도로 절대 우위를 점하게 되었고, 의회 선거에서도 우위를 확대해 갔다. 중복되기는 하지만, 교외 거주자, 백인 남성, 문화적 보수주의자들의 지지를 확보하기 위해 동원한 것이 사회적 보수주의(social conservatism)였다. 미국적 가치와 개인주의, 연방정부 개입의 축소, 주와 지방정부의 자율성 등을 강조하여 교외에 거주하는 중산층 백인 남성들과 종교적 신심이 깊은 유권자들의 호응을 얻으려 했던 것이다.

이와 같이 레이건과 보수파는 재정적 보수주의와 사회적 보수주의를 결합하여 공화당을 확고한 보수주의 정당으로 만들었고, 이를 통해 지지연합을 구축했다. 결과적으로 남부의 재편으로 공화당은 남부에서 확고한 우위를 점하게 되었고, 1994년 중간선거 이후 남부 출신 의원들이 공화당의 주도권을 장악하게 되면서 공화당의 재정적 보수주의와 사회적 보수주의 노선은 더욱 강경해지게 되었다. 이제 민주당은 동북부와 서부 대도시 지역의 진보 정당으로, 공화당은 남부와 중서부 지역의 보수 정당으로 자리매김했다. 뉴딜 시대 이래 양당 리더십이 승리를 위해 구사해 온 전략들의 결과이다. 정치 엘리트들 간의 문화 전쟁은 이 과정에서 초래된 한 현상인 것이다.

1990년대 이후 양당의 선택

1990년대 이후 미국의 선거정치는 몇 가지 특징을 지닌다. 우선 대통령 선거와 상원, 하원 및 주 수준의 선거에 있어서 양당의 경쟁력이 대동소이하다는 점이다. 뉴딜 이후 1960년대까지 지속되던 민주당의 우위는 대통령 선거에서는 이미 사라진 지 오래되었고, 1980년대에 거론되었던 대통령 선거인단 과반수에 대한 공화당의 '자물쇠'도 풀린 듯 보인다. 의회 선거, 특히 하원 선거에서 민주당이 누렸던 절대적인 우세는 1994년 중간선거에 의해 종식되었다. 12년간 공화당이 양원을 장악하게 되었으나, 이 역시 2006년 선거에 의해 역전되었다. 주기적으로 큰 폭의 상반된 결과들이 생기는 것이다. 주지사와 주의회 선거 결과도 마찬가지다. 요컨대 그때그때의 상황이나 이슈들에 의해 선거 결과가 결정될 가능성이 높아진 것이다.

또 다른 특징은 선거 결과가 변동성(volatility)이 크고 단속적이라는 점이다. 경쟁적 선거가 되었음을 고려하더라도, 1990년대 이후 몇몇 선거들은 예측을 불허하는 결과들을 가져왔다. 우선, 클린턴 이후 43대 부시와 오바마까지 재선에 성공하긴 했으나, 이들 모두는 임기 중간에 의회를 상대 당에 내주었다. 분점정부의 상황을 낳은 것은 1994년, 2006년, 2010년, 2018년의 중간선거들이었는데, 이 선거들 모두가 아무도 예측 못한 격변을 가져왔다. 그럼에도 불구하고, 클린턴과 오바마는 2년 뒤 재선되었다. 예비선거까지 고려하면, 미국 선거의 변동성은 더 커진다. 2008년 민주당 예비선거에서 오바마가 승리한 것, 더욱이 2016년 버니 샌더스(Bernie Sanders)의 돌풍이나 심지어 트럼프의 지명권 획득까지, 예비선거의 이변은 거듭되고 있다. 양당 간의 선거정치는 물론, 양당 내부의 선거정치까지도 변동성이 커진 것이다.

마지막으로, 정당 투표(partisan vote)가 강화되었다는 점이다. 1990년대까지 분점정부의 원인으로 지목되던 분할투표는 크게 줄었으며, 정당일체감을 지닌 유권자들의 90퍼센트는 자기 정당 후보에 투표한다.[43] 이는 양극화와 정돈의 직접적 결과이기도 하지만, 의회 선거에서 유권자들이 대통령, 혹은 대통령 후보들에 대한 호감, 비호감에 따라 투표하는 경향이 강해진 때문이기도 하다. 의회 선거가 전국적 이슈들에 의해 결정되고, 대통령 중심적이며 당파적이 된 것이다.[44]

이처럼 정당 투표가 강화되었음에도 불구하고 선거 결과의 변동성이 커진 이유는 바로 무당파 때문이다. 양당에 대한 일체감을 지니지는 않았으나 양당에 가깝다고(leaning) 밝힌 유권자들까지 합칠 경우 무당파는 40퍼센트에 달하는데, 이들의 지지가 선거에 따라 바뀌어 온 것이다.[45] 예컨대 무당파들은 1994년 하원 선거에서 14퍼센트 격차로 공화당을 더 지지했으나, 2006년 선거에서는 18퍼센트 격차로 민주당을 더 지지했다. 또 2008년 선거에서 18퍼센트 격차

로 민주당을 더 지지했다가 2010년에는 19퍼센트 격차로 공화당을 더 지지하기도 했다.[46]

이러한 양당 간 경쟁의 저변에는 지속적으로 진행되고 있는 사회적·경제적·문화적·정치적 변화들이 작동하고 있다. 특히 다음과 같은 환경의 변화들이 양당의 전략적 선택에 영향을 미치고 궁극적으로 미국 정당 체계의 성격을 결정할 것이다.

첫째, 인종 구성의 변화가 양당 간 경쟁 구도에 상당한 영향을 미칠 수 있다. 현재 미국의 인종 구성은 백인이 약 63퍼센트, 흑인 12퍼센트, 히스패닉 17퍼센트, 아시아계 5퍼센트이며, 등록된 유권자들의 인종별 비중은 백인 75퍼센트 내외, 흑인 13퍼센트, 히스패닉 10퍼센트 수준이다. 대통령 선거에서 인종 집단 간 양당에 대한 지지도는 뚜렷한 차이를 보인다. 백인의 경우, 남부 출신 클린턴이 출마했던 1992년과 1996년 선거를 제외하면, 1980년 선거부터 20퍼센트 내외의 격차로 공화당 후보를 더 지지해 왔다. 흑인 유권자들은 80퍼센트 이상의 압도적 격차로, 그리고 히스패닉 유권자들은 30~40퍼센트 격차로 민주당 후보를 지지해 왔다.*

이 인종 집단들의 구성비는 빠르게 변해 오고 있는데, 두 가지 추세가 중시된다. 20여 년 뒤에는 백인이 절반을 넘지 않으리라는 점, 히스패닉의 증가가 가장 빠르다는 점이다. 지금까지의 지지도가 유지된다고 하면, 양당의 경쟁 구도가 민주당에 유리해질 수밖에 없다.

---

* 오바마가 출마했던 2008년과 2012년 선거에서 흑인들은 90퍼센트 이상의 차이로 민주당을 지지했다. 43대 부시가 출마했던 2000년과 2004년 선거에서 민주당에 대한 히스패닉의 지지도는 훨씬 낮아졌는데, 부시의 동생인 플로리다 주지사 젭 부시(Jeb Bush)의 부인이 멕시코 출신이었기 때문이다.

이를 상쇄하기 위해 히스패닉 유권자들의 지지를 얻기 위한 시도들이 공화당 내에서 꾸준히 제기되어 왔다.[47] 가톨릭 신도들인 히스패닉 유권자들이 문화적으로 보수적인 성향이 강하고, 자영업자들과 중소 상공인들이 많으므로 감세와 같은 재정적 보수주의의 메시지가 통할 수 있다는 판단을 근거로 한다.

이와 직접적으로 연관되는 것이 이민정책이다. 지금까지 민주당은 보다 포용적인 자세를 취해 왔으나, 당내에 반(反)이민 정서와 토착주의적 성향까지 존재하는 공화당의 경우 엄격한 이민정책을 지향해 왔다. 심지어 트럼프 행정부가 미국-멕시코 국경 장벽을 설치하게 된 상황에서는, 히스패닉을 포함한 소수 인종 집단들 사이에서 공화당에 대한 지지는 더욱 취약해질 수밖에 없다. 단기적으로는 백인 유권자들을 결집하는 효과를 거둘 수 있을지 모르나, 중장기적으로 민주당 우세의 결과를 낳을 수 있는 선택인 것이다.

둘째는 경제적 변화에 따른 정당 경쟁 구도의 변화이다. 1990년대 이후 세계화가 심화되고 첨단 산업들의 발전이 가속화되면서 미국 경제의 성격은 크게 바뀌어 가고 있다. 첨단기술 산업과 세계화된 영역이 미국 경제의 중심이 되었고, 전통적인 제조업은 더욱 뒤처지고 있는 것이다. 최근의 정치경제학자들 일부는 심지어 1960, 70년대 제3세계 국가들의 정치경제 질서를 분석하던 '이중경제(dual economy)' 모델까지 적용하기도 한다.* 미국 경제가 금융, 첨단기술,

---

* 이러한 논의들에 대해 Thomas Ferguson, Paul Jorgensen, and Jie Chen, "Industrial Structure and Party Competition in an Age of Hunger Games: Donald Trump and the 2016 Presidential Election," Institute for New Economic Thinking, Working Paper No. 66, 2018 참조.

전자 산업으로 구성된 '핵심(core)' 부문과 기술 수준과 숙련도가 떨어지는 '주변(peripheral)' 부문으로 양분되어 있다는 것이다. 전자는 고부가가치·고성장 부문이며, 임금 수준이 대단히 높고 고도로 숙련된 노동력으로 구성되어 있고, 미국 인구의 약 30퍼센트 정도가 이 부문에 종사하고 있다. 후자는 낙후된 제조업과 소규모 서비스업 등으로 구성되며, 숙련 노동력을 필요로 하지 않기 때문에 성장률과 임금 수준이 지속적으로 하락할 수밖에 없다.[48]

　문제는 두 부문의 지리적 분포가 양당의 지지기반과 거의 일치한다는 점이다. 세계화 부문은 태평양 연안 서부 주들과 동북부 대도시 지역들에 분포하고 있는데, 지난 수차례의 선거에서 일관되게 민주당을 지지했던 지역이다. 이 주들은 경제적으로 가장 빠르게 성장하고 있는 중심부일 뿐 아니라, 이 때문에 인구 증가율도 가장 높은 지역이며, 사회문화적으로는 다인종, 다민족, 다문화적인 성격을 지니고 있다. 장기적으로 민주당에 유리할 수밖에 없는 지리적·인구적 분포가 세계화 경제의 산물이 된 것이다. 반면에 공화당이 우세한 남부 주들과 중서부 일대는 대체로 전통 산업들로 이루어진 주변 부문에 속하며, 세계화로 인한 여러 가지 피해를 겪고 있고 경제 발전의 혜택에서 소외된 지역이다. 경제적으로나 인구적으로 이 지역이 지지기반인 공화당에 불리할 수밖에 없다. 더욱이 이 지역의 반세계화 정서를 자극하기 위해 보호주의에 호소하거나 이민 규제를 공약하는 단기적 선거 전략은 공화당의 쇠퇴를 가속화할 수도 있다.

　세계화가 낳고 있는 보다 직접적인 문제는 경제적 양극화다. 소득 불평등이 심화되고 경제적 약자가 양산되는 현상이 지속되면서, 양당 내부와 양당 간 경쟁에 중대한 정치적 효과를 가져오고 있는 것이다. 2008년에서 2010년까지의 선거가 이를 여실히 보여 준다. 2007~2008년 금융위기는 공화당과 부시 행정부가 추진했던 감세와 탈규제에 대한 비판을 고조시키고 경제적 양극화와 빈곤, 의료 문제 등을 부각시키며, 정부 역할을 증대해야 한다는 민주당 내 진보파들의 입지를 강화시켜 주었다. 2008년 대선에서 비교적 쉽게 승리한 오바마 행정부는 경제위기 해결을 위한 대규모 경기부양책과 빈곤층을 위한 의료보험제도(Obamacare)를 추진했다. 소비와 취업을 증대시키고 금융시장을 안정화하고 주택시장의 붕괴를 막기 위해 시장에 대한 정부 개입을 증대시킨 조치이자, 민주당 진보파들의 숙원이었던 의료 개혁을 실현한 것이다.

그러나 이는 대규모 역풍을 불러왔다. 2009년부터 시작된 티파티 운동이 그것이다. 증세와 정부개입 증대, 재정지출 증대, 복지혜택 확대에 대한 저항으로 시작하여 전국적인 풀뿌리 운동으로 번진 티파티 운동은 2010년 중간선거에 결정적 영향을 미쳤다. 2006년 선거 이후 위기에 빠져 있던 공화당을 부활시켜 1930년대 이래 최대의 승리를 거둘 수 있게 해 주었던 것이다. 티파티 운동에 의해 오바마와 민주당에 대한 유권자들의 반감이 확산되어 공화당이 어부지리를 얻은 셈이다.* 공화당은 물론 무당파 내에도 여전히 정부 역

---

* 티파티와 2010년 선거를 이해하기 위해서는 다음의 연구들을 참조. Vanessa Williamson, Theda Skocpol, and John Coggin, "The Tea Party and the Remaking of Republican Conservatism," *Perspectives on Politics*, 9:1(2011), pp. 25-43; Zachary Courser, "The Tea Party at the Election," *The Forum*, 8:4(2010), pp. 1-18; Andrew E. Busch, "The 2010 Midterm Elections: An Overview," *The Forum*, 8:4(2010), pp. 1-15; John Aldrich, Bradford H. Bishop, Rebecca S. Hatch, D. Sunshine Hillygus, David W. Rohde, "Blame, Responsibility, and the Tea Party in the 2010 Midterm Election," *Political Behavior*, 36(2014), pp. 471-491; Gary Jacobson, "The Presi-

할 증대에 대한 저항이 강하게 남아 있고, 조직화될 경우 양당 경쟁에 강력한 영향을 가져올 수 있음을 보여 준다. 요컨대 경제적 양극화는 시장과 복지에 대한 정부 역할의 증대라는 오래된 이슈를 다시 부각시키게 되었다. 민주당의 경우 보다 진보적인 입장이 강화되어 가는 추세에 있으나, 공화당은 확고한 지지기반이 재정적 보수주의와 작은 정부론에 있음을 확인하게 된 것이다.

셋째, 사회적 가치를 이슈화하는 데 대한 유권자들의 태도가 상당히 변화해 가고 있는 듯 보인다. 피오리나의 진단처럼 미국민 전체는 가치 문제에 대해 중립적일 수 있으나, 그간 공화당 지도부는 사회적 보수주의를 동원하는 데 주력했다. 공화당 내에서 사회적 보수주의자들의 영향력이 강하고, 핵심 지지층을 결속하려고 했기 때문이다. 이에 대한 반감과 역풍이 분출되기 시작한 것이다.

이를 여실히 보여 준 것이 2004년~2006년 선거였다. 흔히 가치 문제가 선거를 결정했다고 거론되는 2004년 선거에서 부시는 재선을 위해 최소 다수 전략(minimal majority strategy), 혹은 근거지 전략(base strategy)을 썼다. 공화당의 지지층을 더는 확장하는 것이 가능하지 않으므로 중도적 유권자들에게 호소할 필요가 없고, 승리를 위한 최소한의 과반수를 확보하기 위해서는 강한 재정적 보수주의와 사회적 보수주의를 동원하여 보수적 유권자들을 결속해야 한다고 보았던 것이다.[49] 결과적으로 부시는 재선에 성공했고, 선거 운동을 지휘했던 칼 로브(Karl Rove)는 이 선거가 마치 1896년 선거와 같

dent, the Tea Party, and Voting Behavior in 2010: Insights from the Cooperative Congressional Election Study," a paper presented at the 2011 Annual Meeting of the American Political Science Association, September 1-4, 2011.

이 공화당 우위의 새로운 정당체제를 연 중대 선거라고 선언하기도 했다.[50]

그러나 이후의 선거 연구들이 분석했듯이, 2004년 선거를 결정 지은 것은 9/11이었다. 부시에 대한 지지는 테러 피해를 직접적으로 겪은 뉴욕, 뉴저지, 코네티컷주에서 상당히 높게 나왔고, 특히 테러 이슈에 민감한 여성 유권자들의 지지가 대폭 상승했다. 사회적 가치 이슈들은 남부를 제외하면 부시에 대한 지지에 거의 영향을 미치지 못했다.[51] 오히려 강한 사회적 보수주의에 경도된 데 대해 무당파, 중 도층, 심지어 공화당 지지층 사이에서도 반감이 형성되기 시작했다.

이미 2005년부터 부시에 대한 지지도는 추락하기 시작했고, 2006년 중간선거를 앞두고 역대 최저 수준을 기록하게 되었다. 선거 결과 민주당은 6명의 공화당 상원의원들을 낙선시키며 51석을 확보 하여 상원을 장악했고, 하원 역시 30석을 더 획득하여 안정적 다수 를 이루었다. 이러한 결과는 우경화된 공화당에 대한 무당파들의 응 징으로 해석되었다. 2004년에 비해 민주당 지지자들은 4퍼센트 정 도 더 민주당 후보들을 지지했고, 공화당 지지자들은 단지 2퍼센트 정도 공화당 후보들에 대한 지지를 덜 했을 뿐인데, 무당파들의 경 우 17퍼센트 격차로 민주당 후보들에 표를 몰아주었던 것이다. '중 도파의 복수(revenge of the center)' 내지 '무당파의 복수(revenge of the independents)'가 현실화되었고, 가치 문제를 전면에 내세우며 문화 전쟁을 이끌었던 공화당 내 사회적 보수 세력들에 대한 경종이 울렸던 것이다.[52]

이후의 선거들에서 공화당 후보들은 사회적 보수주의를 동원하 려는 선거 전략에 비중을 두지 않았다. 2008년의 존 매케인(John

MacKain)과 2012년의 미트 롬니(Mit Romney)가 그랬고, 2010년 티파티 운동도 남부 주들을 제외하고는 사회적 가치의 이슈들을 다루지 않았다. 심지어 2016년 선거에서 자극적인 이슈와 언술로 일관했던 트럼프 역시 사회적 보수주의의 어젠다들은 멀리했다. 앞에서 논의했듯이 여전히 정당 투표 성향이 강하고 무당파가 증가하는 상황에서, 강경한 사회적 보수주의 노선 때문에 중도파의 응징을 받아서는 승리할 수 없기 때문이다.

공화당 내에서는 여전히 사회적 보수주의 세력이 가장 크고 강력한 영향력을 행사한다. 2008년 예비선거에서 드러났듯이, 이들의 강한 반대에 부딪히면 후보로 선출되기 어렵다.* 후보로 선출되더라도, 이들을 소외시키면 본선거에서 승리하기 어렵다. 사회적 보수주의 문제가 공화당 지도부에게는 어려운 선택이 되고 있는 것이다. 다른 한편, 사회적 보수주의 세력 내에서도 최근 다양한 관점이 제기되고 있고 변화의 조짐이 보인다는 낙관적인 전망도 있다. 사회적 보수주의 운동의 핵심인 복음주의파(evangelism) 교회들이 지나친 정치활동을 멀리하기 시작했다는 것이다.** 무엇보다도 1980년대 이래 교회가 정치활동에 지나치게 개입하고 문화 전쟁을 이끌면서, 청년층과 고학력층이 오히려 교회를 외면하게 되었기 때문이다.

유권자들의 정치적 성향과 태도의 변화에서 주목해야 하는 또 다

---

* 예컨대 2007년 말까지도 여론조사에서 크게 앞섰던 뉴욕시장 루돌프 줄리아니(Rudolph Guiliani)는 사회적 보수주의자들의 강력한 반발로 중도 하차했다. Morris P. Fiorina, *op. cit.*, p. 236 참조.

** 이에 대해서는 최근 퍼트남이 거대한 연구 작업을 통해 설득력 있는 해석을 제시한 바 있다. Robert D. Putnam and David E. Campbell, *American Grace: How Religion Divides and Unites Us*, Simon & Schuster, 2012 참조.

른 현상은 반주류 정서(anti-establishment sentiment)의 확산이다. 기존의 양당 정치 자체와 양당 내 기성 정치인들에 대한 반감이 확산되고 있고, 선거에 중대한 영향을 미치고 있는 것이다. 이에 대한 엄밀한 분석이나 연구는 아직 제대로 진행되지 않았으나, 반주류 정서의 존재와 그 영향력은 일찍부터 확인되었다.

공화당 내의 반주류 정서가 탐지된 것은 1992년 대선부터이다. 당시 로스 페로(Ross Perot)가 제3 후보로 출마하여 공화당 성향 유권자들의 지지를 잠식하면서 부시는 재선에 실패했다. 페로 지지자들의 성향은 공화당에 기운 무당파로 파악되는데, 정부에 대한 불신, 재정 지출 감축 요구, 기성 정치인들에 대한 반감 등에 의해 동원되었다. 이는 다시 2010년 티파티 운동으로 재현된 바 있다.[53] 이렇게 잠재되어 있는 반주류 정서가 폭발적으로 동원될 경우, 전혀 예상하지 못한 방향으로 당내 후보선출 과정이 돌변할 수 있다. '공화당의 하이재킹'이라 불린 2016년 예비선거 과정이 극단적으로 이러한 위험을 드러내 주었다.

민주당 역시 반주류 정서의 표출을 경험하고 있다. 2008년 예비선거에서 전혀 예상하지 못했던 오바마가 민주당 주류의 대표 격인 힐러리 클린턴에 승리를 거두었던 데는 상당 부분 반주류 정서가 작용했다고 평가된다.[54] 클린턴은 전통적인 민주당 연합 집단들에 의존했던 반면, 오바마는 젊은 층과 고학력층, 무당파 등에 집중하면서 기성 정치의 '변화'를 호소했다. 2016년 예비선거에서는 다시 샌더스가 돌풍을 일으키기도 했다. 그러나 민주당 내 반주류 정서의 파괴력을 확인시켜 준 것은 2016년 본선거였다. 힐러리 클린턴이 패배한 결정적 이유 중 하나가 바로 트럼프를 제외하고 역사상 가장 비호감도가 높은 후보였다는 점이었다.[55] 공화당 지지자들 사이에서는 물론이지만, 무당파와 심지어 민주당 지지자들 사이에서도 클린턴이 부패하고 부정직한 기성 정치인이라는 의구심이 상당히 높았다. 트럼프가 아무리 싫어도 클린턴을 대안으로 여기지 않았던 것이다.

이와 같이 여러 가지 환경 변화들 속에서 민주, 공화 양당은 경쟁한다. 대단히 경쟁적이고 당파적이면서도 무당파에 의해 변동성이 커진 선거들을 치르면서, 변화된 조건들에 적응된 승리 전략을 추진하는 것이다. 대부분의 경우, 양당과 후보들은 매번 선거에서 승리할 수 있는 선택을 한다. 그러나 1964년 골드워터 보수주의자들의 경우처럼 장기적 비전과 이념적 순수성에 치중할 수도 있고, 같은 시기 존슨과 민주당 진보파들이 했듯이 당의 지지기반을 전환하여 승리 연합을 공고히 하려 들 수도 있다. 어떤 경우에는 성공하기도 하고, 어떤 경우에는 실패한다. 또 단기적 성공이 장기적으로는 실책으로 판명되기도 하고, 당장의 패배가 장래의 성공을 가져올 수도 있다. 2020년 트럼프의 재선이 장기적으로 공화당의 재앙이 될 수도 있고, 민주당 진보 후보의 성공이 티파티의 역풍을 다시 한번 몰고 올 수도 있을 것이다.

본문의 주

1) James D. Hunter, *Culture Wars: The Struggle to Define America*, Basic Books, 1991.

2) Paul DiMaggio, et al., "Have Americans' Social Attitudes Become More Polarized?" *American Journal of Sociology*, 102:3(1996), pp. 690-755; Dale McConkey, "Whither Hunter's Culture War? Shifts in Evangelical Morality, 1988-1998," *Sociology of Religion*, 62:2(2001), pp. 149-174.

3) Alan Abramowitz and Kyle Saunders, "Ideological Realignment in the U. S. Electorate," *Journal of Politics*, 60:3(1998), pp. 634-652; Larry Bartels, "Partisanship and Voting Behavior, 1952-1996," *American Journal of Political Science*, 44:1(2000), pp. 35-50.

4) Morris Fiorina, et al., *Culture War? The Myth of a Polarized America*, 1st ed., 3rd ed., Longman, 2005 and 2011.

5) James L. Sundquist, *Dynamics of the Party System: Alignment and Realignment of Political Parties in the United States*, The Brookings Institution, 1983.

6) Aaron Wildavsky, "The Goldwater Phenomenon: Purists, Politicians and the Two Party System," *Review of Politics*, 27:2(1965), pp. 386-413.

7) James Q. Wilson, *The Amateur Democrat: Club Politics in Three Cities*, University of Chicago Press, 1962.

8) Anthony Downs, *An Economic Theory of Democracy*, Harper, 1957.

9) Jacob S. Hacker and Paul Pierson, "After the 'Master Theory': Downs, Schattschneider, and the Rebirth of Policy-Focused Analysis," *Perspectives on Politics*, 12:3(2014), pp. 643-662.

10) David Mayhew, *Congress: The Electoral Connection*, Yale University Press, 1974; Morris Fiorina, *Congress: Keystone of the Washington Establishment*, Yale University Press, 1977.

11) Anthony Downs, *op. cit.*

12) Albert O. Hirschman, *Exit, Voice, and Loyalty: Responses to Decline in Firms, Organizations, and States*, Harvard University Press, 1970.

13) Jacob S. Hacker and Paul Pierson, *op. cit.*, pp. 645-651.

14) *Ibid.*, p. 644

15) E. E. Schattschneider, *Politics, Pressure, and the Tariff*, Prentice-Hall, 1935.

16) Jacob S. Hacker and Paul Pierson, *op. cit.*, pp. 645-648.

17) *Ibid.*, pp. 648-652.

18) *Ibid.*, pp. 652-654.

19) E. E. Schattschneider, *The Semi-sovereign People: A Realist's View of Democracy in America*, Holt, Reinhart, and Wilson, 1960; Party Government, Holt, Reinhart, and

Wilson, 1942.

20) E. E. Schattschneider, *op. cit.*, pp. 1-2.

21) *Ibid.*, pp. 2-6.

22) *Ibid.*, pp. 7-12.

23) *Ibid.*, pp. 22-31.

24) *Ibid.*, pp. 31-36.

25) *Ibid.*, pp. 50-54.

26) *Ibid.*, ch. 65-68.

27) *Ibid.*, pp. 68-69.

28) *Ibid.*, pp. 71-73.

29) *Ibid.*, pp. 74-76.

30) *Ibid.*, ch. 5.

31) *Ibid.*, ch. 8.

32) *Ibid.*, p. 137.

33) *Ibid.*, p. 142.

34) Jeffrey M. Stonecash, ed., *New Directions in American Political Parties*, Routledge, 2010; Mark D. Brewer, and Sandy Maisel, eds., *The Parties Respond: Changes in American Parties and Campaigns*, 5th ed., Westview Press, 2013; Mark D. Brewer and Jeffrey M. Stonecash, *Dynamic of American Political Parties*, Cambridge University Press, 2009.

35) Mark D. Brewer, "Strategic Maneuvers: Political Parties and the Pursuit of Winning Coalitions in a Constantly Changing Electoral Environment," in Stonecash, ed., *New Directions in American Political Parties,* pp. 22-43; Mark D. Brewer, "Attempting to Build a Winner: Parties and the Crafting of Electoral Coalitions," in Brewer and Maisel, ed., *The Parties Respond*, pp. 47-74; Jeffrey M. Stonecash, "Political Science and the Study of Parties: Sorting Out Interpretations of Party Response," in Brewer and Maisel, ed., *The Parties Respond*, pp. 1-23.

36) John H. Aldrich, "Electoral Democracy During Politics as Usual — and Unusual," in Michael B. MacKuen and George Rabinowitz, eds., *Electoral Democracy*, University of Michigan Press, 2003, pp. 279-310.

37) Mark D. Brewer and Jeffrey M. Stonecash, *op. cit.*, pp. 68-78.

38) *Ibid.*, p. 77.

39) *Ibid.*, pp. 90-91.

40) *Ibid.*, pp. 93-94.

41) *Ibid.*, pp. 107-108.

42) *Ibid.*, pp. 126-130.

43) Morris Fiorina, et al., *op. cit.*, pp. 250-251.

44) Gary Jacobson, "The Triumph of Polarized Partisanship in 2016: Donald Trump's

Improbable Victory," *Political Science Quarterly*, 132:1(2017), p. 26.

45) Morris Fiorina, et al., *op. cit.*, pp. 248-249.

46) Andrew E. Busch, "The 2010 Midterm Elections: An Overview," *The Forum*, 8:4(2010), pp. 13-14.

47) Morris Fiorina, et al., *op. cit.*, pp. 242-243.

48) Peter Temin, *Race and the Vanishing Middle Class*, MIT Press, 2016.

49) Mark D. Brewer and Jeffrey M. Stonecash, *op. cit.*, p. 169.

50) *Ibid.*, p. 175.

51) D. Sunshine Hillygus and Todd G. Shields, "Moral Issues and Voter Decision Making in the 2004 Elections," *PS: Political Science and Politics*, 38(2005), pp. 201-209.

52) Morris Fiorina, et al., *op. cit.*, p. 233.

53) Zachary Courser, "The Tea Party at the Election," *The Forum*, 8:4(2010), pp. 14-15.

54) Morris Fiorina, et al., *op. cit.*, p. 237.

55) Gary Jacobson, *op. cit.*, pp. 16-18.

미국 정당체제의 변화

미국은 일찍부터 두 정치세력의 대립으로 중앙정치가 이루어졌고, 1850년대 이후는 민주당-공화당의 양당체제가 지속되어 왔다. 미국 정당체제의 발전 과정에서 특정한 시기의 양당은 다양한 지지세력들로 구성된 대연합(grand coalition)으로 파악될 수 있다. 각 정당은 다양한 지역적 이익들과 사회세력들 혹은 유권자들의 연합에 의해 일정 기간 지지를 받게 된다. 일정 기간이 지나 기존 정당체제를 뒤흔드는 중대한 이슈가 발생하거나 유권자들의 구성이 바뀌면 새로운 정당연합들로 재편된다.

전자의 경우, 기존 정당들에 대한 지지를 변화시키는 중대 이슈(critical issues)를 중심으로 일련의 중대 선거(critical elections)가 벌어지고, 이를 통해 새로운 정당체제가 형성되는 정당 지지구조의 재편이 일어난다. 대공황의 소용돌이 속에서 경제정책을 중심으로 벌어진 1932년 선거를 기점으로 기존의 공화당 우위 체제가 무너지고 민주당 우위의 뉴딜 정당체제가 들어선 게 그 예이다.

후자의 경우는 장기간에 걸친 사회경제적 변화, 인구 구성상의 변화, 지역적 변화 등을 반영하여 일어나는 점진적 재편(secular re-alignment)이다. 남북전쟁 이후 민주당이 독점적 우위를 지녔던 남부로 1950년대 이후 동북부의 백인들이 이주해 오면서 공화당의 세력이 점차 강화되어 온 것은 지역적인 점진적 재편 과정으로 파악할 수 있다. 이 두 가지 유형의 재편이 어우러지면서 정당체제가 변화해 왔는데, 1960년대 이후 지금까지의 변화는 점진적 재편의 관점에서 바라보는 것이 유력하다.

건국 당시 연방과 주정부 수준에서는 이미 두 개의 정파가 대립하고 있었다. 하나는 조지 워싱턴(George Washington)과 알렉산더 해밀턴이 이끌던 연방파로, 주로 동북부의 은행가, 무역업자, 대토지 소유자 및 제조업자의 지지를 받았다. 이들은 강력한 중앙정부의 수립을 원했는데, 연방정부가 수립되고 워싱턴이 대통령에 취임한 뒤 12년간 연방정부를 장악했다. 연방파는 귀족적 성향이 강해 대중민주주의를 적극적으로 지지하지 않았으며, 부유층의 이익을 보호하는 정책들을 추진했다. 독립전쟁 당시 발행했던 전시 채권에 대해 연방정부가 상환을 보장해 주었고, 연방은행(Bank of the United States)을 설립하여 지방은행들을 규제하기도 했다. 이러한 정책들에 대한 불만이 고조되면서 1791년의 위스키 반란 사건을 계기로 결성된 정치세력이 민주공화파(Democratic Republicans)이다. 토머스 제퍼슨과 제임스 매디슨이 중심이 된 공화파는 개인과 지역공동체의 자유를 중시했고, 연방정부와 해밀턴 파벌의 권력을 견제하려 했다. 공화파는 주로 농민과 노동자, 채무자, 변경거주자 등의 대중적인 지지를 받고 있었으며, 중남부의 주들에서 세력을 확대해 나갔다.

제퍼슨이 대통령에 당선된 1800년 선거를 전후하여 공화파의 세력이 크게 확대되었다. 1804년 선거에 이르면 연방파는 후보조차 내지 못하는 상황에 빠지게 되었다. 더욱이 1804년에 연방파를 이끌던 해밀턴이 죽게 되자 연방파는 중앙정치에서 거의 근거를 잃게 되었다. 따라서 제퍼슨, 매디슨, 제임스 먼로(James Monroe) 대통령으로 이어지는 시기에 공화파는 일당체제와 유사한 정도로 중앙정치를 독점하게 되었다.

그러나 1824년 선거부터 공화파 내의 내분이 깊어지기 시작했다. 중앙과 주요 지방의 엘리트들이 권력을 독점한 데 대해 불만이 커지면서, 일반 대중들과 개척지 주민들이 새로운 정치세력을 원하게 되었기 때문이다. 이들을 대표했던 앤드루 잭슨(Andrew Jackson) 은 1824년 선거에서 유권자들과 선거인단 표를 가장 많이 획득했지만 과반수를 얻지는 못했다. 하원에서 결정된 결과는 존 퀸시 애덤스의 당선이었다. 대중적 지지를 외면하고 중앙의 엘리트들이 담합하여 자기들의 대표를 뽑았던 것이다. 더욱이 당시 연방은행은 개척지역 은행들이 발행한 은행권에 대해 지급을 거절하여 서부 주들에서 많은 은행들이 도산하는 금융공황이 일어나기도 했다. 연방정부가 개척지의 어려운 경제상황을 도와주기는커녕 동부 주들의 이익을 위해 서부 주들을 희생시키고 있다는 불만이 확산되었다.

이민 유입과 보통선거권 확대로 유권자의 수가 크게 증가한 1828년 선거에서 당내 민주화와 참여의 확대를 주장한 잭슨은 손쉽게 승리했다. 그 후 잭슨과 잭슨의 지지자들은 민주당(Democratic Party)을 창당하고 상당 기간 권력을 장악하게 되었다. 이 시기는 잭슨 민주주의(Jacksonian democracy) 시기라고 불리는데, 동북부와 중앙 엘리트보다 지방과 민중들을 우선하는 정책들이 추구되었으며, 서부 개척이 본격화되었다.

한편, 공화파 내의 반잭슨파들은 국민공화파(National Republicans)로 분리해 나갔고, 구 연방파 등 소수정당들과 연합하여 1832년 휘그당(Whigs)을 결성했다. 1830년대에 이미 실질적인 양당체제가 수립되었던 것이다. 잭슨과 후임 마틴 밴 뷰런(Martin Van Buren) 대통령 시기에는 민주당이 압도적으로 우세한 위치에 있었으나, 1840 년대에 이르러 휘그당이 두 번의 대통령 선거에서 승리를 거둘 정도로 성장하게 되었다. 휘그당은 특히 동북부 상공업 세력의 이익을 대변하면서 산업 중심의 경제발전을 추진했다. 대표적인 것이 헨리 클레이(Henry Clay)가 제시했던 '아메리카 체제(American system)'라는 경제발전 전략이다. 이 전략은 해밀턴의 경제정책을 정교화한 것으로, 연방정부에 의한 산업 진흥(state promotionalism), 철도 등 사회기반시설 조성(internal improvement), 고관세를 통한 국내산업 보호(protectionism)가 주요 내용이었다. 아메리카 체제는 남북전쟁 이후 급속한 산업화 과정에서 연방정부가 추진한 경제정책들의 모태가 되었다.

1850년대에 이르러 양당으로 구성된 정당체제는 큰 동요를 겪게 되었다. 미국 사회 내에 첨예한 경제적·도덕적 갈등을 유발하고 있던 노예제 문제를 기존 정치권이 제대로 다루지 못했기 때문이다. 노예제 문제는 건국 당시에도 이미 남부와 북부 주들 간에 큰 갈등의 원천이었고, 양측 간의 미봉적인 타협으로 무마되었다. 1820년대 이후 남부에서 노예 노동에 의존하는 면화 농업이 확장되고 서부로 영토 팽창이 이루어지면서, 새로 편입되는 개척지와 주들에서 노예제를 허용할지의 여부가 중대한 갈등의 원천이 되었다. 그러나 연방정부 차원에서는 노예제 문제에 대한 일시적인 미봉책들만이 되풀이되었고, 결과적으로 노예제 이슈는 미국 사회의 성격과 장래에 대한 강력한 이념적 대립을 야기할 정도로 남북 간의 갈등을 야기하게 되었다. 당시 전국적 지지기반을 지니고 있었던 민주당과 휘그당은 노예제 문제에 대한 명확한 입장을 정리하지 못한 채 당내 분열만이 심화되어 갔다.

이런 가운데 1854년에 노예제 폐지를 주장하는 공화당(Republican Party)이 창당되었다. 창당된 직후 벌어진 1856년 선거에서 공화당은 총 유권자의 33퍼센트의 지지를 획득하고 북부 11개 주에서 승리하는 돌풍을 일으켰다. 다음 선거에서 공화당은 노예 해방을 내걸고 에이브러햄 링컨(Abraham Lincoln)을 후보로 지명했고, 이에 휘그당 및 민주당 내 노예 해방주의자들이 가세했다. 즉, 남북전쟁을 야기한 1860년 선거는 노예제 문제를 둘러싸고 노예제 찬성 입장의 남부 민주당과 노예제 폐지 입장의 공화당이 대결을 벌이는 중대 선거가 되었던 것이다. 이 선거에서 링컨이 승리했고, 곧 남부 주들이 연방을 탈퇴하면서 내전이 벌어지게 되었다. 정당정치의 측면에서는 이 선거를 계기로 북동부를 중심으로 하는 공화당 우위의 정당체제가 수립되었던 것이다.

종전 이후 상당 기간 공화당의 우세가 지속되었다. 공화당은 동북부와 서부 지역의 상공업자, 백인 및 해방된 노예의 지지를 획득하면서 대정당(Grand Old Party: GOP)으로 발전했다. 반면, 민주당은 1877년에 재건기가 끝나고 남부 주들 전체가 연방의회에 진출하게 되어서야 세력을 회복할 수 있었다. 1890년대까지 민주당은 인구 비례에 따른 하원의석 분포에서는 강세를 보였지만, 상원과 대통령 선거에서는 주로 공화당이 승리하곤 했다. 또한 민주, 공화 양당의 남북전쟁 당시의 지역적 지지기반은 더욱 확고해졌다. 즉, 동북부에서는 공화당, 남부에서는 민주당이 압도적인 우세를 장악하고 있었던 것이다.

동북부와 상공업자를 지지기반으로 한 공화당은 남북전쟁 이후 연방정부의 권력을 장악하고 급속한 산업화를 추진했다. 그 결과 미국 경제는 빠른 속도로 산업화가 진척되었으나, 이 과정에서 여러 가지 문제가 생겨났고, 성장의 과실을 대기업가와 자본가가 독점하는 모순이 쌓여 갔다. 또한 양당이 지역적으로 독점적인 권력을 행사함에 따라 여러 가지 정치적 부패와 정경유착 등의 비리가 행해졌다.

이러한 정치적·경제적 현실에 반발하는 세력들을 중심으로 민중주의 운동(populist movement)이 일어나게 되었다. 민중주의 운동은 1870, 80년대 중서부 자영농들을 중심으로 시작되어, 정치경제질서의 개혁에 목표를 둔 다양한 대중운동과 농민운동으로 전개되었다. 이들이 제기했던 주요 이슈들은 반독점정책, 자유무역정책, 은본위제에 의한 통화량 증대를 포함하고 있었는데, 이는 공화당 지지세력들의 경제적 이해와 직접적으로 배치되는 것일 뿐 아니라 상공업을 위주로 하는 동북부 도시지역의 이해와도 갈등관계에 있었다. 민중주의 운동은 한때 대통령 선거에서 15퍼센트의 지지를 확보하기도 했으나 전국적 규모의 지지를 동원하는 데는 실패했다.

1896년 선거는 기존 정당체제가 변화될 수 있었던 또 하나의 중대 선거였던 것으로 평가된다. 당시 민주당은 민중주의 운동 및 서부 주들과 연합하여 윌리엄 제닝스 브라이언(William Jennings Bryan)을 대통령 후보로 내세우고 독점의 규제, 자유무역, 은본위제를 공약으로 했다. 반면 전형적인 공화당 주류 후보로 윌리엄 맥킨리(William McKinley)를 내세운 공화당은 기업들에 대한 규제와 시장 개방이 곧 미국 기업들의 도산을 가져오고, 이는 대량실업과 미국 경제의 붕괴를 가져온다고 유권자들을 설득했다. 또 은본위제에 의한 통화량의 팽창이 실질적으로 농민소득을 증대시킬 가능성도 없고, 결국 자산가치의 하락과 식량 등 물가의 상승으로 직결될 것이라고 민주당과 민중주의자들을 공격했다. 선거 결과는 공화당의 승리였다. 이러한 지지구도로 수립된 '1896년 체제'는 이후 30년간 지속되었다. 즉, 남북전쟁 당시의 공화당 우세-민주당 열세의 양당체제가 19세기 후반의 민중주의 시기를 견뎌 내고 더욱 공고해졌던 것이다.

이 정당체제는 대공황으로 공화당의 패권이 막을 내릴 때까지 지속되었고, 공화당의 정책들 역시 실질적으로 큰 변화 없이 지속되었다. 물론 윌슨 대통령 시기에는 민주당이 행정부를 장악하고 개혁적 정책을 펴기도 했고, 한때는 공화당 내 개혁세력들에 의해 혁신주의 운동(progressive movement)이 추진되기도 했다. 시어도어 루스벨트 (Theodore Roosevelt) 대통령은 공화당 내 개혁파들을 지지기반으로 하여 독점을 규제하는 등 개혁정책을 추진했고, 퇴임 후 개혁정책이 후퇴하자 다시 숫사슴당(Bull Moose Party)이라는 제3당을 만들어 1912년 선거에 출마함으로써 공화당의 분열로 윌슨이 당선되는 결과를 가져오기도 했다. 공화당의 패권은 1920년대 말에 시작된 대공황과 함께 붕괴되었다. 공화당의 경제정책이 대공황을 해결하는 데 도움이 되지 못했을 뿐 아니라 그 원인이 되었다는 비판이 널리 퍼졌고, 공화당 정권하에서는 대공황을 해결하는 데 필요한 개혁정책들이 추진될 수 없다는 인식이 공화당 지지기반 내에서조차 받아들여지게 되었던 것이다. 이러한 상황에서 프랭클린 루스벨트 대통령은 기존의 민주당 지지기반을 중심으로 노동조합세력, 농민, 다양한 인종적·경제적 소수집단 및 자유무역을 원하는 기업들을 포함하는 거대연합을 결성했고, 1932년 선거와 1936년 선거에서 압도적 승리를 거두었다. 대공황과 곧이어 닥친 2차 세계대전의 위기 속에서 루스벨트는 기존의 자유방임적 정책에서 벗어나 적극적인 정부 개입을 중심으로 하는 경제정책과 사회복지의 확대, 자유무역의 확대, 탈고립주의 외교정책들을 추진해 나갔다. 이러한 정책들을 중심으로 결성된 뉴딜연합은 민주당을 거대 정당으로 만들었고, 이후 민주당 우위-공화당 열세의 역전된 정당체제가 지속되었다.

뉴딜 정당체제는 30여 년이 지나면서 점차 와해되었다. 우선 1950년대를 거치면서 뉴딜정책의 주요 측면들이 미국의 정책으로 일상화되면서 공화당 역시 일정 수준까지 수용하는 상황이 되었다. 유권자들이 양당을 구별하는 기준이 모호해진 것이다. 더욱이 민주당은 1960년대를 통해 민권운동과 베트남 전쟁의 홍역을 치르면서 남부와 보수파들의 지지를 지속적으로 잃게 되었다. 특히 남부의 경우 1960년대 이후 산업화가 진전되면서 많은 수의 동북부 출신 백인들이 이주해 오면서 점차 민주당 일당체제에서 벗어나게 되었다. 더욱이 1970, 80년대를 거치면서 남부 일대의 보수주의자들과 중소 상공업자들에게 공화당의 감세정책과 반공정책 및 낙태금지 등 사회적 보수정책이 큰 호응을 얻게 되면서 오히려 남부에서 공화당이 우세한 상태로 재편이 일어나게 되었다. 이러한 상황 때문에 1968년 선거 이후 1992년 선거까지 제임스 카터가 집권했던 4년을 제외한 20년간 행정부를 공화당이 장악했고, 반면 레이건 재임 당시 6년을 제외한 전 기간 동안 민주당이 양원을 장악하는 분점정부 상황이 빈발했던 것이다. 요컨대 어느 한 정당이 압도적 우세를 확보하지 못하는 가운데 1930년대 이래의 정당체제와 정당 지지구조가 해체되어 가고 있는 것이다.

2000년대 들어서서 양당은 서로 대등한 지지기반을 확보하고 있는데, 동부와 서부 해안의 주들에서는 민주당이 우세하고 그 외 지역에서는 공화당이 우세한 지지구도가 지속되고 있다. 양당에 대한 지지를 가르는 이슈는 크게 보아 두 가지다. 하나는 전통적인 재정적 보수주의자들(fiscal conservatives)이 제기해 온 문제로, 정부의 역할과 관련된 이슈들이다. '작은 정부론(small government)', 감세(tax cut), 균형 예산(balanced budget), 사회복지 등의 축소(welfare reform), 연방정부 권한의 주정부로 이전(devolution) 등을 포함한다. 다른 하나는 사회적 '가치'와 연관된 이슈들로, 낙태 문제와 동성애자 문제가 대표적이다. 공화당은 감세와 정부 지출 축소를 지지하는 중산층 이상의 전통적인 지지자들과 더불어, 사회적 이슈들에 대해 보수적인 성향을 지니는 중하층 유권자들의 지지를 동원하여 우위를 점하려 하고 있다. 이와 같이 사회적 이슈들과 가치 문제가 주요 이슈가 되면서 양당의 지지층들은 점차 양극화되어 가고 있는 상황이다.

제4장

의회와 입법 행태

미국 의회 연구의 선구자는 당연히 우드로 윌슨이지만, 현대 정치학에서 미국 의회가 본격적으로 연구된 것은 그리 오래되지 않는다. 1960년경 미국 정치학회가 의회 연구 펠로우 프로그램을 만들고 의회 연구 시리즈(Study of Congree Series)를 출판하면서부터다.[1] 당시 행태주의 물결 속에서 입법과정을 직접 참여 관찰하고 의원들과 참모진들에 대한 많은 심층 인터뷰가 수행되면서, 의회와 입법과정에 대한 정치학적 이해가 깊어지게 되었다.

이 과정에서 형성된 미국 의회에 대한 고정적인 이미지가 '교과서적 의회(Textbook Congress)'이다.[2] 미국 의회는 매우 안정적이고 통합된 조직이며, 정당 지도부의 권한은 약하고 주요 상임위원회 위원장들이 권력의 핵심이며, 의원들은 유권자나 정당, 이익집단, 심지어 대통령에 의해서도 별로 구속을 받지 않은 채 선임제(seniority)에 의해 원내 경력이 보장된다는 것이다. 선거정치가 비교적 안정적이었던 1950년대와 1960년대에 교과서적 의회는 정설이 되었다.

이를 바탕으로 견고하고 간결한 연역 이론을 구축하여 미국 의회 연구를 획기적으로 발전시킨 것이 1974년에 출판된 데이비드 메이휴의 『의회: 선거의 고리(Congress: The Electoral Connection)』이다. 메이휴의 개인주의적 접근은 이후 합리적 선택론, 제도주의, 수학적 모델들과 결합하면서 지금까지 미국 의회 연구를 지배해 왔다. 이 장에서는 메이휴의 이론화 과정을 분석적으로 살펴보고. 메이휴 이후의 의회 연구들에 대한 영향을 평가한 후, 이에 대한 대안을 모색해 본다.

메이휴의 의회 연구

메이휴의 논의는 다운스 이론에 대한 비판에서 시작한다. 다운스는 정당 간 경쟁의 공간 모델을 제시했는데,[3] 정당을 하나의 결집된 팀이라고 전제하는 이런 식의 모델은 현실에 부합되지 않는다는 것이다. 정부는 다수의 선출된 정치인들로 구성되기 때문에 "이들의 선호 배열이 완전히 일치할 수는 없다."[4] 심지어 전형적인 정당정부인 영국의 경우에도 당내 협상에 의해 내각과 의회가 운영되곤 하며, 19세기 중반까지만 해도 개인적 표결이 빈번했다. 다만 최근 영국 의회에서 의원들이 당의 방침을 따르는 경향이 강해지고 있는데, 이는 다음 세 가지 이유 때문이다. 첫째, 지역구에서 후보 선출 과정을 장악한 소수의 엘리트들이 당 지도부를 충실히 따르기 때문에 당선 후 정당 방침을 따를 후보들을 선출한다. 둘째, 영국 의원들에게는 당과 별도의 조직을 마련할 만한 자원이 없다. 셋째, 의원들로 내각이 구성되는 정부 형태이므로 당에 대한 충성은 내각의 직위로 보상된다.[5] 책임정당정부의 전형으로 간주되는 영국 의회의 경우에도, 다운스가 상정하듯이, 정당이 하나의 팀이 되는 데는 특수한 조건이 작용한다는 것이다.

미국 의회는 당연히 이러한 조건을 결여하고 있다.[6] 우선, 의회 선거 후보들의 선출이 각 지역구에서 직접 예비선거에 의해 이루어지므로, 정당에 대한 충성심이 관건이 되지 않는다. 정당 조직이 예비선거 과정에 큰 영향을 미치는 시카고 같은 지역에서도, 정당 조직의 관심은 전국적인 것이 아니라 지역적인 것이다. 둘째, 대부분의 의원들은 예비선거와 본선거에서 활용할 수 있는 자신들의 자원을 확보하고 있다. 더욱이 의회가 제공하는 각종 자금과 조직을 재선을 위해 투입할 수 있다. 정당과는 별개의 권력자원을 지니고 있는 것이다. 마지막으로 미국 의회는 내각에 대해 책임을 질 필요도 없고, 내각 구성에 간여하지도 않는다. 이로 인해 정당 단합도가 높아질 이유가 없는 것이다. 결국 미국 의회를 구성하는 것은 435명의 하원의원들과 100명의 상원의원들 각각이다. 미국 의회에 관한 한, 정당을 분석단위로 하는 이론적 분석은 "별다른 성과를 거두기 어렵다(will not go very far)."

이와 같이 의회 연구의 분석단위를 의원 개인으로 설정하면서 메이휴는 기존의 사회학적 접근 역시 배격한다. 1960년대까지 미국 의회에 대한 연구는 사회학적 개념과 관점을 차용한 것들이 주류를 이루었다. 구조기능주의 등의 영향을 받은 사회학적 접근은 의회를 하나의 경계화된 체계(bounded system) 또는 하위체계들의 집합(set of subsystem)으로 이해하려 했고, 이 체계에 내장된 규범 또는 역할이 체계 자체의 행태를 끌어내는 것으로 설명했다. 예컨대 하원의 제도화 과정을 분석한 폴스비의 연구는 의회가 하나의 체계로 진화되었음을 증명하려 했고, 세출위원회(Appropriations Committee)를 분석한 리처드 페노(Richard F. Fenno, Jr.)는 위원회에 내장된 규범과 역할에 대한 기대가 의사결정 과정과 결과를 어떻게 규정하는지 보여주었다.[9] 이처럼 의회와 위원회를 하나의 체계로 본다는 것은 곧 기능과 전문화, 분화와 통합, 적응과 안정성을 강조하는 것이다. 즉, 미국 의회가 제대로 작동하고 있으며 의회 내의 갈등이 최소화되어 있다고 보는 것이다. 이는 1950년대까지는 통할 수 있었으나, 민권 이슈와 위대한 사회 프로그램들이 정당 내부와 정당 간의 갈등과 대결을 야기했던 1960년대부터는 설득력을 잃게 되었다.[10]

사회학적 접근 대신 메이휴는 경제학적 접근을 제시했다. 의회 연구의 분석단위가 개인이라면, 개인들의 행태는 당연히 '합목적적 행위(purposive behavior)'로 이해되어야 한다는 것이다. 의회에 내장된 규범과 역할 의식이 개별 의원들의 행태를 끌어내는 것이 아니라, 개별 의원들은 자신의 목적에 따라 행동하고, 그 총합에 의해 의회의 의사결정 과정과 정책산출이 결정된다.[11] 그렇다면 의원들의 합목적적 행태를 이론화할 수 있을까? 각자 다른 목적을 지닌 의원들의 행태를 일반화하고 이로부터 의회 제도와 과정, 정책산출에 대한 영향을 도출할 수 있을까?

이를 위해 메이휴는 극도의 추상화를 시도한다. 의원들의 목적이 '재선'에만 있다고 전제한 것이다. 메이휴에 따르면 의원들은 "재선을 추구하는 데만 관심이 있는 존재(single-minded seekers of reelection)"이다.[12] 이에 대해 메이휴는 간략한 근거를 제시한다. 첫째, 이 전제는 정치 현실에 잘 부합한다. 둘째, 미국 정치에 대한 분석들에서 근거 없이 떠도는 정당이나 이익집단 같은 존재 대신에 정치인을 직접적으로 조명하게 해 준다. 셋째, 정치 현상은 권력을 장악하고 유지하려는 인간들 간의 투쟁과 그 결과로 보아야 가장 잘 연구될 수 있다. 넷째, 재선의 추구는 의원과 유권자 간의 책임성(account-ability) 관계와 직결되며, 책임성이야말로 민주주의 이론에서 핵심적 위치에 있다.[13]

의원들의 목적이 오직 재선에만 있다는 전제는 얼마나 타당할까? 뒤에서 살펴보겠으나, 메이휴 직전에 출판된 저서에서 페노 역시 의원들의 목적으로부터 위원회들의 행태에 대한 분석을 시작했다.[14] 그러나 페노는 의원들의 목적이 다양하다고 전제했다. 재선뿐 아니라 원내 영향력의 확보와 정책적 목표 달성을 세 가지 주요 목적으로 설정했던 것이다. 메이휴도 이를 의식한 듯 페노의 다양한 목적(multiple goals)에 대해 언급하지만, 단일 목적과 다양한 목적이라는 두 전제들이 지닌 차이점이나 타당성에 대해 논의하지 않는다.* 현실적으로 의원들이 재선 이외의 목적을 추구할 수 있을 것이나, 재선이야말로 다른 목적이 달성되기 위해서 가장 먼저 추구되어야 하는 일차적인(proximate) 목적이라는 것이다. 따라서 의원과 의회의 행태에 대한 일반론적(universal) 이론을 구축하기 위해서는

---

* 메이휴는 원내 영향력과 정책적 목적에 대해 뒤에서 논의하겠다고 밝히고 있으나, 일반 의원들의 이러한 목적에 대해 더는 논의하지 않는다. David Mayhew, *Congress: The Electoral Connection*, Yale University Press, 1974, p. 16 참조. 다만, 의회 지도부와 위원회 지도부와 연관해서 부분적으로 논의할 뿐이다.

재선이라는 단일 목적을 전제해야 한다고 메이휴는 주장한다. 의원들이 오직 재선만을 추구하는 존재라는 전제 위에서 의원들의 행태에 대한 일반이론과 의회의 제도와 과정과 정책산출에 대한 이론을 구축하려는 것이며, 이 이론이 정치 현실을 얼마나 설명할 수 있는지 평가해 보자는 것이다.

그렇다면 현실적으로 의원들은 재선을 얼마나 의식할까? 대통령의 업무 수행에 대한 평가나 전국적인 정당 득표의 부침이 있는 가운데, 개별 의원들이 선거 결과에 얼마나 영향을 미칠 수 있을까? 또 현역의원들이 90퍼센트 이상 재선에 성공하는 '현직의 이점(incumbency advantage)'이 있는데, 굳이 의원들이 재선에만 매달려야 하는가? 이에 대한 답을 메이휴는 경험적 관찰에서 찾는다. 다양한 의회 선거 자료들을 제시하면서 메이휴는 상당수 의원들이 힘겨운 승리를 거두었거나 주기적으로 예비선거와 본선거에서 패배했음을 보여준다. 또한 주기적으로 전국적인 정당 득표의 부침이 발생하는데, 의원들은 이에 대해서는 영향을 미칠 수 있다고 생각하지 않는다. 그러나 자신의 지역구에 관한 한, 자신의 노력 여하에 따라 득표에 큰 영향을 미칠 수 있다고 생각한다는 것이다.[15] 또한 현직의 이점과 무관하게 대부분의 의원들은 다가오는 선거 결과가 불확실하다고 판단한다. '안전한' 의석 덕분에 선거에 무관심한 것이 아니라, 의원들의 노력 덕분에 재선에 성공해 왔다는 것이다.[16]

다음 단계에서 메이휴는 재선의 단일 목적과 의원들의 행태에 대한 인과관계를 설정한다. 다운스의 '정당 차이 기대치(expected party differential)' 개념을 빌려 메이휴는 '현직 차이 기대치(expected incumbent differential)'라는 개념을 제시한다. 현직 차이 기대치란 연관된 정치 행위자들이 현직 의원이 재선에 성공할 경우와 도전자가 의회에 진출할 경우 기대할 수 있는 혜택의 차이를 말한다.[17] 재선에 몰두하는 의원들은 이 현직 차이 기대치를 예의 주시하게 된다는 것이다. 여기에서 연관된 정치 행위자들이란 단순히 지역구의 유권자들만이 아니다. 예비선거와 본선거에서 사용될 수 있는 자원을 지닌 모든 행위자들이다. 즉 정치자금, 공개적 지지(endorsement), 선거운동 조직 등에 연관된 정치 행위자들이다. 이들은 현직 차이 기대치에 따라 선거 결과에 큰 영향을 미칠 자원을 현직 의원 또는 도전자에게 배분한다. 따라서 재선에 몰두하는 의원들은 예비선거와 본선거에서 사용될 자원의 분포가 자신에게 유리해야 하므로, 연관된 정치 행위자들의 현직 차이 기대치가 유리해지도록 만들기 위해 노력한다는 것이다.

이를 위해 의원들은 구체적으로 어떤 행동을 할까? 메이휴는 의원들의 전형적인 의정 행태를 세 가지로 분류한다. 첫째는 '자기 선전하기(advertising)'로, 자신에게 유리한, 그러나 이슈와 연관된 내용은 별로 없는 메시지를 유권자들에게 널리 유포하는 것이다. 의원들은 지역구를 자주 방문하고, 뉴스레터를 꾸준히 발송하며, 지역구민들에게 비정치적인 연설을 빈번히 하곤 한다. 현직의 이점 중 하나가 도전자들보다 널리 알려져 있다는 점인데, 이는 의원들이 이 선전 활동에 시간과 자금과 노력을 쏟았기 때문이다.[18]

두 번째는 '공치사하기(credit claiming)'이다. 연관된 행위자들이 바라는 바를 의원 자신이 이루어 주었다고 믿게 만듦으로써 현직을 유지하는 데 도움이 되게 하는 것이다.[19] 의정 활동의 상당 부분은 이처럼 다양한 개인과 집단에게 특정된 혜택(particularized benefits)을 제공하여 공치사를 할 기회를 포착하는 데 쓰인다. 공치사의 대상은 다양하다. 이 중 하나는 청탁(casework)으로, 지역구민 자녀들의 입학 추천서를 써 주는 것부터 지역구 지방정부들에게 연방정부 지원금에 대한 정보를 제공하는 것까지 다양한 편의를 제공한다. 이보다 규모가 큰 것은 연방정부 사업 예산의 일부분을 지역구에 돌아가도록 하는 일이다. 도로나 댐 건설 사업 같은 것을 지역구에 유치하고 이에 대해 공치사를 한다. 이 밖에도, 특정한 이슈와 연관된 집단들에게 특정한 법안을 폐기하는 데 일정한 역할을 했다고 공치사하는 경우도 흔하다. 지역구민이 아니더라도, 입법과정에 관심이 많은 관련 집단들이 지역구 선거에 영향을 미칠 수 있기 때문이다.

마지막으로 메이휴는 '입장 세우기(position taking)'를 지적한다. 입장 세우기란 정치 행위자들이 관심을 갖는 이슈들에 대해 자신의 입장을 공개적으로 선언하는 것이다. 입장 세우기는 본회의 표결에서부터 본회의장 연설, 기자회견, TV 인터뷰, 뉴스레터 발송 등 다양한 방식으로 이루어진다. 대상 이슈들은 특정한 정책적 목표와 연관된 것일 수도 있고, 수단에 관한 것일 수도 있다. 예컨대 전쟁을 종식시켜야 한다거나 종전을 할 수 있는 방법은 UN을 통하는 것이라고 선언하는 것이다. 문제는, 표결을 통해서든 연설을 통해서든 이 입장 세우기가 문제의 해결에는 별 도움이 되지 않는다는 데 있다. 특히 해당 이슈에 대한 책임이 분산되어 있는 경우, 입장 세우기는 선언적 의미를 넘어서지 않는다. 다만 관련된 정치 행위자들의 호감을 사기 위한 방편일 뿐이다.[20]

미국 의회의 제도들은 의원들의 이러한 활동을 원활히 돕도록 조직되어 있다.[21] 우선 각 의원의 개별 사무실은 막대한 인적·물적 자원을 지니고 의원의 자기 선전과 입장 세우기, 공치사 활동을 지원한다. 이 자원은 다수당 여부나 선임제를 불문하고 모든 의원들에게 골고루 지원된다. 둘째, 위원회 제도 역시 의원들의 재선을 위한 활동에 적극적으로 활용된다. 공공사업위원회(Public Works Committee) 같은 위원회들은 당연히 특정화된 혜택의 배분 활동에 직결되며, 외교위원회(Foreign Affairs Committee) 같은 위원회들은 입장 세우기의 장이 되기도 한다. 특히 위원회 제도는 의원들 간에 분업을 가능하게 함으로써 특정 정책분야에 대한 의원들의 영향력을 최대화시켜 준다. 특정 분야와 연관된 정치 행위자들과 집단들에게 의원들이 공치사와 입장 세우기 활동을 원활히 할 수 있게 해 주는 것이다. 의회 내의 정당 조직도 의원들의 재선을 위한 활동에 장애가 되지 않도록 기능한다. 정당 방침을 따라야 하는 책임정당정부제와 달리, 미국의 정당은 의원들이 자신의 필요에 따라 표결하는 것을 허용한다. 이 시기에 정당 표결(party voting)은 최저 수준까지 낮아진 바 있다.[22]

이처럼 의회 제도가 의원들의 필요를 충족시켜 주는 가운데 의원들 각자가 오직 재선에 도움이 되는 일에만 집중한다면, 그 집합적 결과는 어떻게 될까? 미국 의회는 입법기관으로서 역할을 얼마나 충실히 수행하는가? 메이휴는 일반적인 의회의 기능들을 기준으로 미국 의회를 평가한다. 우선 여론을 대변하는 기능에 있어서 미국 의회는 대단히 효과적이다. 의원 535명 각자가 지역구의 여론에 귀를 기울이고 입장 세우기 활동을 하기 때문에 유권자들의 견해는 곧바로 전달된다. 오히려 이 기능을 수행하는 데 있어서 미국 의회는 과도할 정도여서, 행정부에 대한 비판이 남발되기도 하고, 여론의 추이

가 여과 없이 표출되기도 한다.[23]

둘째, 유권자들의 요구를 처리하는 데 있어서도 미국 의회는 탁월하다. 공치사 기회를 찾는 데 집중하는 의원들로서는 유권자들의 요구를 들어주고 특정화된 혜택을 나누어 주어야 할 강한 동기를 지니고 있다. 이 기능이 너무 발달되어 있어서 행정 절차나 관료제의 문제점들이 근본적으로 개선되지 않다는 비판이 있을 정도이다.[24] 문제가 있어야 이에 대한 유권자들의 불만과 요구가 생기고, 의원들이 공치사의 기회를 포착할 수 있기 때문이다. 또한 특정화된 혜택의 배분에 있어서 사회경제적 지위가 높은 집단들에게 혜택이 더 많이 제공된다는 문제도 지니고 있다. 그럼에도 불구하고 미국 의회는 유권자들의 요구가 가장 많이 전달되고 처리되는 의회이다.[25]

마지막으로, 가장 중요한 기능인 입법과 행정부 감독에 있어서 미국 의회는 어떻게 평가할 수 있을까? 메이휴는 미국 의회가 국민투표식 모델(referendum model)이 아님을 강조한다. 표결하는 법안이 외부에서 미리 마련된 것이고, 의원들끼리 서로 소통하지 않으며, 통과된 법안이 문구 그대로 자동적으로 집행되는 국민투표식 입법 과정이 아니라는 것이다. 미국 의회에서 의원들은 서로 흥정하여 표를 교환할 수도 있고, 표결할 법안의 내용을 스스로 결정하며, 법안이 집행되는 방식에 대해 사전에 영향력을 확보해 둘 수도 있다.[26]

이러한 입법과정은 의원들의 공치사 동기와 입장 세우기 동기에 의해 지배된다. 우선 특정화된 혜택이 확보될 수 있는 법안들에 있어서 의원들은 각자 공치사를 위해 반드시 승리하려 드는데, 모든 의원들이 승리하려 들기 때문에 서로 혜택을 나누어 갖게 된다. 예를 들어 연방정부 토목사업들을 다루는 국토위원회(Interior Committee)는 회기마다 엄청난 수의 법안들을 양산하며, 95퍼센트 이상의 법안이 표결에 부쳐지지조차 않는다. 또 여러 가지 특혜 법안들이 하나의 종합법안(omnibus bill)으로 묶여서 처리되기도 한다.[27]

그러나 특혜가 포함되지 않은 법안들의 경우는 공치사의 기회가 없기 때문에 법안의 처리가 의원들의 관심을 끌지 않는다. 이러한 법안에 시간과 노력을 들이는 것은 비효율적이다. 재선과 연관하여 이러한 법안들이 지니는 의미는 입장 세우기에 있다.[28] 즉, 중요한 것은 해당 법안에 대해 어떤 입장이 재선에 유리한가이지 법안이 통과되거나 제대로 집행되는가가 아니다. 따라서 의원들은 법안의 통과 여부, 혹은 자신이 이기는 쪽에 서는지의 여부에 관심이 없다. 의원들이 법안 표결에서 지는 쪽에 있다 하더라도 이는 재선에서 부담으로 작용하지 않는다. 정책 실현 여부와 상관없이 자신의 지지자들에게 입장 표명을 했기 때문이다.

입법과 행정부 감독에 있어서 이와 같이 공치사와 입장 세우기 동기들만이 작용한다면 정책결정에 대한 효과는 다음과 같이 나타난다. 우선, 지연(delay) 효과다. 주요 법안들의 입법이 제때 이루어지지 않는 것이다. 특정화된 혜택이 연관되지 않는 법안들에 대해서는 의원들이 별 관심이 없고, 법안 통과 여부가 중요하다고 여겨지지 않으며, 정책의 실현보다는 이슈화해 입장 세우기를 하고 선전을 하는 것이 보다 중요하기 때문이다.[29]

둘째, 특정화된 혜택으로 포장될 수 있는 형태로 정책들이 만들어지는 경향이 강하다. 예컨대 불황기에 경기부양책에 대한 법안이 처리되는 경우, 각 지역에 특정화된 혜택으로 공공사업을 나누어 주는 방식으로 입법화된다. 해당 의원들이 공치사를 할 수 있는 좋은

기회이기 때문이다.[30]

셋째, 정책결정에 있어서 조직화된 이익들의 영향력이 강하게 반영된다. 우선 각 지역구들에서 상당한 영향력을 미칠 수 있는 전국적 조직들의 입장이 존중된다. 예컨대 퇴직 군인들의 상여금을 인상하는 법안은 대통령이 거부권을 행사하더라도 양원에서 통과되곤 한다. 또한 상당한 자원을 지니고 의회의 움직임을 예의 주시하는 집단들 역시 해당 이슈의 처리 과정에서 그 입장이 존중된다. 특히 위원회 수준에서 해당 집단들과 후견관계(clientelism)가 수립되곤 한다.[31]

넷째, 법안이 상징(symbol)으로 처리된다.[32] 단순한 경우는 법안이 어떤 정책 효과도 담지 않고 상징적 태도만을 선언할 때다. 예를 들어, 공산주의를 배격하는 결의안이나 빈곤을 우려하는 결의안 같은 것들이다. 보다 교묘한 경우에, 의회는 일정한 정책 효과를 지향하고 있으나 이를 실현시킬 구체적 지침이 결여된 법안을 입법화한다. 재선의 관점에서 법안에 대한 입장 표명이 중요할 뿐 그 실현에는 관심이 없기 때문이다. 심지어 입법화된 정책의 혜택을 받는 집단과 입법과정의 청중이 다른 경우도 발생한다. 1960년 민권법의 경우, 그 혜택 대상은 남부 흑인들이었으나 동북부 백인들을 의식해 입법화되었다. 따라서 의회는 민권법의 실현과 효과에 대해서는 무관심했고, 실제 혜택은 미미했다. 이처럼 입장 세우기의 정치는 그 목적은 장황하지만 구체적 실현방안은 결여된 법안을 낳는다.

마지막으로, 미국 의회는 독특한 방식으로 가장 '민주적'이다.[33] 특정화된 이익이 연관되지 않은 법안의 경우, 그 정책 효과보다는 입장 세우기가 중요하기 때문에 의원들은 해당 이슈에 대한 여론을 주시하게 되는데, 정책 목적뿐 아니라 수단에 대한 의원들의 입장도 여론의 대상이다. 정책 수단에 대한 여론은 단순할 수밖에 없고, 이 여론에 따라 법안이 만들어지곤 하는 것이다. 정책의 목적과 효과, 그리고 실현 방안의 복잡성을 여론이 이해하지 않는 한, 미국 의회가 만들어 내는 법안들은 단순하거나 임기응변적이다.

이처럼 모든 의원들이 재선만을 추구하여 선전과 공치사와 입장 세우기에만 매달려서 정책적 결과가 지연과 나눠먹기(pork barrelling)식 특혜주의, 후원주의, 상징주의라는 제도적 위험(institutional peril)으로 귀결되는 입법기구가 존속할 수 있을까? 최소한의 입법 기능을 수행하지 못하는 의회가 어떻게 제도의 붕괴를 막아 왔을까? 분명한 사실은 미국 의회가 건국 이후 2백여 년간 경이로울 정도로 안정성을 유지해 왔다는 점이다. 부분적인 의회 제도와 절차가 수정되기도 하고 권력 구조가 변하기도 했지만, 전체적인 모습은 여전히 건국 당시와 크게 다르지 않은 것이다.

그 비결을 메이휴는 지도부(leadership)에서 찾는다. 맨슈어 올슨(Mancur Olson)의 집합행동의 논리(logic of collective action)를 빌려 메이휴는 의원들과 지도부의 관계를 설명한다. 즉, 의원들은 각자 재선에 몰두해야 하지만 그 집합적 결과가 제도적 위험으로 귀결되면 의회 자체의 위상과 권한을 유지할 수 없게 된다. 이렇게 되면 의원들의 재선에도 위험이 초래된다. 따라서 의원들은 의회의 권한과 위상을 지킬 수 있을 정도의 입법 활동을 지도부가 이끌 수 있도록 지도부에 권한을 위임하게 된다. 물론 지도부에 의한 입법 활동이 의원 각자의 재선에 위험을 초래하지 않는 한도 내에서다. 지도부에 속하는 의원들이라고 재선에 신경을 쓰지 않는 것은 아니지만, 이들은 상당한 자원과 시간과 노력을 들여 제도적 위험을 방지한다. 이들에게 의회 내의 지위와 권력이라는 선택적 유인(selective incentive)이 주어지기 때문이다. 이들이 입법기구가 마땅히 해야 할 '숙제'를 대신함으로써, 의원들 각자는 재선에만 매달릴 수 있으면서도 의회 전체로서는 최소한의 기능을 수행하여 의회의 권한과 위상을 지킬 수 있다는 것이다.[34]

메이휴가 말하는 지도부는 양원에서 선출된 정당 지도부와 하원의 세 '통제위원회(control committees)'이다. 우선 정당 지도부들은 입법과정에서 일어나는 지연과 특혜주의, 후원주의를 최소화하려고 노력한다. 정당 지도부들은 소속 정당과 이념에 치우치기보다는 제도 관리(institutional maintenance)의 역할을 수행한다. 어젠다를 통제하거나 입법절차를 조정함으로써 제도적 위험을 최소화하는 것이다. 하원의 세 통제위원회는 물론 세입위원회(Ways and Means committee), 세출위원회(Appropriations committees), 규칙위원회(Rules committee)이다. 이 위원회들은 하원 내에서 가장 큰 권한과 지위를 지니고 있고, 가장 중요한 업무를 관장하고 있다. 세입 및 재정과 연관된 모든 이슈들을 다루고, 특혜주의의 대상인 세출과 연관된 모든 법안들을 처리하고, 하원의 입법과정과 절차를 통제함으로써 이 세 위원회 소속 의원들은 의회의 위상과 권한을 지켜 내고 있다는 것이다.[35]

그럼에도 불구하고 미국 의회가 개인주의적 의회(individualistic assembly)의 본질적 성격을 벗어나는 것은 아니다. 여전히 개별 의원들은 재선에 몰두하여 선전과 공치사와 입장 세우기에만 매달리며, 의회 전체에 대한 집합적 결과는 지연과 특혜주의, 후원주의, 상징주의의 제도적 위험이다. 다만 의회 내 지위와 권력이라는 선택적 유인에 의해 동기 부여를 받은 지도부 의원들이 이 위험을 최소화하고 있다는 것이다. 따라서 페노가 말했듯이 "우리는 의원들을 좋아한다. [...] 하지만 의회를 좋아하지 않는 것도 분명한 사실이다."[36]*

메이휴의 유산

메이휴의 연구는 경험적임과 동시에 미국 의회에 대한 연역 이론을 구축한 작업이다. 의원들의 행태, 의회제도와 조직, 의회의 정책 산출 결과, 나아가 미국 민주주의의 본질적 성격까지 아우르는 미시적 이론을 수립하려 했던 것이다.

메이휴가 지닌 문제의식의 출발은 미국 의회의 독특성에 있었을 것이다. 다른 나라 입법부들과 비교하여 미국 의회의 독특성은 여러 가지로 거론되지만, 가장 두드러진 것은 입법과정과 결과가 정당들에 의해 전적으로 조직되지 않는다는 점이다. 양당제이고, 민주와 공화 양당이 주요 정책들에서 차별성을 지니고 있음에도 불구하고, 정당의 방침이 입법 결과를 예측하는 데 그리 성공적이지 못하다. 정당 단합도가 상당히 높다고 하더라도, 표결 결과는 몇몇 의원들의 이탈표에 의해 좌우되는 경우가 많다. 그렇다면, 미국 의회에 대해 정당만을 분석단위로 설정하게 되면 충분한 설명을 할 수 없다. 메

---

* 이것이 유명한 '페노의 패러독스'이다. 이에 대해 페노는 Richard F. Fenno, Jr., *Home Style: House Members in Their Districts*, Little Brown, 1978에서 상세히 설명하고 있지만, 메이휴는 이 책이 아니라 이전에 발표한 미출판 논문 "How Can We Love Our Congressmen"을 인용한다.

이휴의 이러한 문제의식은 다분히 경험적으로 뒷받침된 것이다. 메이휴 자신도 수행했지만, 당시 유행하던 참여 관찰과 심층 인터뷰 등을 통해 의원들이 정당에 의해 통제되지 않는다는 점을 확인했을 것이다.*

정당이 충분한 분석단위가 되지 못한다면 다른 대안적 분석단위는 무엇인가? 일반적으로 위원회나 이슈별 연합(coalition), 주 의원단(state delegation), 각종 의원모임(caucus)이나 파벌(faction) 등 다양한 분석단위를 설정할 수 있다. 당연히 의원 개인도 그중 하나일 수 있다. 여기서 메이휴는 과감한 추상화를 시도했다. 정당이나 다른 분석단위들을 일체 무시하고 의원 개인에만 초점을 둔 것이다. 합리적 개인을 전제하고, 의원 개인의 행태를 분석하여 그 총합을 미국 의회의 의사결정 결과로 간주하는 방식이다.

의원 개인의 행태에 대한 일반이론을 수립하기 위해 메이휴는 경제학적 접근을 선택했다. 합목적적 행위로 설정하여 의원들의 동기로부터 행태를 설명하려 했던 것이다. 의원들의 행태를 추동하는 동기는 무엇인가? 다시 한번 메이휴는 일반이론을 위해 고도의 추상화를 시도했다. 재선의 추구를 다른 모든 동기보다 우선하는 유일한 동기로 설정했던 것이다. 이 자체는 경험적인 진술일 수도 있으나, 연역적인 일반이론을 위해 고도의 단순화와 추상화가 필요했을 것이다. 오직 재선에만 몰두하고 다른 어떤 동기나 목적도 없이 행동하는 의원은 현실 세계에 드물다. 그러나 재선을 유일한 동기로 설정하고 이로부터 의원의 행태를 연역하여 현실에 대해 설득력 있는 설명을

---

* 메이휴는 도처에서 다른 의회 연구자들과 자신이 수행했던 인터뷰를 소개하고 있다.

할 수 있다면, 이론화 작업이 성공했다고 평가할 수 있을 것이다.

재선만이 유일한 동기라면, 이 목적으로부터 어떤 행태를 추론할 수 있을까? 당연히 재선에 영향을 미칠 수 있는 연관된 정치 행위자들의 호감을 살 수 있는 행위들일 것이다. 메이휴는 이를 자기 선전하기, 공치사하기, 입장만 세우기의 세 가지로 분류하여 추론했다. 나아가 이 세 가지 행태가 지배하는 미국 의회의 제도적 산출은 지연과 특혜주의, 후견주의 및 상징주의로 귀결되는 것으로 추론했다. 이러한 연역 작업을 통해 메이휴는 의회 행태에 대한 일반이론을 수립한 것이며, 이 이론이 현실을 잘 설명한다는 것을 경험적으로 보여 주었던 것이다.

메이휴의 연구는 미국 의회 연구에 있어서 패러다임 전환과 같은 효과를 가져왔다고 평가된다.[37] 미국 의회 연구가 사회학적 접근에서 경제학적 접근으로 변화하고,[38] 합리적 선택론과 제도주의를 통해 방법론적으로 고도화되는 길을 열었던 것이다.[39] 메이휴가 개발하거나 직접적으로 활용한 것은 아니지만, 그의 이론과 이론적 전제는 이후 미국 의회를 연구하는 방법론적 근거가 되었다. 세 가지 측면에서 그의 이론이 미친 영향을 살펴볼 수 있다.

우선 메이휴의 개인주의적 접근이다. 메이휴는 미국 의회가 정당을 통해서는 완전히 연구될 수 없음을 경험적으로 깨달았고, 의원 개인들의 독립성이 대단히 강하다고 평가했다. 따라서 분석 수준을 개인에 두는 이론을 수립하려 했다. 정당 단합도와 기율이 약한 미국 의회의 특성을 감안할 때 타당한 시도이지만, 그렇다고 개인주의적 접근 역시 미국 의회에 대해 완벽한 설명을 제공한다고 볼 수는 없다. 다운스식 접근에 대한 '해독제', 혹은 보다 나은 설명이 될 수 있을지언정, 완전한 대체물로 제시되었던 것은 아니다. 메이휴 자신의 표현대로, 그의 이론도 '과장과 편중(highlighting and localism)'에서 벗어나지 못했던 것이다.[40]

그럼에도 불구하고 미국 의회의 제도적 의사결정을 의원 개인들의 선호의 총합으로 간주하고 의원 개인들의 선호와 행태를 분석하는 것은 이후 지배적인 접근이 되었다. 더는 위원회나 의회 전체의 제도적 특성이나 규범 같은 것들은 중요하게 여겨지지 않게 되었고, 의회의 의사결정은 하원의원 435명, 상원의원 100명, 양원 535명의 개인적 선택들로 분해되었다. 이로써 미국 의회에 대한 연구에 합리적 선택론과 수학적 모델을 적용할 수 있게 되었던 것이다. 방법론적 고도화를 이룬 것은 인정되지만, 근본적인 문제가 남는다. 미국 의회와 의원이 아닌, 다른 조직과 구성원들 100명, 435명, 535명이 모여 의사결정을 한 것과 무엇이 다른가?

둘째, 의원들의 동기가 재선의 단일 목적이라는 전제 역시 이후 대부분의 연구들이 당연시하게 되었다. 의원들의 행태를 추동하는 요인이 단 하나이고, 재선의 추구가 다른 모든 목적에 우선한다는 전제는 메이휴의 연역 작업을 단순화하기 위해 필수적인 것이었다. 그 결과 의원과 의회의 행태에 대한 간결하고 강력한 이론이 구축되었다. 메이휴도 인정하듯이, 이는 이론 수립을 위한 '분명 과도한 (obviously goes too far)' 단순화였다.[41]

그러나 이후의 연구들은 메이휴의 전제를 당연한 것으로 받아들였다. 대부분의 연구들이 재선이 유일한 목적인 의원들의 선호가 유권자들에 의해 외생적으로(exogenous) 결정되고 고정적인 것이라고 간주하곤 했다. 그렇게 해야 의원들의 선호 분포를 일원적인 공간 모델을 통해 분석할 수 있게 되는 것이다. 결과적으로 의회 내부적인 요소들, 곧 정당이나 지도부나 위원회 등의 영향은 배제된다. 다만 유권자들에 의해 결정된 의원들의 선호 분포에 따라 의회의 의사결정 결과가 계산된다.

셋째, 메이휴의 연역 이론은 마지막 단계에서 난관에 봉착한다. 미국 의회가 막대한 제도적 위험을 지녔음에도 불구하고 입법부로서 유지되고 있는 현실을 설명할 수 없는 것이다. 이를 메이휴는 자신의 이론 외부에서 경험적으로 해결했다. 지도부와 핵심 위원회의 역할에서 그 이유를 찾았던 것이다. 이들이 자신이 추론했던 세 가지 행태를 뛰어넘어 의회의 제도적 위험을 해결하는 역할을 수행해 왔다는 추가 설명이다. 그렇다면 이들의 행위는 어떻게 설명될 수 있을까? 메이휴는 이를 다시 의회 내의 지위와 권력이라는 선택적 유인을 동원하여 보완적으로 설명했다. 입법부 기능의 유지라는 공공재의 공급을 위해 의원들이 지도부에 지위와 권력을 위임해 주고, 지도부는 이 권한을 지니고 제도적 위험을 해소하는 역할을 수행한다는 것이다.

메이휴의 연역에서 이 부분은 돌출적이다. 분석단위가 의원 개인에서 정당 지도부와 통제위원회 소속 의원들로 확대되었고, 행동의 동기가 재선만이 아니라 의회 내의 지위와 권력을 포함할 수 있음을 인정했던 것이다. 미국 의회는 여전히 재선만이 목적인 의원 개인들에 의해 움직여지지만, 제도적 위험을 관리하는 범위 내에서는 지도부가 의원들에게 영향력을 행사하는 셈이다. 지도부와 의원들 간에 메이휴가 설정했던 이러한 관계는 이후 많은 연구들에서 주인-대리인(principal-agent) 관계로 규정되었다.[42] 주인으로서 의원들은 집합행동의 문제를 해소하기 위해 지도부에 권한을 위임하고, 대리인으로서 지도부는 주어진 권한 내에서 수동적으로 역할을 수행한다는 것이다. 물론 지도부나 정당의 역할을 아예 인정하지 않는 경향도 강하지만, 지도부의 역할을 인정하는 연구들도 지도부의 영향력을 주인-대리인 관계의 범위 내로 한정했던 것이다.

미국 의회 연구들에 메이휴가 미친 영향은 두 가지 대표적인 연구들에서 확인해 볼 수 있다. 첫째는 지난 반세기 동안의 의회 연구들 중 메이휴가 가장 '우아한(elegant)' 이론이라고 평가한[43] 키스 크레비엘(Keith Krehbiel)의 '중추 정치(pivotal politics)' 이론이다.[44] 크레비엘의 문제의식은 어떻게 미국 의회가 '교착상태(gridlock)'를 돌파하여 입법에 성공함으로써 새로운 정책을 수립하는가에 있다. 여기서 교착상태는 곧 현상유지(status quo)이고, 새로운 법이 만들어지는 것은 기득권이 깨어지는 것을 의미하는데, 이는 점진적일 수도 혁신적일 수도 있다.

크레비엘은 우선 진보에서 보수에 이르는 연속선으로 이루어지는 일차원의 정책 공간을 설정한다. 모든 의원들은 이 공간상의 어느 한 점에 선호를 지닌다. 의원들의 선호는 유권자들에 의해 외생적으로 주어지며 고정불변이다. 이제 입법 게임의 규칙이 도입된다. 중위투표자론이 제시하듯이, 단순 다수의 찬성으로 법이 만들어지는 것이 아니다. 입법이 성공하기 위해서는 두 가지 조건이 필수적이다. 첫째, 상원에서 필리버스터를 막아야 한다. 곧 토의종결을 위해 60명의 상원의원의 지지가 필요하다. 둘째, 대통령이 거부권을 행사할 경우 재의결할 수 있어야 한다. 곧 상원에서 67명, 하원에서 290명의 지지가 필요하다. 두 조건이 충족되어 슈퍼 다수(super majority)가 이루어지지 못할 경우는 교착상태, 곧 현상유지다.

따라서 대통령이 지지하는 법안이 입법에 성공하기 위해서는 법안의 내용이 정책 선호의 분포 공간에서 60번째 상원의원의 선호에 맞아야 한다. 그래야 필리버스터를 막고 법안이 양원을 통과할 수 있다. 대통령이 거부권을 행사하려는 법안의 경우에는 67번째 상원의원과 290번째 하원의원의 선호대로 법안이 만들어져야 한다. 그래야 대통령이 거부권 행사를 포기하거나 양원이 재의결할 수 있다. 이들이 바로 입법과정의 열쇠를 쥐고 있는 중추(pivot)이다. 원안이 어떻든 간에, 교착을 뚫고 입법이 성공하기 위해서는 법안의 내용이 이 중추 행위자들의 선호에 따라 수정되어야 한다는 것이다.

이 단순한 논리가 중추 정치 이론(pivotal politics theory)으로 제시된 후 지난 20여 년간 많은 논쟁이 벌어져 왔다. 한 연구에 따르면, 90여 편의 논문과 저술이 이 이론을 두고 논쟁을 벌여 왔고, 크레비엘 역시 다양한 사례들을 통해 자신의 이론을 입증하려 했다.[45] 자신의 연역 이론이 논리적 일관성을 갖추고 있고 실제 사례들의 결과를 정확히 예측한다면 옳은 이론이라는 입장이다.*

크레비엘의 이론은 메이휴와는 다른 주제를 다른 방식으로 다루고 있는 듯이 보이지만,** 메이휴의 이론이 바탕이 된 것이다. 입법과

---

* 아무리 많은 사례들을 중추 정치 모델로 설명한다 해도 이 이론은 검증되지 않는다. 적용될 수 있는 사례들만 제시되기 때문이다.
** 특히 크레비엘의 입법과정은 주어진 법안에 대해 외생적으로 주어진 의원들의 선호가 독립적으로 배열되어 있다는 점에서 메이휴가 말한 '국민투표식 과정(referendum)'에 가깝다. 미국 의회의 입법과정은 법안의 내용을 의회가 만들고, 의원들 간에 협상과 교환이 벌어지며, 법안의 집행 자체에도 영향을 미칠 수 있다는 점에서 국민투표식 의회가 아니라는 것이 메이휴의 입장이다. David Mayhew, *op. cit.*, pp. 110-111 참조. 메이휴의 개인주의적 의회 이론을 극대화하면 메이휴를 벗어나게 되는 역설적 상황이다.

정과 결과를 의원 개인의 수준에서 분석하고 있는 점이나, 재선만이 목적인 의원들의 선호가 지지층에 의해 외생적으로 고정불변으로 주어진다는 전제가 동일하다. 미국 의회 연구에 있어서 메이휴 이론의 전제와 관점, 방법이 지배적이 되면서, 이런 이론까지 발전된 것이다. 중추 정치 이론에 대해 다양한 비판이 제기될 수 있으나,[46] 가장 큰 문제는 크레비엘의 의회에는 '정치'가 없다는 점이다. 정당이나 지도부는 애초에 전제에서부터 무시되어 있다. 오직 유권자들의 선호만이 존재할 뿐, 의원들조차도 유권자들의 선호를 자동적으로 전달하는 존재에 불과하다. 메이휴가 설정했던 의원들의 행태도 존재하지 않는다. 공치사와 입장 세우기를 통해 의원들이 법안들을 어떻게 변질시키는지, 그 과정과 결과가 끼어들 여지가 없다. 외생적으로 주어진 중추 행위자의 선호를 향해 법안이 수정되거나 폐기되는 과정만이 존재할 뿐이다.

따라서 크레비엘의 이론의 종착점에는 미국 민주주의와 미국 의회에 대한 근심이 없다. 애초에 그의 문제의식이 교착과 현상유지의 돌파에 있었던 것을 감안하면 역설적이다. 메이휴는 재선의 동기와 의원 행태의 인과관계를 설정하여 설명한 후 그 총합이 제도적 위험이라는 것을 발견하고, 제도의 관리를 위해 지도부와 통제위원회의 역할을 재설정했다. 그러나 크레비엘의 의회는 60번째 상원의원과 290번째 하원의원의 선호만이 작동하기 때문에, 중대한 정치변동이 없는 한, 점진적 변화만이 가능한 현상유지 편향적 입법부이다. 정당과 지도부가 없으므로 이에 대한 해결책이 존재할 수 없다.

중추 정치 이론과 상반되는 이론이 조건적 정당정부론(conditional party government)이다. 메이휴의 이론이 제시된 직후인 1970년대 초, 중반부터 기존 의회 연구들에 대한 반증들이 나타나기 시작했다.[47] 제7장에서 논의하듯이, 위원장들을 선임제가 아닌 의원총회(party caucus)의 표결로 선출하게 된 것이라든가, 소위원회 권리장전(subcommittee bill of rights), 예산위원회와 과정의 변화, 복수 송부(multiple referral)의 활용, 위원회 배정 방식의 변화 등 무엇보다도 의회 내 권력 분배에 큰 변화가 일어나게 된 것이다. 애초에는 이 의회개혁이 한편으로는 소위원회와 개개 의원들의 권한을 증대시키면서 다른 한편으로는 지도부와 정당의 역할을 동시에 증대시키는 것으로 평가되었다. 그러나 이후 다양한 연구들이 축적되면서[48] 점차 정당 지도부로 권력이 집중되는 것으로 진단되었다. 재선에 몰두하는 의원들이 왜 정당 지도부의 권한을 강화시켜 주었는가? 왜 스스로 자율성을 통제당할 수 있는 상황을 초래했는가? 이를 설명하기 위한 시도가 데이비드 로디(David Rohde)와 존 알드리치(John H. Aldrich) 등이 제기한 조건적 정당정부론이다.[49]

조건적 정당정부론자들도 의원들이 재선에 집중하고 선거에서 정당 지도부와 독립적이라는 메이휴의 전제를 받아들인다. 그러나 재선을 단일 목적이라고 간주하지 않으며, 페노를 따라 다양한 목적을 상정한다. 재선뿐 아니라 의회 내 영향력과 정책적 목적에 따라 행동한다는 것이다. 의회 내 영향력은 소속 정당이 다수당이 되어야 증대하므로, 의원들은 선거에서 자신의 성공만이 아니라 소속 정당의 성공도 바라게 된다. 또 정책적 목적은 정치활동가들이나 예비선거 투표자들과 같은 핵심 유권자들의 지지를 확보하는 데 필요하다. 따라서 의원들은 세 가지 목적, 즉 재선, 의회 내 영향력, 정책적 목적을 고려하여 행동하게 된다.

조건적 정당정부론자들도 세 목적이 상충할 경우 재선이 우선한다는 데 동의한다. 이 경우 의원들은 강한 정당 지도부를 원하지 않을 것이다. 재선을 위태롭게 하는 선택을 강요당할 수 있기 때문이다. 따라서 의원들은 지도부에 강한 권력을 위임하지 않는다. 반면에, 세 목적이 상충하지 않는다면 의원들은 정당 지도부에 보다 큰 권력을 허용하게 된다. 강한 지도부가 정당을 잘 이끌어서 자기 당의 위상을 높이고 궁극적으로 선거에서 승리하도록 하려는 것이다. 또한 유권자 지지기반을 확충하고 공고히 할 수 있는 정책 프로그램들을 지도부가 성공적으로 만들어 내는 것도 소속 의원들과 정당의 선거 승리에 큰 도움이 될 수 있다.

　그렇다면 재선과 의회 내 영향력과 정책적 목적이 상충하지 않게 되는 경우는 언제인가? 어떤 조건하에서 세 목적이 일치하는가? 조건적 정당정부론자들이 주목하는 조건은 바로 정당 내 선호의 동질성(preference homogeneity)과 정당 간 선호의 이질성(preference heterogeneity)이다. 같은 정당 소속 의원들의 정책 선호가 유사하다면, 이들은 특정한 정책 프로그램을 수립하고 정당의 선거 승리를 위해 단합하게 된다. 또한 상대 당과의 정책 선호의 차이가 크면 클수록, 자기 정당의 입법적 성공과 선거 승리를 위해 단합한다. 곧 원내 정당 간 선호의 양극화가 정당정부를 출현시키는 조건이자, 의원들이 자발적으로 정당 지도부에 강한 권력을 위임하게 되는 조건인 것이다.

　1970년대 이후 선거 구도의 변화가 이러한 조건을 충족시켜 주었다는 것이 이들의 주장이다. 1960년대 위대한 사회와 민권법 등에 의해 뉴딜의 정당 지지구도가 해체되기 시작했다. 남부에서 공화당이 득세하고 민주당은 보다 진보적인 색채를 띠게 되면서, 피오리나가 말하는 '정돈'이 이루어진 것이다.[50] 즉, 보수적이면서도 과거 민주당을 지지했던 유권자들이 공화당 지지로 돌아섰고, 진보적이면서도 공화당을 지지했던 유권자들은 민주당을 지지하게 되었다. 더욱이 정치활동가들과 예비선거 투표자들과 같은 양당의 핵심 지지세력들은 이념적으로 더욱 양극화되었다.

이러한 정당 지지구조의 재편과 이념적 양극화의 결과, 의회 내에서 양당 의원들의 이념 차이는 크게 증가했다. 특히 공화당 의원들의 경우 보다 보수화되었고, 민주당의 경우도 남부 의원들의 몰락으로 당내 보수파가 크게 위축되었다. 정당 내 선호의 동질성과 정당 간 선호의 이질성이 이루어진 것이다. 이제 양당 의원들에게 있어서 자신의 재선과 자기 당의 성공, 이를 위한 핵심 정책 프로그램의 수립은 상충하지 않게 되었다. 따라서 의원들은 자기 당 지도부의 권한을 크게 강화시켜 자기 당의 정책 성공과 선거의 승리를 이루려고 했던 것이다. 1970년대 중반 민주당의 개혁과 1990년대 중반 뉴트 깅리치(Newt Gingrich)에 의한 공화당 개혁이 이러한 맥락에서 이루어진 것이라고 조건적 정당정부론자들은 설명한다.

조건적 정당정부론자들은 정당과 지도부의 중요성을 강조한다는 점에 있어서 메이휴 이론과 다른 듯 보이지만, 출발점은 메이휴 이론이다. 정당 내 동질성과 정당 간 이질성이 증대하는 특수한 조건하에서 메이휴의 의회가 변하게 되었다고 설명하는 것이다. 특히 알드리치와 로디는 메이휴를 정면으로 비판하면서도, 메이휴가 틀린 것이 아님을 거듭 강조한다.[51] 메이휴가 안정적이라고 여겼던 선거구도가 변했기 때문에 양당의 이념적 양극화와 정당정부가 출현했다는 것이다.

반면에, 의원들의 목적을 재선에 국한하지 않은 것은 이들의 이론을 메이휴 이론과 다르게 보이도록 해 준다. 페노의 다양한 목적을 부활시킴으로써 1970년대 이후 미국 의회에서 정당과 지도부의 역할이 커지고 있는 이유를 설명할 수 있게 된 것이다. 메이휴가 자신의 이론을 벗어나서 설명했던 정당 지도부와 통제위원회의 역할을 조건적 정당정부론이 이론화한 셈이다. 이런 점에서 이 이론은 메이휴 이론의 보완이자 발전으로 평가할 수 있다. 더욱이 조건적 정당정부론 역시 의원들과 지도부의 관계를 주인-대리인 관계로 설정했다는 점에서 메이휴 이론과 맥락을 같이한다. 즉, 정당 지도부의 리더십이 강해지는 것은 소속 의원들이 허용하는 범위 내에서이고, 적극적이고 능동적인 지도부의 역할도 의원들이 받아들여야 가능한 것이다. 메이휴의 지적대로, 미국 의회는 본질적으로 '개인주의적 입법부(individualistic assembly)'이기 때문이다.[52]

페노의 복귀

합리적 선택론과 제도주의, 수학적 모델들을 통한 미국 의회 연구는 눈부신 방법론적 발전을 이루었고, 많은 연구 성과들을 축적했다. 미국 의회에 대한 연구 주제가 거의 소진되었다고 평가되던 1980년대 후반 이후 특히 새로운 방법을 동원하여 의회의 다양한 측면을 재조명하는 연구들이 양산되었다. 다른 한편, 정당과 지도부에 대한 20여 년간의 논쟁에서 드러났듯이, 개인주의적 접근으로 인해 의회 정치와 이를 둘러싼 정당정치 및 선거정치의 정치적 맥락이 파악되지 못했다는 비판이 가능하다. 메이휴조차 "방법론적 세련됨 이외에 무엇이 우드로 윌슨의 연구보다 나은가"라고 반문할 정도이다.[53] 이런 결과에 대해 메이휴에게 책임을 물을 수는 없겠으나, 개인 주의적 접근과 합리적 선택론에 의한 미국 의회 연구의 출발점이 메이휴의 연구였음은 부정할 수 없다. 이 지점에서 메이휴의 저서보다 1년여 먼저 출판된 페노의 연구를 검토할 필요가 있다.

개인 수준의 합목적적 행위를 통해 미국 의회를 분석한 것은 페노가 처음이다. 원래 페노는 1960년대에 세출위원회를 분석하면서 사회학의 구조기능주의를 도입했었다. 세출위를 하나의 독립적인 사회 체계(self-contained social system)로 파악하여 통합과 적응, 역할 등의 개념들을 통해 의사결정을 분석했던 것이다.[54] 이 연구를 확장하여 하원의 6개 위원회를 비교 분석하게 되면서 페노는 사회 체계의 관점을 포기하게 되었다. 세출위와 달리 다른 위원회들은 하나의 사회 체계로 보기 어려웠기 때문이다.[55] 대신에 페노는 각 위원회의 조직과 정책산출에 위원회 소속 의원들의 기여가 결정적임을 발견했다. 따라서 위원회들을 비교하는 출발점을 소속 의원들이 추구하는 목적으로 설정했던 것이다.

메이휴와 달리 페노는 의원들의 목적이 다양하다고 상정했다. 재선과 의회 내 영향력, 그리고 정책적 목적 등이다. 의원들마다 이 세 가지 목적 중 우선순위가 다르고 강도도 다르며, 의원들은 이 목적에 부합하는 위원회에 배속되기를 원한다. 따라서 각 위원회의 소속 의원들 대부분은 유사한 목적을 추구하며, 이는 위원회별로 다를 수 있다.[56] 예컨대 세입위와 세출위 의원들 대다수는 하원 내 영향력을 추구하기 위해 이 위원회에 배속되었다. 반면에 국토위와 체신위 (Post Office)의 경우 의원들의 목적은 압도적으로 재선에 편중되었 으며, 외교위와 교육-노동위(Education and Labor) 의원들은 정책적 목적이 가장 중요한 동기였다. 이와 같이 각 위원회 소속 의원들의 목적은 대단히 유사하며, 위원회별로 다른 목적을 추구한다는 것이 다. 따라서 페노는 유사한 목적을 추구하는 위원회들의 행태가 유사 할 것이고 서로 다른 목적을 추구하는 위원회들은 다른 행태를 보일 것으로 가정했다.

다음 단계에서 페노는 각 위원회에 미치는 환경적 제약을 분석 했다. 위원회 외부의 행위자들이 위원회의 활동에 일정한 영향력을 행사한다는 것이다. 이러한 행위자들은 네 집단으로 구성된다. 하원 전체, 행정부, 관련 집단들, 그리고 정당이 그것이다. 이 네 집단들 과 그 지도부들은 자신들이 원하는 대로 각 위원회들이 행동하도록 일정한 영향력을 행사한다. 이러한 환경적 제약 속에서 위원회 소 속 의원들은 자신의 목적을 추구한다는 것이다.[57] 이러한 환경적 제 약은 위원회별로 다르다. 하원 내 영향력을 추구하는 위원회들의 경 우 대체로 가장 큰 압력은 하원 전체로부터 온다. 위원회 소속 의원 들의 영향력과 지위가 동료 의원들이 인정하는 데서 나오기 때문이 다. 정책적 목적을 추구하는 위원회들은 특정 이슈들에 존재하는 정 책 연합(policy coalition)이 가장 중요한 환경적 제약이다. 또한 재선 이 목적인 위원회들의 소속 의원들은 당연히 유권자 집단으로부터 압력을 받게 된다.

위원회 의원들의 목적과 환경적 제약의 상호작용 속에서 의사결 정의 전략적 전제(strategic premises)가 형성된다. 전략적 전제란 위원회에서 의사결정을 할 때 의원들 간에 명시적 혹은 묵시적으로 합의된 원칙으로, 의사결정의 가이드라인과 같은 것이다. 개개 의원들은 환경적 제약 속에서 자신의 목적을 추구하므로, 개별 의원들이 바라는 바와 외부 집단들이 기대하는 바가 절충된 의사결정을 해야 한다. 이는 일종의 집합행동의 문제이고 개별 의원들 수준에서 해결할 수 없다. 따라서 의원들은 이 집합행동의 문제를 해소할 수 있는 전략에 합의하게 된다는 것이다.[58]

예컨대 예산을 심의하는 세출위의 경우, 의원들의 목적은 원내 영향력의 유지이고 환경적 제약을 가하는 집단은 하원 전체와 행정부다. 세출위 의원들이 지위와 영향력을 동료 의원들로부터 인정받으려면 예산 심의에 있어서 전문성과 독립성을 과시해야 한다. 따라서 예산 심의에서 세출위의 합의된 의사결정 원칙은 행정부 예산안을 삭감하는 것이다. 반면에, 환경적 제약으로서 행정부의 영향력도 무시할 수 없다. 더욱이 세출 항목에는 관료 및 사회 집단들의 이해가 결부되어 있다. 결과적으로 과하지도 않고 부족하지도 않은 정도의 예산 삭감이 세출위의 전략적 전제라는 것이다.[59] 국토위의 경우, 의원들의 목적은 재선이므로 이를 위해 지역구와 지지 집단들에게 혜택을 나누어 주어야 한다. 따라서 자신의 법안이 위원회를 통과해야 하고, 본회의에서도 가결되어야 한다. 이 조건에서 필요한 것은 협력(logrolling)이다. 위원회 소속 의원들은 물론 동료 하원의원들이 발의한 법안들을 모두 지지하는 것이다. 문제는 이 법안들이 본회의를 통과할 수 있는지의 여부다. 따라서 국토위의 전략적 전제는 유권자가 지지하고 동료 의원들이 발의하는 모든 법안들이 본회의를 통과하도록 만드는 것이다.[60]

의원들의 개인적 목적, 환경적 제약, 그리고 이를 통해 형성된 전략적 전제를 바탕으로 페노는 이후 의사결정 과정이 어떻게 조직되고 어떤 정책 결과가 나오는지를 분석한다. 이러한 페노의 분석틀에서 메이휴 이론의 대안적 관점으로 다음 두 가지에 주목할 필요가 있다.

첫째, 메이휴의 경우 연역을 위해 과도한 추상화를 했던 반면 페노는 의원들의 개인적 목적을 다양하게 상정했다. 재선과 원내 영향력, 정책적 목적, 그리고 장래의 정치적 경력이 그것이다. 물론 페노의 목적은 연역 이론의 구축이 아니었고, 다양한 목적 역시 인터뷰를 통해 경험적으로 확인된 것들이다. 그러나 다음 단계에서 의원들의 다양한 목적은 각 위원회별로 대체로 동일한 것으로 재구성되었다. 재선의 목적이 대부분인 위원회가 있는가 하면, 원내 영향력과 정책 목적이 주류인 위원회가 있는 것이다. 이렇게 되면 메이휴와 마찬가지로 단순한 목적에 따른 행태를 분석할 수 있게 된다. 과도한 추상화를 하지 않았음에도 불구하고 간결한 설명에 도달하게 된 셈이다. 평균적인 의원들 전체가 아니라 위원회별로 분류하여 의원 개인들의 특정한 동기에 따른 특정한 행태를 도출해 낼 수 있었던 것이다.

이러한 방식을 미국 의회 연구에 적용하려고 할 때 대표적으로 떠오르는 연구가 시어도어 로위(Theodore Lowi)의 정책 분류이다. 로위는 정책들의 성격을 분배적(distributive), 규제적(regulatory), 재분배적(redistributive)으로 분류했는데, 각각의 성격에 따라 정책결정의 장과 의사결정 방식, 행위자들의 영향력, 정책산출 결과가 달라진다.[61] 예컨대 분배적 성격의 정책이라면 의원들 간의 나눠먹기와 협력하기가 지배적인 의사결정 방식이 될 것이고, 재분배적 정책이라면 이념적 대립과 정당 간 갈등이 심해질 것이다. 페노의 위원회들 중 국토위나 체신위는 분배적 정책을 다루는 위원회이기 때문에 의원들의 지배적 동기가 재선이고 나눠먹기식 전략적 전제가 합의되었다고 볼 수 있다. 또한 교육-노동위는 재분배적 정책들을 주로 다루므로, 의원들이 대체로 정책적 목적에 의해 움직이고 정당 간 대립이 일상적일 수 있다. 굳이 로위의 분류를 따르지 않더라도, 이처럼 정책의 성격에 따라 의원들의 동기와 목적이 달라진다고 전제할 수 있다. 단일한 목적이라는 과도한 추상화를 하지 않더라도 정책의 성격에 따라 서로 다른 단일한 목적을 분류할 수 있는 것이다. 나아가 정당이나 주 의원단, 파벌, 위원회, 지도부 소속 여부, 선임제에 따른 분류 등 서로 다른 단일한 목적을 지닐 수 있는 다양한 집단들을 분류할 수도 있을 것이다.

둘째, 미국 의회의 가장 큰 특성 중 하나가 정당으로 완전히 조직되지 않으며 의원 개인의 독립성이 두드러진다는 점이다. 따라서 메이휴는 분석단위를 의원 개인으로 설정하고 합목적적 행태를 분석했던 것이다. 그러나 크레비엘의 이론에서 보듯이, 원자화된 개인들의 합목적적 행태의 제도적 결과는 의회의 파산이다. 메이휴는 이를 지도부와 통제위원회의 희생이라는 보조 이론으로 해결한 바 있다. 페노 역시 출발점은 개별 의원들의 목적이며, 이들의 합목적적 행태를 분석하려 했다. 그러나 페노의 의원들은 무제한으로 자신의 목적을 추구하는 존재가 아니며, 외부 행위자들의 환경적 제약 속에서 타협하며 목적을 추구해야 한다. 이는 개인 수준에서 해결할 수 없는 집합행동의 문제이므로 위원회 수준에서 이에 대한 해법을 찾는다. 그 결과가 위원회의 전략적 전제, 곧 의사결정의 원칙인 것이다. 이 원칙하에서 의원들은 개인적 목적을 추구한다. 원자화된 개인이 아닌 것이다. 이 점에서 페노는 개인주의적 접근과 사회학적 접근을 절묘하게 접합시켰다고 평가할 수 있다.[62]

피오리나의 회고에 따르면, 페노 연구의 초고에서는 분석틀이 의원들의 목적(member goals), 위원회의 목적(committee goals), 정책산출(policy outcomes)로 설정되었다고 한다.[63] 당시 페노의 대학원생이었던 로디와 피오리나 등이 이 초고를 읽고, 집합체는 목적을 가질 수 없으며 오직 개인만이 목적을 가질 수 있음을 지적해 주었다. 수년간 이를 수정한 결과가 의원들의 목적, 환경적 제약, 전략적 전제, 의사결정 과정, 정책산출로 구성된 새로운 분석틀이다. 이전의 사회학적 접근에 미련이 있었던 것일 수도 있으나, 페노는 원자화된 개인들의 합목적적 행위로 미국 의회의 의사결정을 환원하려 하지 않았던 것이다. 최소한 위원회 수준의 합의된 의사결정 원칙이 존재하고 이 안에서 의원들이 개인적 목적을 추구하는 것으로 페노는 설정했다. 이는 페노의 관찰과 인터뷰를 통해 경험적으로 입증되었다. 요컨대 의회, 혹은 의회 내 다양한 집단들의 성격을 규정하는 행동양식이나 규범 같은 것에 대한 분석이 개인주의적 접근과 병행되어야 한다는 것이다.

본문의 주

1) Morris Fiorina, "Roll-Call Votes," in Eric Schickler and Frances E. Lee, eds., *The Oxford Handbook of The American Congress*, Oxford University Press, 2011, p. 862.

2) Kenneth Shepsle, "Congressional Influence and Behavior: The Changing Textbook Congress," in John E. Chubb and Paul E. Peterson, eds., *American Political Institutions and the Problems of Our Time*, Brooking Institution, 1989, p. 239.

3) Anthony Downs, *An Economy Theory of Democracy*, Harper and Row, 1957.

4) David Mayhew, *Congress: The Electoral Connection*, Yale University Press, 1974, p. 19.

5) *Ibid.*, pp. 20-22.

6) *Ibid.*, pp. 25-27.

7) *Ibid.*, p. 27.

8) Nelson Polsby, "The Institutionalization of U. S. House of Representatives," *American Political Science Review*, 62(1968), pp. 144-168.

9) Richard F. Fenno, Jr., *The Power of the Purse: Appropriations Politics in Congress*, Little Brown, 1966.

10) David Mayhew, "Theorizing About Congress," in Eric Schickler and Frances E. Lee, eds., *op. cit.*, pp. 880-881.

11) David Mayhew, *Congress: The Electoral Connection*, pp. 20-22.

12) *Ibid.*, p. 5.

13) *Ibid.*, p. 6.

14) Richard F. Fenno, Jr., *Congressmen in Committees*, Little Brown, 1973.

15) *Ibid.*, p. 33.

16) *Ibid.*, p. 37.

17) *Ibid.*, p. 39.

18) *Ibid.*, pp. 49-52.

19) *Ibid.*, p. 53.

20) *Ibid.*, pp. 61-63.

21) *Ibid.*, p. 84.

22) *Ibid.*, p. 103.

23) *Ibid.*, pp. 106-108.

24) *Ibid.*, p. 108.

25) *Ibid.*, p. 109.

26) *Ibid.*, pp. 110-111.

27) *Ibid.*, p. 114.

28) *Ibid.*, p. 114.

29) *Ibid.*, p. 127.

30) *Ibid.*, p. 128.

31) *Ibid.*, pp. 130-131.

32) *Ibid.*, pp. 132-134.

33) *Ibid.*, p. 138.

34) *Ibid.*, p. 147.

35) *Ibid.*, pp. 149-156.

36) *Ibid.*, p. 164.

37) Douglas Arnold, "Forword," in David Mayhew, *Congress: The Electoral Connection*, 2nd ed., Yale University Press, 2004, pp. vii-xii.

38) Morris Fiorina, "Roll-Call Votes," in Eric Schickler and Frances E. Lee, eds., *op. cit.*, pp. 866-869.

39) Craig Volden and Alan E. Wiseman, "Formal Approaches to the Study of Congress," Eric Schickler and Frances E. Lee, eds., *op. cit.*, pp. 36-65.

40) David Mayhew, "Theorizing About Congress," in Eric Schickler and Frances E. Lee, eds., *op. cit.*, pp. 881-882.

41) David Mayhew, *Congress: The Electoral Connection*, 2nd ed., p. xiii.

42) Randall W. Strahan, "Party Leadership," in Eric Schickler and Frances E. Lee, eds., *op. cit.*, pp. 371-395.

43) David Mayhew, "Theorizing About Congress," in Eric Schickler and Frances E. Lee, eds., *op. cit.*, p. 885.

44) Keith Krehbiel, *Pivotal Politics: A Theory of U. S. Lawmaking*, University of Chicago Press, 1998.

45) Randall W. Strahan, *op. cit.*, pp. 371-395.

46 Gary W. Cox and Mathew D. McCubbins, S*etting the Agenda: Responsible Party Government in the U. S. House of Representatives*, Cambridge University Press, 2005; John Aldrich and David Rohde, "The Transition to Republican Rule in the House: Implications for Theories of Congressional Politics," *Political Science Quarterly*, 112(1997), pp. 541-569.

47) Bruce I. Oppenheimer, "Behavioral Approaches to the Study of Congress," in Eric Schickler and Frances E. Lee, eds., *op. cit.*, pp. 19-20.

48) Norman J. Ornstein, *Congress in Change: Evolution and Reform*, Praeger, 1975; Lawrence C. Dodd and Bruce I. Oppenheimer, *Congress Reconsidered*, Praeger, 1977; Robert L. Peabody and Nelson Polsby, eds., *New Perspectives on the House of Representatives*, 3rd eds., Rand McNally, 1977.

49) David W. Rohde, *Parties and Leaders in the Postreform House*, University of Chicago Press, 1991; John Aldrich and David W. Rohde, *op. cit.*, pp. 541-569; John Aldrich and David W. Rohde, "The Consequences of Party Organization in the House: The Roles of the Majority and Minority Parties in Conditional Party Government," in J. R. Bond and R. Fleisher, eds., *Polarized Politics: Congress and the*

President in a Partisan Era, CQ Press, 2000, pp. 37-72; John Aldrich and David W. Rohde, "The Logic of Conditional Party Government: Revisiting the Electoral Connection," Political Institutions and Public Choice Program Working Paper, 00-08, PIPC, 2000.

50) Morris Fiorina, "Roll-Call Votes," in Eric Schickler and Frances E. Lee, eds., *op. cit.*, pp. 61-78.

51) Aldrich and Rohde, "The Logic of Conditional Party Government: Revisiting the Electoral Connection," passim.

52) David Mayhew, *Congress: The Electoral Connection*, p. 160.

53) David Mayhew, "Theorizing About Congress," in Eric Schickler and Frances E. Lee, eds., *op. cit.*, pp. 889-890.

54) Richard F. Fenno, Jr., *The Power of the Purse: Appropriations Politics in Congress*.

55) Richard F. Fenno, Jr., *Congressmen in Committees*, p. xvii.

56) *Ibid.*, pp. 1-2.

57) *Ibid.*, p. 15.

58) *Ibid.*, pp. 46-47.

59) *Ibid.*, pp. 47-51.

60) *Ibid.*, pp. 57-64.

61) Theodore Lowi, "American Business, Public Policy, Case Studies, and Political Theory," *World Politics*, 16:4(1964), pp. 677-715.

62) Lawrence Evans, "Congressional Committees," in Eric Schickler and Frances E. Lee, eds., *op. cit.*, p. 401.

63) Morris Fiorina, "Roll-Call Votes," in Eric Schickler and Frances E. Lee, eds., *op. cit.*, p. 866.

제5장

대통령의 권력과 리더십

미국 대통령제와 연관하여 떠오르는 한 가지 흥미로운 사실은 대통령직(presidency)* 혹은 대통령(president)에 대한 표기가 소문자 p로 시작한다는 점이다. 미국 의회(Congress), 대법원(Supreme Court)이 모두 대문자로 시작하고, 심지어 하원의장(Speaker)의 경우에도 대문자로 표기되는 것과 대조적이다. 물론 이는 문법적으로 규정된 것이 아니라 관례적인 용법이다. 또한 모든 글들이 다 따르고 있는 것도 아니다. 그러나 거의 대부분의 학술문헌과 대중매체에서 대문자를 쓰지 않고 있다. 왜 그럴까?

흥미로우나 별다른 학술적 의미가 있어 보이지 않는 이 질문을

---

* presidency는 대통령직, 또는 백악관 조직을 포함하는 대통령부, 심지어 대통령을 정점으로 행정부 전체를 포괄하는 개념으로 쓰이며 president와는 구분된다. 그러나 우리말에 친화적으로 표현할 적당한 단어가 없으므로, 여기서는 어쩔 수 없는 경우를 제외하곤, '대통령직', '대통령'으로 번역한다. 문맥상 의미는 다를 수 있다.

두 정치학자가 파고들었다. 이들의 조사에 따르면, 대략 1970년을 전후로 대문자를 사용하지 않게 되었다고 한다.[1] 미국 헌법 원문은 물론, 1960년대까지 대통령에 대한 표기는 대문자였다는 것이다. 그러다가 1970년을 전후로 소문자로 표기되기 시작했고, 심지어 동일한 필자들이 같은 저술의 새 판에서 소문자로 변경하게 되었다고 한다. 또한 이 표기방식을 시작하고 주도한 것은 대통령을 연구하던 학자들이었으며, 대중매체들은 이후에 받아들이게 되었다. 토머스 E. 크로닌(Thomas E. Cronin) 같은 경우, 출판사 편집자들과 다퉈가면서까지 소문자 용법을 고집했다고 한다.[2]

요컨대 이 시기에 미국 정치학계가 대통령에 대한 대중적 표기방식을 바꾸어 버린 것이다. 선도적 역할을 했던 크로닌의 회상에 따르면, "대통령제나 대통령직에 대한 개인적인 이념적 반감 때문이 아니라 대통령직 자체를 추켜세우지(glamorize) 않기 위해서"[3]였다고 한다. 절제되지 못한 제왕적 대통령의 권력 행사가 미국 정치체계의 위기를 가져왔다고 학자들은 판단했던 것이다.

그러나 미국 정치학계가 대통령에 대해 원래 이런 관점을 지녔던 것은 아니다. 우드로 윌슨과 프랭클린 루스벨트 시기를 겪으면서 면서, 미국 사회의 개혁을 주창했던 혁신주의자들(Progressives)은 강한 대통령을 원했다. 현대 민주주의는 사회 다수의 이익에 반응해야 하며, 이를 위해서는 강한 행정부와 그 중심에 강력한 대통령의 리더십이 필수적이라고 보았던 것이다. 권력분립이라는 헌법 원리 아래에서 분절화되고 지역적인 이익을 고수하는 의회로는 현대 사회의 거대하고 복잡한 문제들을 감당할 수 없었기 때문이다.[4]

20세기 중반까지 지속되던 강한 대통령에 대한 신념은 존슨과 닉슨 행정부 시기를 겪으면서 실망과 비관으로 바뀌게 되었다. 민주당 대통령이든 공화당 출신이든 별다른 견제를 받지 않는 대통령의 강력한 권력이 베트남전쟁과 같은 재앙적 결과를 가져오기도 하고 워터게이트와 같은 헌정 위기로 귀결될 수 있음을 깨닫게 된 것이다. 이에 대한 해법은 당연히 대통령 권한의 축소와 견제였고, 이를 위한 상징적 의미로 소문자 표기가 시도되었던 셈이다. 강력한 대통령의 리더십에 대한 고대와 환호가 절망과 배신감으로 바뀐 당시 학계의 고뇌에 공감하면서도, 미국 대통령제와 대통령의 권력에 대한 근본적인 의문이 들게 된다.

미국은 대통령의 권한에 관한 헌법 조문이 제헌 이래 바뀌지 않았다. 그럼에도 불구하고 20세기 중반의 대통령들의 권한은 훨씬 증대되고 확대되었으며, 보다 일방적인 형태로 변화했다. 동일한 대통령직이지만, 19세기 대통령들과 현대(modern) 대통령들은 다른 존재였던 것이다. 더욱이 한때 의회의 도전으로 제약되는 듯싶던 대통령의 권력이 지난 20여 년간 새로운 형태로 진화, 강화되는 현상도 목도되고 있다. 대통령들이 행사할 수 있는 실질적 권력은 어디까지이며, 그 근원은 무엇일까?

한편, 루스벨트 이후의 현대 대통령들을 다른 각도에서 조명해보면 흥미로운 사실이 발견된다. 대통령이 활용할 수 있는 권력자원은 지속적으로 강화되어 왔으나, 대통령직의 수행은 일관적일 정도로 성공적이지 못했다는 역설이다. 트루먼은 루스벨트를 승계한 후 1946년 중간선거에서 참패하고 양원 다수당 지위를 잃었다. 1948년 선거에서는 예상 밖의 신승을 거두었으나 재선은 포기했다. 아이젠하워는 거의 존재감이 없었던 대통령으로 기억된다. 케네디는 암살되었고, 그를 승계한 존슨은 베트남전의 악몽 속에서 재선을 포기했다. 닉슨은 사상 최악의 정치인으로 낙인찍힌 채 실질적인 탄핵을 당했다. 그를 승계한 포드는 재선에서 참패했다. 카터는 가장 무능력한 대통령이라는 평가 속에 재선에 실패했다. 레이건에 대해서는 논란의 여지가 있으나, 학자들의 평가는 한결같이 낮다. 41대 부시는 당내 분열 끝에 재선에 실패했다. 클린턴은 인격 살해에 버금가는 대접을 받으며 가까스로 탄핵을 모면했다. 43대 부시는 재선에는 성공했으나 역사상 가장 낮은 지지도를 기록하며 사라졌다. 경제 위기 속에서 여러 차원에서 큰 기대를 받으며 취임했던 오바마는 사명을 완수하지 못한 것으로 평가된다. 그리고 지금은 트럼프 시대이다.

물론, 현대 대통령들의 권력과 권한만큼이나 책임과 기대가 증가했기 때문에 학계와 대중들의 평가가 인색한 것일 수도 있다. 그러나 반세기가 넘는 기간 성공적이지 못한 대통령의 리더십이 반복되어 왔다면, 무언가 원인을 찾아봐야 할 것이다. 자신의 어젠다를 수립하고, 증대된 권력을 효과적으로 사용하여 유권자들과 의회 내에서 승리연합을 구축하는 성공적인 대통령의 리더십을 왜 발견하기 힘든 것일까? 무엇이 결여되어 있고 무엇이 필요한가?

여기서는 이 두 가지 질문에 대한 해답을 모색한다. 밀접히 연관된 것이지만, 편의상 두 부분으로 나누어 논의한다. 전반부는 현대 대통령들이 지니게 된 증대된 권력의 근원을 다룬다. 현대 대통령들에게 가장 중요한 권력자원들의 성격을 규명하고, 그것이 대통령직 수행에 가져오는 득과 실, 그리고 미국 정치과정과 정치체계에 대해 갖는 함의를 논의한다. 후반부는 대통령의 성공적 리더십에 필요한 요소와 조건에 대한 개인적 수준과 구조적 수준에서의 논의들을 검토한다.

제도적 자원과 이점

현대 대통령들이 행사하는 권력의 기본적인 근원은 제도적 자원과 이점에 있다. 전자는 행정 수반으로서 행정부를 통제하고 대규모의 전문적 참모조직을 통해 국정을 장악할 수 있는 능력이다. 후자는 미국 대통령제에 내재된 다양한 수준의 제도적 특성에서 나오는 단일 행정수반의 이점과 연관된다.

우선, 행정부와 백악관 조직은 대통령 권력의 가장 기본적인 제도적 자원이다. 그러나 이 제도적 자원들이 현재와 같이 규모와 기능과 권한이 커진 것은 20세기 들어서이며, 그 시기 및 원인과 과정에 대해서는 관점에 따라 다양한 설명들이 제기되었다.

제도적 자원의 기원을 가장 멀리 소급해 간 것은 스티븐 스코우로넥(Stephen Skowronek)으로, 혁신주의 시기, 특히 윌슨 시기에 주목한다.[5] 산업화의 심화에 따른 사회경제적 변화 때문에 새로운 국가의 건설이 요구되었다는 것이다. 중앙집권적이고 위계적이며 전문성 있는 베버적(Weberian) 국가를 수립하는 것이 목표였던 당시의 행정개혁가들은, 지역적·후견적 이익에 사로잡혀 있는 의회로부터 연방 관료를 독립시켜 대통령 휘하에 통제권을 두려 했다. 이러한 관리자형 대통령(managerial presidency)은 1920년 예산 및 회계법(Budget and Accounting Act)에서 처음으로 실현되었다. 예산국(Bureau of the Budget)을 수립하여 행정부가 예산 편성권을 지니게 되었고, 의회가 대통령에게 연방 관료제의 일상에 간여할 수 있는 자원과 책임을 부여했던 것이다. 그러나 동시에 의회는 행정부에 대한 감독과 승인의 권한을 전혀 포기하지 않았고, 대통령들의 행정부

개편안을 심사하고 거부할 수 있는 권한 역시 유지했다. 결과적으로 미국의 새로운 국가는 중앙집중적이며 정치화된 구조를 지니게 되었고, 대통령과 의회 사이에서 제도적 교착에 빠질 위험을 안게 되었다.[6] 요컨대 대통령 권력의 제도적 자원으로서 연방 관료제에 대한 통제는 이루어졌으나, 이 제도적 자원은 여전히 의회의 영향에서 완전히 독립적인 것은 아니었다.

거대한 백악관 조직의 기원은 프랭클린 루스벨트 시기라는 것이 정설이다. 루스벨트는 뉴딜 프로그램을 지속시키기 위해 민주당을 개혁하려 했다. 대중에 호소하여 원내 민주당을 압박하기도 하고, 12개 주의 민주당 예비선거에 간여하여 보수적인 후보들의 낙선을 주도하기도 했다. 이런 시도들이 실패하자 루스벨트에게 남은 대안은 백악관 내에 조직적 힘을 구축하는 것이었다.[7] 즉, 1939년 행정부 재편법(Executive Reorganization Act)을 통해 백악관에 대통령실(Executive Office of President)을 설립하고 뉴딜 프로그램에 충실한 참모들을 대거 기용했다. 또한 재무부 산하였던 예산국을 대통령실로 이관하여 예산권을 백악관이 직접 관할하게 되었다. 이후 더욱 커지고 자원이 확보된 백악관 참모조직은 전통적으로 정당의 영향을 받던 인사권을 장악하여 대통령에 대한 충성도에 따라 행사했고, 소통과 동원의 기능을 수행하게 되었다.

마찬가지로 뉴딜 시기에 주목하는 테리 모(Terry M. Moe)는 선거정치의 동학으로 설명한다. 뉴딜 이전의 연방정부는 국민들의 삶에 직접적으로 별다른 영향을 미치지 않았고, 의회가 중심이었다. 대공황과 뉴딜을 거치면서 이런 상황은 완전히 바뀌었다. 이제 유권자들은 경제적 번영과 사회복지의 문제에 대해 연방정부가 큰 역할을 할 것으로 기대하게 되었고, 대통령이 중심이 된다고 생각하게 되었다는 것이다. 이는 곧 선거정치에서 대통령이 기대와 책임을 함께 감당해야 하는 결과를 가져왔다. 재선을 위해서는 유권자들의 기대에 부응하는 가시적인 업적을 이루어야 했던 것이다. 의회와 정당 같은 다른 제도들이 변한 것이 없으므로, 이를 위해 루스벨트는 연방 관료를 장악하고 통제하는 길을 택하게 되었다. 백악관을 통해 관료들을 중앙집중적으로 감독하고, 인사권을 통해 행정부 전체를 정치화하게 되었다는 것이다.[8]

이러한 제도적 자원에 대한 대통령의 의존도는 점점 커졌다. 특히 뉴딜 정당체제 후기에 집권한 공화당 대통령들은 행정부와 백악관 조직을 더욱 통제, 확대했다. 분점정부하에서 의회와 정당을 상대하기보다는 이 제도적 자원을 통해 정치적 목적을 이루려 했던 것이다. 예컨대 위대한 사회의 사회복지 정책들을 개혁하기를 원했던 닉슨은 민주당이 장악한 의회의 반대에 부딪히게 되자 연방 관료를 통한 간접적 방식을 추진했다. 워터게이트로 닉슨의 시도는 무산되었으나, 뒤이은 레이건은 성공을 거두었다고 평가된다. 레이건은 규제 개혁을 위해 의회와 타협하기보다는 백악관에 규제실(Office of Information and Regulatory Affairs)을 설치하고 각 부처의 규제권들을 백악관이 직접 감독하도록 했던 것이다.[9]

제도적 대통령(institutional presidency), 행정가형 대통령(administrative presidency), 관리자형 대통령 등의 호칭에서 드러나듯이, 현대 대통령들은 행정 수반으로서 거대해진 연방정부 관료조직을 권력의 근간으로 삼게 되었다. 이를 위해 다시 중앙의 통제 기능을 담당할 백악관 참모조직의 팽창이 수반되었다. 거대해진 제도적 자원을 통제하기 위해 이념과 충성도에 따른 임면권 행사가 빈번해졌고, 이는 연방정부의 정치화(politicization)를 가져오게 되었다. 반면에 의회 역시 예산과 감독 기능을 통해 연방 관료에 대한 통제력을 보유하고 있으므로, 연방 관료는 양측으로부터 정치화 압력을 받게 되었다. 더욱이 미국 정치를 구성하는 각 제도들의 규모와 영향력이 점점 커지고 있는 상황에서 각 조직들이 독자적 이익을 추구하며 변화에 저항하는 힘이 될 가능성이 높은데,[10] 연방 관료 조직도 예외가 아니다. 요컨대 대통령의 권력의 근간으로서 제도적 자원 자체는 온전히 대통령의 의지대로 활용되지 않을 수 있는 것이다.

제도적 대통령론이 흔히 경시하는 또 다른 문제는 제도적 자원에서 나오는 대통령의 권력이 상대적이라는 점이다. 20세기 전반기에 대통령의 제도적 자원은 막대하게 증대되었고, 이것이 제왕적 대통령의 한 버팀돌이 되었다. 그러나 1970년대 중반 의회개혁 이후 의회의 물적·인적 자원도 크게 증대되었다. 의원들과 상임위원회들의 참모조직이 대폭 증대된 것은 물론, 의회 예산실(Congressional Budget Office)과 입법조사처(Congressional Research Service) 등 행정부와 백악관의 주요 조직에 대응할 수 있는 능력을 갖춘 지원조직들이 강화되었다. 제도적 자원에 있어서 20세기 전반에 누리던 대통령의 상대적 이점이 많이 상쇄된 셈이다.

더욱이 1980년대 이후에는 정당 간 양극화가 본격화되는 동시에 분점정부가 빈발하게 되었다. 양부 간 타협이 더욱 어려워지게 된 것이다. 이런 상황에서 클린턴 이후, 특히 43대 부시 때부터 현저히 증가한 것이 대통령의 일방적 권한 행사이다. 공화당 의회와의 대결이 심각하던 때 클린턴은 "의회와의 싸움이 다가 아니다. 대통령의 권한으로 할 수 있는 일이 많다"는 깨달음을 토로한 적이 있고, 43대 부시도 취임 직후 "어떤 대통령에게나 연장통에는 연장들이 대단히 많다"고 공언했던 바 있다.[11] 이들이 말한 것이 바로 대통령이 지니는 제도적 이점이다. 행정 수반으로서 대통령에게 부여된 특권(privilege), 그리고 미국 정치제도의 성격에서 비롯된 명시적·묵시적·관습적인 대통령의 권한들이 그것이다. 이 권한을 통해 대통령은 의회나 다른 행위자들의 간섭을 받지 않고 독자적으로 행동할 수 있다는 것이다.

구체적으로 주목받는 것들로 우선 행정명령(executive order)을 들 수 있다. 입법을 거치지 않고 독자적인 대통령의 명령으로 연방정부가 특정 정책을 집행하는 것이다. 행정명령의 중대성을 여실히 보여 준 것은 트럼프다. 취임하자마자 선거공약들을 지키기 위해 무수히 많은 행정명령을 발동했다. 그중에서도 무슬림 이민자들에 대한 입국 거부는 전 세계를 경악시켰다. 현재 진행 중인 무역전쟁도 아직 의회가 간여하지 못한 채 대통령의 행정명령만으로 세계 경제를 공포로 몰아가고 있다. 이처럼 중대한 정책이 행정명령으로 이루어진 경우는 20세기 후반에 이전보다 4배 이상 증가했다고 평가된다.[13]

43대 부시 당시에 주목받은 것은 법안 서명문(signing statements)이다. 의회가 통과시킨 법안에 대해 대통령은 거부권을 행사하지 않은 경우 서명을 하여 법이 효력을 갖도록 한다. 그런데 서명을 하면서 법안 조목조목에 대해 행정부의 권한을 침해했다는 반박을 할 수 있는 것이 법안 서명문이다. 법안의 내용을 실질적으로 행정부가 집행하지 않게 만드는 것이다. 한 연구에 따르면, 1945년에서 1970년대까지 법안 서명문은 900여 개에 불과했다. 의회가 보다 대립적이 된

포드와 카터 때 법안 서명문이 증가하기 시작했고, 이후 대통령들이 더 활용하기 시작했다는 것이다.[14] 2006년까지 부시는 이를 통해 약 750개의 법 또는 법 조항을 사문화했다.[15] 법안 서명문의 악용을 자제하겠다고 공약했던 오바마도 약속을 지키지 않았고, 법안 서명문은 이제 대통령의 강력한 입법권이 되었다.[16]

외교·안보정책에 있어서도 대통령의 일방주의적 도구들이 흔히 사용된다. 1970년대 이전에는 조약이 행정협정(executive agreement)보다 많았으나, 이후 행정협정이 조약의 10배가 넘게 증가했다.[17] 의회의 비준이 필요한 조약을 체결하지 않고 행정협정으로 대신하는 것이다. 또한 국가 안보 지침(National Security Directive)을 통해 관련 행정기구에 대한 대통령의 명령의 형식으로 정책을 추진하기도 한다. 부시 당시 테러와의 전쟁과 연관된 많은 정책들이 이를 통해 수행되었다.[18]

이와 같이 대통령의 일방적 권력 행사가 증대되면서 대통령의 권력 행사 방식과 권력분립에 대한 새로운 시각이 등장했다. 일방적 대통령론(unilateral presidency)으로, 합리적 선택 제도론자들을 중심으로 제기되었다. 이들은 우선 미국 정치체계의 제도적 성격이 불완전하고 모호하다는 점에서 출발한다. 헌법상 대통령, 의회, 사법부 간의 권한 배분이 명확하지 않아서 행위자들이 전략적으로 행동하여 권력을 증대시킬 기회가 존재한다는 것이다.[19]

이 제도적 맥락에서 대통령은 단일 행정수반으로서 세 가지 이점을 지닌다.[20] 첫째는 '선수의 이점(first mover advantage)'이다. 대통령은 앞에서 살펴본 일방적 행동의 수단들을 사용하여 먼저 행동을 취할 수 있다. 의회와 사법부에 대해 이를 바꿔야 하는 부담을 지우는 것이다. 둘째는 '집합행동 이점(collective action advantage)'이다. 단일 행정수반인 대통령에 비해 집합행동의 문제를 안고 있는 의회는 대통령의 일방적 행동을 견제하기에 비효율적이라는 것이다. 셋째는 '정보의 이점(informational advantage)'이다. 행정부와 백악관의 거대 조직 덕분에 대통령은 모든 정책 이슈들에 대해 의회나 사법부보다 정보의 우위를 누린다.

이 이점을 지닌 대통령은 정책결정 과정에서 전략적으로 일방적 행동을 취함으로써 권력을 극대화할 수 있다. 그러나 '전략적'이기 때문에 대통령의 권력 추구는 일정한 한계를 지닌다. 우선 의회와 사법부가 제대로 대응하기 전까지만 일방적 행동을 추구할 필요가 있다. 이 한계를 넘어서면 입법과 판결을 통한 도전이 거세질 위험이 있기 때문이다. 또한 한 정책 영역에서 무리하게 되면 다른 영역에 악영향이 미칠 수도 있다. 따라서 일방적 대통령도 제도적 이점을 이용하여 권력을 추구할 때는 자제력을 발휘한다. 의회와 사법부를 압도하기보다는 전략적이고 지속적으로 권력을 확대해 나가는 것이다. 그러나 미국 정치제도에서 대통령이 지닌 이 이점 때문에 궁극적으로 권력 균형은 대통령으로 크게 기울 것이라는 게 이들의 전망이다.[21]

일방적 대통령론은 현실적으로나 이론적으로 타당해 보인다. 대통령이 행정명령을 통해 일방적 행동을 하면, 이를 무효화하기 위해 의회는 하원에서 과반, 상원에서 필리버스터를 막기 위한 60표의 지지를 동원해야 한다. 대통령이 다시 거부권을 행사하게 되면 양원 3분의 2의 찬성이 있어야 한다. 엄청난 부담이다. 사법부 역시 대통령의 통치행위를 존중하는 입장이고, 대개의 경우 번복하는 판결을 내릴 동기부여가 없다. 더욱이 중대해 보이지 않는 문제들에 대한 대통령의 일방적 조치들은 의회나 언론의 주의를 끌지 않는 경우가 대부분이다. 따라서 대통령이 지닌 제도적 이점들을 통해 대통령은 일방적 행동으로 원하는 정책을 추진하고 권력을 확대해 가고 있는 듯 보인다. 일방적 행동의 이점들은 대통령 권력의 엄청난 근원인 셈이다.

그러나 일방적 대통령론의 이론 구조에는 큰 결함이 있다. 우선 선수의 이점은 현실성이 없다. 마치 진공 상태에서 취임한 대통령이 먼저 행동을 취하고, 이에 대해 의회와 사법부가 반응하는 것처럼 전제되어 있는 것이다. 그러나 모든 대통령은 후임이다. 대부분의 정책과 이슈에 있어서 전임 대통령으로부터 물려받은 유산이 있고, 대통령은 이에 반응하여 일방적 조치를 하게 된다. 의회만이 후수(second mover)가 아니라 대통령도 후수일 수 있는 것이다.[22] 더욱이 집합행동의 이점과 정보의 이점은 상호 모순적이다. 집합행동의 이점은 대통령이 1인이라는 데서 나온다. 반면 정보의 이점은 행정부와 백악관의 방대한 조직에서 생긴다. 방대한 조직은 집합행동의 문제를 야기할 수밖에 없고, 1인 휘하의 일사불란한 행정부라면 정보의 이점이 취약할 수밖에 없다.[23] 일방적 대통령이 구조적으로 제도적 이점을 지니고 있다는 것은 과장일 수 있는 것이다.

현실적으로도 대통령의 일방적 권력 행사는 제한적 결과를 가져온다.[24] 우선 대부분의 일방적 조치들이 집행되기 위해서는 예산으로 뒷받침되어야 하고, 이는 의회가 입법으로 승인해야 한다. 또 행정명령 같은 것들은 대개 기존의 법률적 근거에서 출발하므로, 기존 정책으로부터 대폭적인 변경이 이루어지기 어렵다. 더욱이 대통령이 중대한 정책 전환을 원한다면 의회의 입법을 통하는 것이 바람직하지, 행정명령 등으로 일시적 결과를 얻으려 하지 않는다. 후임 대통령의 행정명령으로 원상복구될 수 있는 것이다. 위기 시에 대통령은 일방적 행동을 할 수 있고, 이는 신속한 대응의 필요성뿐 아니라 대통령이 이와 연관된 어젠다를 선취할 수 있게 한다는 점에서 유용성이 있다. 그러나 이 대응을 지속시키기 위해서는 마찬가지로 의회와 협의를 통해 입법화해야 한다.

이렇게 볼 때 일방적 대통령이 지닌 제도적 이점은 대통령의 유용한 권력자원이며, 양부 간 교착상태가 빈번한 1990년대 이래 대통령들이 '재발견'한 권력의 새로운 도구일 수 있다. 그러나 이 역시 절제되어 사용될 수밖에 없고 제한적 결과를 가져온다고 평가할 수 있다. '설득 없는 권력(power without persuasion)'이 만병통치약일 수 없는 것이다. 제도적 이점의 빈번한 사용은 결국 설득의 힘을 약화시키고 양부 간의 대립을 악화시킨다. 일방적 대통령론자들의 주장대로 이 구조적 이점에 의해 대통령의 권력이 지속적으로 확장된다면, 다음에서 살펴볼 로위(Theodore Lowi)의 우려만큼이나 비관적인 헌정의 위기로 귀결될 수도 있다.

대중 호소 전략과 국민 수권

강력한 대통령의 변혁적 리더십에 대한 기대는 존슨, 닉슨, 카터 시기를 거치면서 실망과 우려로 바뀌었다. 그러다가 레이건의 집권 이후 새로운 현상이 주목받게 되었다. '위대한 전달자(Great Communicator)'로 불릴 정도로 레이건은 TV 연설 등을 통해 직접 국민들에게 호소하는 데 뛰어났고, 이를 효과적으로 활용했던 것이다. 대표적으로 1981년 예산을 둘러싼 의회와의 대립에서 레이건은 국민적 지지를 동원하여 민주당 의회를 압박했고 승리를 거두었다. 레이건과 이 방법에 대한 호불호를 떠나, 대통령의 최대의 권력자원으로서 '대통령-국민 간 연계(president-public nexus)'가 다시 주목받게 되었다.[25]

대통령이 자신의 정책을 지지해 주도록 국민들에게 직접 호소하는 것은 전혀 새롭지 않았다. 그러나 레이건 이후 이 '대중 호소(going public)' 전략은 훨씬 빈번하고 적극적으로 사용되었다. 따라서 대통령의 대중 호소 전략의 효과가 무엇인지, 정책결정 과정에 어떤 영향을 가져오는지, 그리고 궁극적으로 미국 민주주의에 대한 의미가 무엇인지에 관심이 집중되었다.

이 새로운 현상에 대해 선구적으로 연구한 것이 사무엘 커넬(Samuel Kernell)이다. 커넬은 대중 호소 전략을 단순히 레이건의 개인적 선택으로 보지 않고, 거버넌스 양식의 변화에 직결시켰다. 1970년대까지 정책결정 과정은 위원회 중심의 입법과정, 위원장에 집중된 권력구조, 폐쇄적인 숙의과정, 소수 간의 흥정에 의한 결정, 동질적인 소수의 이익집단들의 영향력, 그리고 정당 간 양극적 대립의 약화 등의 제도적 특성 아래에서 이루어졌다. 이로 인해 엘리트들 간의 은밀한 뒷거래와 상호 수용, 과정과 결과에 대한 대체적인 합의, 그리고 점진주의적인 정책결정이 가능했다. 이 상황에서는 리처드 노이스타트가 주장한 협상과 설득이 대통령의 효과적인 전략일 수 있었다는 것이다.[26]

그러나 1970년대의 의회개혁 등 각종 개혁으로 인해 이런 식의 제도와 과정은 큰 변화를 겪게 되었다. 소위원회 중심의 결정이 이루어지고, 의회 참모진 등 자원이 대폭 확대되고, 의회 내 권력이 더욱 분산되었으며, 이익집단들의 수와 영향력이 폭증하게 되었다. 결과적으로 입법과정에서 갈등이 커지고, 다원주의적 흥정이 어려워진 데다가, 정당 간 양극화가 심화되고, 분점정부가 빈발하며, 입법과정이 보다 투명하게 공개되는 등 이전과는 다른 정책결정 환경이 구축되었던 것이다.[27] 이러한 변화 속에서는 협상 자체가 어렵고 비효율적일 뿐 아니라, 수확체감의 효과가 초래된다.

이러한 거버넌스 양식의 변화에 따라 대통령은 협상 대신 새로운 전략에 의존하게 되었다. 곧 대중에 호소하는, 보다 공개적이고 공격적인 전술을 빈번히 활용하는 것이다. 지역구 여론에 민감할 수밖에 없는 의원들을 압박하기 위해 직접 국민들에 호소하여, 의원들이 대통령을 지지하든가 선거에서 심판을 받든가 선택하게 만드는 것이다. 이런 전략이 일상화된 것에 대해 커넬은 부정적으로 평가한다. 대통령의 대중 호소 전략 탓에 정책결정(governing)과 선거전략(electioneering) 간의 구분이 사라지고, 결국 권력분립 아래에서 동등한 제도들 간의 타협과 상호적응 대신 충돌과 제로섬 게임이 빈발하게 된다는 것이다.[28]

로위는 대중 호소 전략을 대통령의 새로운 권력자원으로 보는 데 그치지 않고, 현대 국가가 등장하면서 미국의 헌정 레짐(constitutional regime)이 바뀐 결과로 파악한다.[29] 로위에 따르면 뉴딜 시기에 루스벨트에 의해 이전의 통치질서와는 전혀 다른 제2차 헌정 레짐이 등장하기 시작했다. 이전의 헌정 레짐은 의회 중심 정부였고, 후견제적(patronage) 이익 배분에 몰두한 정당들에 의해 의회가 조직되었다. 즉, 지역적으로 분산되고 이질적인 이익들이 느슨하게 결합된 정당들이 정치를 조직화했고, 이 정당들이 의회를 통해 정책결정을 했다는 것이다. 이런 헌정질서에서 국가의 역할은 타협과 흥정을 통해 다양한 세력들에게 적당한 이익을 나누어 주는 후견제를 유지하는 데 있었다.[30]

대공황에 의해 후견제 국가는 더는 기능할 수 없게 되었고, 뉴딜의 일관된 정책 프로그램들을 실행할 수 있는 새로운 헌정 레짐이 들어서게 되었다. 후견제적 분배정책에 경도된 의회는 일관된 정책 프로그램을 감당할 수 없었으므로 행정부와 대통령 중심의 통치질서가 수립되었다. 동시에 정당의 근본적 개혁도 요구되었다. 일관된 프로그램을 위해서는 후견제적 정당이 구조적으로 제공할 수 없는 수준의 이념적 동질성과 정당 기율이 요구되었기 때문이다. 루스벨트는 이를 위해 상당한 노력을 기울였으나, 대단히 이질적이었던 뉴딜연합을 하나의 이념정당, 정책정당으로 변화시키지 못했다.[31] 대통령과 국민 사이를 연결하는 매개로서의 정당과 결별해야 했던 것이다.

이에 대한 해답을 루스벨트는 국민과의 직접 소통에서 찾았다.[32] 정당이나 기존의 언론 매체들에서 벗어나 국민들에게 대통령이 직접 설명하고 지지를 호소하는 '개인적' 관계를 구축했던 것이다. 당시의 새 기술, 곧 여론조사(polling) 기법과 라디오가 이를 가능하게 해 주었다. 루스벨트의 유명한 '노변정담(fire-side chat)'이 대표적인 예다. 로위는 이를 '개인적 대통령(personal president)'이 출현한 계기로 파악한다. 이제 대통령은 새로운 헌정 레짐의 중심부에서 권력을 장악하고, 정당과 같은 매개체들을 무시, 우회한 채 국민들과 직접적인 '개인적' 관계를 맺게 된 것이다. 결국 성부 권력은 국민의 이름으로 대통령 1인에게 사유화된다. 대통령과 국민 간의 이런 관계는 1960년 선거 이후 대통령 선거와 예비선거가 정당 조직과 유리되어 후보자 중심으로 치러지면서 더욱 공고해졌다. 대통령은 정당에 대해 아무런 빚도 없고 필요성을 느끼지도 않게 된 것이다.

루스벨트의 유산을 로위는 '대중독재 대통령(plebiscitary presidency)'*의 출현이라고 단언한다.[33] 국민에 의해 선출된 대통령이 국민 수권(popular mandate)을 내세우고, 의회를 무시한 채 국민의 이름으로 독단적 통치를 하게 되었다는 것이다. 이제 대통령은 국민에 의해 최대한의 권력을 부여받으며, 부여받았다고 주장한다. 정당과 의회는 취약하거나 무시당하기 때문에 대통령과 국민 사이에 아무런 매개체가 없다.

이런 대통령과 정치체계의 운명을 로위는 다음과 같은 동태적 과정으로 정형화한다. 우선, 대통령은 직접 대중들에게 온갖 약속을 하면서 선거를 치르고 통치를 한다. 대통령의 편에 선 대중들은 대통령이 원하는 만큼의 권력을 부여하고, 당연히 대통령에게 기약한 것들을 가져오도록 기대하고 요구한다. 권력을 부여한 대가로 약속을 실현하는 것, 이것만이 대중이 지니게 된 민주주의와 정통성의 척도이다. 문제는 대통령이 모든 기약을 실현하는 데에는 미국 정치체계에 넘어서기 힘든 장애가 내장되어 있다는 점이다. 설사 실현한다 하더라도 이는 새로운 기대, 새로운 요구와 새로운 책임을 낳는다. 궁극적으로 대중독재 대통령에 의한 민주주의는 맬서스(Malthus)

---

* plebiscitary에 대한 적절한 번역어가 없다. 이 용어의 함의는 부정적, 경멸적이다. 민주주의적으로 선출되었으나 대중을 동원한 독단적 통치를 한다는 의미이다. '국민 투표식 민주주의'나 '직접 민주주의'와 같은 용어들은 이 의미를 제대로 전달하지 못한다.

법칙을 따라간다는 것이 로위의 비관적 전망이다.[34] 대통령이 성공을 더해 가는 것은 기껏 산술급수적으로 이루어지지만, 대중의 기대는 기하급수적으로 커져 가는 것이다. 이렇게 되면 대중독재 대통령이 기약할 수 있는 것은 내용이 아니라 외양이 된다. 국내적으로는 온갖 수사(rhetoric)를 동원하고, 대외적으로는 모험주의적인 정책을 추진하게 된다. 체계 전체가 파국을 맞는 것이다.[35]

국민으로부터 권력을 위임받았다는 주장이나 국민적 지지를 직접 호소하는 전략은 현대의 많은 대통령들이 즐겨 해 왔다. 심지어 클린턴도 1992년 선거 승리 후 '변화를 위한 국민적 수권(Mandate for Change)'을 슬로건으로 내걸었다. 전 국민에 의해 선출되는 유일한 헌법기관인 대통령에게, 권력의 궁극적 근원으로서 국민으로 돌아가는 것은 매력적일 수 있다. 다른 한편, 국민들 역시 대통령이 정부 권력의 중심이라고 생각하고 국가적 문제들을 해결하는 리더십을 대통령이 발휘해 주길 기대한다.

이와 같은 대통령-국민 관계는 미국만의 문제가 아니라 대통령제의 본질적 성격일 수 있다. 대통령제를 채택한 대부분의 국가들에서도 흔히 발견되는 것이다. 또한 라디오, TV 등 대중매체의 발달이 20세기 들어 대통령의 이런 시도를 가능하게 해 주었다면, 이제는 인터넷과 SNS까지 동원되면서 대통령과 대중 간의 사적인(personal) 관계가 더욱 긴밀해졌다고 볼 수 있다. 소통 기술의 발달에 따라 자연스럽게 확산, 심화될 수밖에 없다. 그러나 대통령의 대중 호소 전략이나 국민적 수권 주장의 기원을 추적하면, 최소한 미국 대통령제의 경우 대통령-대중 관계가 이와 같이 형성된 것은 20세기 들어서이며, 기술 발달과도 직접적인 연관이 없다.

우선 애초에 제헌가들은 대통령의 지위에 대해 이중적 관점을 지니고 있었던 것으로 추정된다. 한편으로는 국가의 안전을 책임지고 편협한 이익을 초월하여 국가이익을 수호하는 존재가 되기를 기대했던 반면, 다른 한편으로는 1인의 권력기관이 대중독재로 변질될 위험을 우려했다는 것이다.[36] 이 때문에 제헌가들은 대통령과 대중 간에 중재되지 않는 직접적인 관계가 설정되는 것을 막으려 했다. 대통령은 유일하게 전국적인 이슈에 대해 전국적 유권자들로부터 권한을 부여받을 수 있는 존재이므로, 대통령이 전 국민(We the People)을 대신한다고 주장할 수 있는 근거들을 약화시킬 필요가 있었다는 것이다.[37] 대표적인 예가 선거인단 제도이다. 유권자들의 직접 선거가 아니라 선거인단의 간접 선출 제도를 도입함으로써 대중적 리더십의 기반을 없애려 했다는 것이다.[38]

제헌과 비준 당시의 논의들을 면밀히 분석한 제프리 튤리스(Jeffrey K. Tulis)도 헌법에 구현된 정치원리와 통치규범 자체가 대통령과 대중 간의 직접적 관계를 금지하려 했다고 해석한다. 제헌가들은 권력분립 원리에 따라 대통령, 의회, 사법부에 각각 고유한 목적과 기능과 구조 및 수단을 부여했다. 의회가 지닌 가장 중요한 목적은 국민의 의지를 구현하는 것이고, 이를 위해 의회는 숙의(deliberation)를 해야 한다. 반면에 대통령직의 최고의 목적은 국가의 수호이며, 국민의 의지를 대표하는 것은 우선순위가 낮다. 따라서 대통령과 국민 간의 관계는 직접적이지 않아야 하고, 대통령은 대중으로부터 격리되어야 한다는 것이 당시의 통치규범이었다고 튤리스는 해석한다.[39]

그러나 제헌 당시의 논의들이나 헌법 자체는 대통령의 대중적 리더십 가능성에 대해 다루지 않았고, 제헌가들의 의도를 명확히 알 방법도 없다. 결국 중요한 것은 건국 이후 현실 정치에서 대통령과 대중 간에 어떤 관계가 이루어져서 관행화되고 규범으로 자리 잡게 되었는가 하는 문제이다.

이에 대한 연구들 대부분은 워싱턴 이후 19세기 대통령들 스스로가 의례적인 리더의 역할을 수행했을 뿐, 특정 정책을 위한 리더십을 발휘하려 들지 않았다고 평가한다. 잭슨이나 링컨처럼 정치적 변혁기나 중대한 변고가 발생했을 때 적극적으로 리더십을 주장한 경우도 있으나, 이는 일시적 현상이었고 이에 따르는 정치적 부담도 상당했다.[40] 더욱이 대통령이 특정 정책을 위해 대중에게 호소하는 경우는 생각하기 힘들었다. 대중적 리더십은 곧 선동(demagoguery)으로 간주되었고, 대통령은 대중과 격리되어야 한다는 생각이 지배적이었던 것이다. 튤리스는 19세기 대통령들의 공식, 비공식적 연설문 1000여 종을 분석하여 이를 입증했다. 대통령들이 지역을 순회하며 대중들에게 연설을 한 경우에도 연설의 내용은 의례적인 것이었지 정책과 연관된 것은 아니라는 것이다.[41] 이를 어긴 유일한 대통령이 앤드루 존슨이었고, 그는 탄핵 직전까지 가는 정치적 응징을 감당해야 했다.

다른 한편, 의회는 일찍부터 정책결정과 입법과정에 있어서 주도권을 주장했다. 특히 잭슨 행정부를 거치면서 대통령에 대한 의회의 견제가 더욱 심해졌다. 이 시기에 잭슨의 반대 세력이었던 의회 내 휘그당은 대통령의 일방주의적 행동들을 비난하고 입법부 우위론을 주장했다. 링컨의 재건정책에 대해서도 의회는 "의회의 지지를 받으려면 대통령은 행정부의 의무에만 충실하라"고 경고하기도 했다. 대통령의 의무는 법에 복종하고 법을 집행하는 것이지, 법을 만드는 것이 아니라고 여겼기 때문이다.[42] 남북전쟁 이후 대통령에 대한 기대는 더욱 낮아져서, 평범한 정치인이 대통령이 된다고 평가할 정도였다. 후견제 정당으로 구성된 의회가 압도하는 정치체계에서 대통령의 존재감은 미미했던 것이다.[43]

헌법에 구현된 매디슨적 체계(Madisonian system)의 정통성, 그리고 대통령과 의회의 권력 분배에 대한 휘그당 원리(Whig principle)가 대통령과 대중 간의 관계에 대한 19세기 미국 정치의 규범이었던 것이다. 이 규범은 대통령을 대중으로부터 격리했고, 국민으로부터의 수권과 같은 개념을 부정했다. 이처럼 당연시되던 규범과 관행이 20세기 들어 현대 대통령들이 출현하면서 바뀌게 되었다. 국민수권을 주장하며 대중에게 호소하는 수사적 대통령(rhetorical presidency)이 등장하게 된 것이다.

수사적 대통령이 출현하게 된 기원을 튤리스는 통치규범의 변화에서 찾는다. 새로운 기술의 활용이나 선거 캠페인의 성격 변화, 혹은 행정부 제도의 팽창과 같은 것은 수사적 대통령이 출현할 수 있는 기회를 제공해 주기는 했으나, 통치질서에 대한 근본적인 규범이 변화하지 않았다면 수사적 대통령이 지속되지 못했을 것이라는 주장이다.[44] 대통령이 새로운 통치방식을 취하기 전에 어떻게 나아가야 할지에 대한 새로운 인지적 로드맵이 있어야 하고, 이 새로운 행동들은 다른 행위자들에게도 정당하다고 인정되어야 한다는 것이다. 이와 같은 대통령의 지위와 통치방식에 대한 개념적이고 규범적인 혁명이 선행되어야 수사적 대통령이 지속적인 제도로 남을 수 있다. 튤리스는 이러한 관념적 혁명이 일어난 때가 혁신기라고 보며,

특히 우드로 윌슨에 주목한다.

윌슨은 제헌가들이 헌법에 구현해 놓은 매디슨적 체계를 비판했다. 권력분립이란 적대적 힘들 간의 기계적 작동에 의존한 체계이며, 현대 민주주의에 요구되는 동력과 비전을 제공하는 데 실패했다는 것이다. "적대감으로부터 성공적인 정부를 구성해 낼 수는 없다. [...] 어딘가에 리더십과 통제력이 자리 잡아야 한다."[45] 특수 이익과 분파적 이익들이 장악하고 있는 의회는 국가적 이슈들에 대해 일관된 방향을 제공하는 데 구조적으로 무능력할 수밖에 없다. 현대 국가에 요구되는 정책 프로그램의 방향성과 정치적 의지를 제공할 수 있는 유일한 제도는 대통령이며, 대통령이야말로 진정한 전국적 제도이다. 국민들로부터 권력을 위임받은 대통령만이 행정부의 리더십과 국가적 목표를 입법부가 수용하도록 이끌 수 있다는 것이 윌슨의 처방이었던 것이다.[46] 윌슨이 제시한 이러한 통치원리가 새로운 규범으로 휘그 원리를 대체하게 되었고, 미국 정치질서의 지배적인 해석이 되었다. 새로운 규범에 의해 정통성을 부여받은 대통령들이 이후 국민 수권을 주장하고 대중에 호소하는 새로운 수사(rhetoric)를 동원하게 되었다는 것이다.

이처럼 현재의 대통령-대중 관계는 미국 대통령제의 근본적인 원리가 아니라, 20세기 초에 큰 변혁을 겪은 결과이다. 후견제 국가가 현대 국가로 발전하면서 기존의 견제와 균형 체계가 보다 효율적인 통치질서로 재편되어야 했고, 그 중심이 대통령이 되었던 것이다. 이 과정에서 통치질서의 규범이 바뀌고, 대통령-대중 관계가 바뀌었으며, 대통령의 최대의 권력자원이 국민이 되었다.* 국민 수권과 전국민의 대표임을 주장하면서 대중에 직접 호소하여 대통령이 의회를 압박할 수 있게 된 것이다.

그러나 튤리스가 지적하듯이, 윌슨의 규범이 매디슨적 체계의 정당성과 19세기 휘그 원리를 완전히 대체한 것은 아니다.[47] 원래의 통치규범에 새로운 규범이 덧씌워진 것이다. 제헌가들에 의해 만들어진 구조는 여전히 그대로 남아 있어서, 입법, 행정, 사법부의 권력분립 구조는 변하지 않았다. 따라서 두 규범 간의 긴장과 모순을 안고 있는 정치 질서 안에서 대통령은 권력을 행사해야 한다. 의회와 다른 행위자들도 마찬가지로 이 긴장과 모순 안에서 대통령에 대한 기대와 평가를 설정한다. 이것이 수사 대통령 시대 대통령의 딜레마인 것이다.

더욱이 대중 대통령론이나 수사 대통령론을 전개하는 학자들 대부분은 그 위험성을 경고한다. 로위와 같이 대중독재 대통령의 출현으로 체계의 붕괴가 초래될 것이라는 비관론은 아니더라도, 대통령과 의회 간 힘의 균형이 크게 기우는 것은 민주주의를 위해 좋은 일이 아니라는 것이다. 빈번하게 사용되는 대중 호소 전략이 오히려 의회의 반발을 불러와 교착을 악화시키기도 한다. 또한 존슨의 빈곤과의 전쟁(War on Poverty) 프로그램과 같이, 숙의를 거치지 않고 수

---

* 대통령의 수사가 지니는 효과에 대한 부정적인 연구들도 있다. 예컨대 에드워즈는 대중 연설에 뛰어났던 레이건과 클린턴 시기를 연구하면서 대통령의 연설이 여론에 거의 영향을 미치지 못했고 지지도를 올리지도 못했다고 주장한다. 두 대통령 시기의 여론 조사 결과로 수사 대통령이나 변혁적 리더십의 존재를 부정하는 것이다. George C. Edwards III., *On Deaf Ears: The Limits of the Bully Pulpit*, Yale University Press, 2003 참조. 그러나 결과를 떠나, 현대의 대통령들이 지니게 된 수사 대통령적 충동을 부인하기는 어렵다. 또 수사의 정치적 효과에 대해 반대되는 조사 결과들도 다수 존재한다. Terri Baums, "Understanding The Rhetorical Presidency," in George C. Edwards III and William G. Howell, eds., *The Oxford Handbook of the American Presidency*, Oxford University Press, 2009, pp. 217-219 참조.

사로 포장된 정책은 성급하게 추진되다가 재난 같은 결과를 낳기도 한다.[48] 대통령제에서 대중은 대통령의 최대의 권력자원이자 최악의 유혹인 셈이다.

개인적 자질과 리더십

지금까지 살펴보았듯이, 현대 대통령들의 권력은 크게 증대되었다. 현대 국가의 방대한 관료조직과 참모조직뿐 아니라, 국민 수권을 주장하고 대중에 직접 호소하면서 일방적으로 행동할 수 있는 '정당한' 권리를 부여받았다. 그렇다고 현대 대통령이 무소불위의 존재가 된 것은 물론 아니다. 권력은 상대적인 것이며, 1970년대 이후 의회의 변화가 보여 주듯이 대통령의 독주는 항상 견제와 도전을 초래했다. 보다 중요한 점은 현대 대통령에 대한 기대와 책임도 이에 못지않게 증대했다는 사실이다. 현대 국가의 역할과 세계질서의 패권국으로서의 역할을 충족시키는 책임이 현대 대통령들에게 지워진 것이다. 증대된 권력으로 이러한 기대를 충족시키는 것이 곧 현대 대통령의 성공적인 리더십이다.*

대통령이 성공적으로 권력을 행사하고 리더십을 발휘하기 위해

---

* 리더십 개념과 이에 대한 정치학적 연구는 충분하지 않아서 엄밀한 개념 규정이 어렵다. 인과관계가 뒤바뀌는 듯하지만, 그린스타인이 열거하고 있는 성공적 대통령의 자질이 곧 리더십의 내용이라고 보는 것이 타당할 수 있다. 즉 자신이 이룩하려는 바를 설정하고, 이 비전을 국민들에게 설득하고, 행정부 조직을 통제하며, 의회에 대한 정치적 능력을 발휘하는 것이다. Fred I. Greenstein, *The Presidential Difference: Leadership Style from FDR to Clinton*, Princeton University Press, 2000 참조.

필요한 요소는 무엇인가? 루스벨트 이후 현대 대통령들이 모두 성공적인 대통령이라는 평가를 받았다면, 이 질문은 제기되지 않았을 것이다. 그러나 역사는 정반대로 전개되었다. 어떤 경우는 증대된 권력을 지나치게 추구하다가 실패했고, 어떤 경우는 주어진 권력을 제대로 행사하지도 못한 채 좌절하기도 했다. 이에 따라 당연히 제기된 질문은 "성공적인 대통령은 무엇이 다른가?", 곧 개인적 수준에서 대통령의 자질과 능력을 비교하는 것으로, 대통령의 권력 행사와 리더십에 대한 가장 단순하고 직관적인 접근이다.

　개인 수준에서 접근한 연구로 대중적으로 널리 알려진 것으로 제임스 바버(James D. Barber)와 프레드 그린스타인(Fred I. Greenstein)을 들 수 있다. 바버는 긍정적–부정적(positive-negative), 적극적–소극적(active-passive)이라는 두 가지 성격 요소들의 조합에 따라 대통령의 리더십 유형을 분류하여 설명했다.[49] 적극적–부정적 성격으로 인해 강박증적(compulsive) 리더십을 지닌 닉슨이 몰락할 것을 예견함으로써 바버의 저서는 선풍적인 인기를 얻기도 했다. 그러나 성격이 형성되고, 대통령이 되고, 특정한 리더십을 행사하는 과정들에 대한 인과적 설명으로는 설득력이 크지 않다. 사후적 설명에 가까운 것으로 평가된다.

　평생 대통령을 연구한 그린스타인은 성공적 대통령의 요건으로 비전 제시 능력, 소통 능력, 정치적 능력, 조직 능력, 인지 능력, 정서적 능력 등을 열거했다.[50] 성공적 리더십을 위한 모든 자질이 포함되었다고 볼 수 있다. 국민들에게 비전을 제시하고, 국민들과 소통하며, 의회를 이끌고 갈 정치적 능력이 있어야 하고, 행정부 조직을 통제할 수 있는 조직 능력을 갖추고, 문제를 정확히 파악할 수 있는 인지 능력과 이 모든 과정에서 정신적으로 불안정해지지 않을 수 있는 능력을 갖추어야 성공적인 대통령이라는 것이다. 그린스타인은 특히 정서적 자질을 중시하기는 하지만, 여섯 가지 자질들의 상대적 중요도나 관계들은 설정하지 않았다. 그의 관심사가 아니었을 것이다.

이렇게 볼 때 이론화 수준이나 정치 현실에 대한 통찰력, 그리고 후속 연구들에 대한 영향에 있어서 리처드 노이스타트의 연구에 비견되는 것은 없다고 해도 과언이 아니다. 사실, 반세기가 넘는 기간 동안 대통령의 권력에 관한 거의 모든 논의들은 그의 저서로부터 출발하곤 했다. 1960년에 출판된 『대통령의 권력: 리더십의 정치(Presidential Power: The Politics of Leadership)』는 대통령이 권력을 행사하는 방식에 관한 가장 현실적이고 설득력 있는 분석으로 받아들여졌고, 이후의 연구들의 방향을 설정해 주었다. 노이스타트의 주장은 단순명료했다. 미국 정치체계에서 대통령의 권력은 명령하는 힘이 아니라 '설득하는 힘(power to persuade)'이고 이는 개인적 자질에서 나온다는 것이다.

노이스타트의 문제의식은 두 가지에서 출발한다. 첫째는 미국 정치체계에서 대통령직의 의미가 변화되었다는 점이다. 19세기 대통령들이 흔히 다른 행위자들의 요구를 들어주는 상점 지배인(clerk)의 역할을 했다면, 현대 대통령의 역할은 리더로 바뀌었다는 것이다.[51] 대공황과 2차 세계대전, 그리고 냉전을 겪으면서 위기관리가 일상적인 것이 되었기 때문이다. 미국 정치제도에서 대통령 이외에 누구도 이 역할을 감당할 수 없다. 아이젠하워 백악관에 직접 참여하기도 했던 노이스타트는, 미국 정치제도에서 대통령이 리더의 역할을 성공적으로 수행하기 위해 어떻게 해야 하는지, 어떻게 해야 대통령이 강력한 권력을 구축하고 행사할 수 있는지를 대통령들에게 설명하듯이 분석하려 했던 것이다.

둘째는 미국 정치제도의 본질적 성격에 대한 진단이다. 1787년의 제헌의회가 만들어 놓은 것은 흔히 이야기되듯이 권력분립적 정부가 아니라, '권력공유제 정부'이다.[52] 대통령도 거부권 행사 등을 통해 입법과정에 중대한 영향력을 행사하며, 의회는 관할권과 예산을 분배하면서 행정부 부서들을 관리할 수 있다. 헌법을 해석하는 사법부 역시 모든 법률과 정책에 간여할 권리가 있다.

리더의 역할을 수행해야 하는 대통령이 권력공유제 정부라는 제도적 제약 속에서 어떻게 전략적으로 행동해야 권력을 극대화할 수 있는가? 이것이 노이스타트가 설정한 문제로, 다분히 훗날 제도론자들의 문제 설정과 유사하다. 노이스타트의 연구를 개인적 수준의 사례와 일화에만 의존한 기술(description)이자 일반화될 수 있는 이론이나 가설과는 거리가 먼 것으로 평가하는 것[53]은 과장을 넘어선 오독일 수 있다. 『대통령의 권력』이 "이후 30년 이상 대통령 연구들을 잘못된 방향으로 인도한 책임이 있다"기보다는 이후의 연구들이 『대통령의 권력』을 발전시켜 나가지 못했을 수 있는 것이다. 출판 후 40년이 지난 뒤, 노이스타트 자신이 가장 아쉬워했던 것이 이 점이다.[54] 노이스타트가 제시한 다양한 명제들과 변수들에 대해 정교한 가설을 도출하고 검증하는 시도들이 제대로 이루어지지 않았던 것이다.*

다양한 행위자들이 일정한 영향력을 지니고 있는 권력 공유제에

---

* 유일한 예외가 또 다른 대가 존스에 의해 40년만에 이루어졌다. Charles O. Jones, "Professional Reputation and Neustadt Formulation," *Presidential Studies Quarterly*, 32:1(2001), pp. 281-295 참조.

서 정치적 영향력은 상호의존적일 수밖에 없으며, 협상(reciprocal bargaining)을 통해 이루어지게 된다. 모든 행위자들은 각자의 이익과 영향력을 지니고 있어서 대통령의 명령을 따르지 않기 때문이다. 따라서 협상을 통해 대통령은 다른 행위자들로 하여금, 대통령이 원하는 대로 따르는 것이 그들 자신을 위해서도 좋은 것이라고 생각하도록 설득해야 한다.

이 협상에서 대통령이 활용할 수 있는 자원은 세 가지이다. 우선 대통령직 자체가 지닌 고유한 이점들(vantage points)이 있다. 헌법에 명시된 대통령의 권한들, 국가 원수로서 국가를 대표하는 직위가 지닌 권위, 그리고 다른 모든 행위자들의 기대에 부응하도록 주도권을 행사해 줄 수 있다는 점(clerkship)이다.[56] 둘째, 정치인으로서 대통령의 정치적 평판(professional reputation)이 유용한 자원이 된다. 대통령이 지니고 있다고 짐작되는 여러 가지 이점들을 실제 사용하려는 의지와 능력이 대통령에게 얼마나 있는지에 대해 다른 정치행위자들이 평가하게 되고, 이에 따라 이들이 설득될 수 있기 때문이다.[57] 마지막으로 대중적 지지(public prestige) 역시 중요하다. 대통령을 대중들이 어떻게 보고 있는지, 그리고 대통령을 따를 경우 대중들이 자신을 어떻게 생각할지에 대한 전망에 따라 정치행위자들의 행동이 변화할 수 있는 것이다.[58] 요컨대 대통령직에 고유한 권한뿐 아니라 워싱턴 정가에서의 평판과 여론의 지지를 활용하여 대통령은 다른 행위자들과의 협상을 유리하게 이끌 수 있다는 것이다.*

---

* 앞에서 살펴본 합리적 선택 제도론자들의 일방적 대통령론이 수립한 '이론'과 비교해 보라. 권력 분배가 명확하지 않은 제도적 맥락에서 선수와 집합행동과 정보의 이점을 지닌 대통령이 전략적으로 행동하여 권력을 증대시켜 나간다는 이들의 이론은 무엇이 다

이 세 가지 자원을 지니고 특정한 선택을 할 때마다 대통령은 자신의 권력에 어떤 영향이 올지 가늠할 수 있어야 한다. 이번의 선택이 다음의 협상과 권력에 누적적 영향을 가져오기 때문이다. 이 능력은 대통령마다 다르며, 순전히 개인적 자질에 따라 차이가 난다. 개인적 자질로 노이스타트는 목적 의식(sense of purpose)과 권력 의지(feel for power), 그리고 자신감(source of confidence)을 들고 있는데, 이러한 자질은 경험과 성격에 의해 형성된다.[59] 성격에 대해 노이스타트는 직접적으로 논의하거나 바버처럼 유형을 다루지는 않으며, 루스벨트 사례를 통해 자신감, 호기심, 사회성, 추진력, 공감능력과 같은 긍정적 성격들을,[60] 그리고 존슨과 닉슨 사례들을 통해 강박감, 불안감, 아집 등과 같은 부정적 성격들을 예시하고 있다.[61] 결국 대통령의 권력은 성격이라는 개인적 자질로 환원된 것이다.

초판에서 루스벨트와 트루먼, 아이젠하워까지, 그리고 두 번의 개정판에서 케네디와 존슨, 닉슨, 카터, 레이건까지 다룬 노이스타트의 연구는 수많은 사례들과 풍부한 통찰들로 가득 차 있을 뿐 아니라, 논의 자체가 대단히 복잡하다. 더욱이 노이스타트가 제시하는 많은 요소들과 개념들 간의 관계도 명확히 제시되거나 확정되지 않은 듯이 보인다. 그렇기 때문에 노이스타트의 연구가 검증 가능한 가설들을 제공하지 못한다고 합리적 선택론자들이 비판했던 것이다.[62] 그러나 이는 노이스타트의 전체 분석틀(complete schema)과 이 안

른가? 노이스타트의 회고에 따르면, 하버드 대학에서 그를 교수로 초빙할 당시 몇몇 동료 교수들이 그의 연구가 너무 "로체스터(Rochester)스럽다"며 반대했다고 한다. Matthew J. Dickinson, "We All Want a Revolution: Neustadt, New Institutionalism, and the Future of Presidency Study," *Presidential Studies Quarterly*, 39:4(2009), p. 789 참조.

에서 그가 주목한 핵심 요소들 간의 관계와 흐름을 제대로 파악하지 못한 결과로 보인다.

노이스타트의 저서가 출판된 수년 후에, 경이로운 분석력을 지닌 한 정치학자가 노이스타트의 논지 전체를 철저하게 해부하여 단하나의 그림으로 정리했다.[63] 〈그림 5-1〉이 스펄릭의 정리인데, 이를 바탕으로 노이스타트의 논의의 흐름을 파악해 보자. 〈그림 5-1〉의 윗부분은 노이스타트의 핵심 명제를 보여 준다. 대통령이 강한 리더십을 지니기 위해서는 다른 행위자들과의 협상에서 성공을 거두어야 하는데, 이를 위해서는 항상 권력을 확보하고 있어야 하며, 이는 정책결정에 있어서 올바른 선택을 하는 데(making right choices) 달려 있다. 노이스타트의 전체 분석틀에 있어서 핵심적인 요소는 '올바른 선택'인 것이다. 올바른 선택이 어떤 메커니즘을 통해서 권력을 확보하는 데 핵심이 되는지, 또 올바른 선택을 하기 위해서 무엇이 필요한지가 곧 노이스타트 논의의 전부이다.

실선 화살표(→)로 이루어진 부분은 올바른 선택이 대통령의 권력을 보장해 주는 과정에 대한 분석이다. 우선 올바른 선택이 반복되면(①) 이에 대한 정치권의 인식이 형성되고(②), 이는 대통령에 대한 평판을 제고하여(③) 대통령의 권력을 확고히 해준다(④). 다른 한편, 올바른 선택이란 국민들에게 현실감을 일깨워주는 것(teaching realism)이어야 하는데(①*), 이는 국민들의 기대 수준을 낮추고 우발적 사태들이나 국정의 위기 상황들에 대한 좌절감을 완화해 준다(⑤, ⑥). 이렇게 해야 대통령에 대한 대중적 지지가 유지되며(⑦), 대중적 지지를 제고하는 데는 대통령의 올바른 성격(right kind of personality)도 중요하다(⑨). 이 대중적 지지도는 정치권의 인식에 큰 영향을

그림 5-1 노이스타트의 전체 분석틀(Complete Schema)

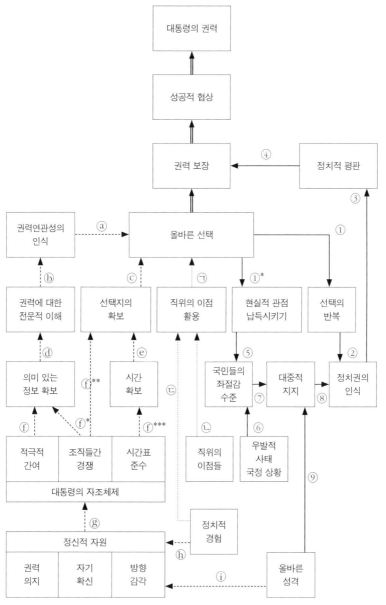

출처: Peter W. Sperlich(1969), p. 177에서 재인용. 화살표 종류와 순서는 저자 작성.

미치게 된다(⑧).

　올바른 선택을 하기 위해서는 무엇이 필요할까? 점선 화살표(┈▶)로 이루어진 두 부분이 이에 대한 해답이다. 간단한 것은, 대통령의 직위가 지닌 이점들을 잘 활용하는 것이다(㉠). 이를 위해서는 당연히 이점들이 확보되어 있어야 하는데(㉡), 보다 중요한 것은 이점들을 활용할 줄 알게 해 주는 정치적 경험이다(㉢).

　굵은 점선 화살표(┈▶)로 이루어진 부분이 노이스타트 연구의 핵심으로, 올바른 선택을 하기 위해 필요한 대통령의 개인적 자질을 다루고 있다. 노이스타트가 말하는 개인적 자질은 대통령의 내적, 정신적 능력(inner resources)이다. 이는 정치적 경험(ⓗ)과 올바른 성격(ⓘ)에 의해 형성되는데, 노이스타트가 주목하는 것은 권력에 대한 감각, 자기 확신, 방향 감각이다.

　이러한 정신적 능력에 따라 대통령은 자조체제(presidential self-help)를 구축한다(⑧). 자조체제의 핵심은 세 가지이다. 결정 사안들에 대해 대통령이 적극적으로 간여하는 것, 하위 조직들 간에 경쟁을 유도하는 것, 그리고 모든 사안들의 결정 시한을 스스로 정하고 지키는 것이다. 이 자조체제에 의해 대통령은 유의미한 정보를 제공받을 수 있고(ⓕ, ⓕ*), 여러 가지 선택지들을 확보할 수 있으며(ⓕ**), 시간 여유를 고려하면서(ⓕ***) 선택지들을 검토할 수 있다. 의미 있는 정보들이 충분히 확보되면, 대통령은 자신의 권력과 연관된 측면들을 고려할 수 있게 되어(ⓓ) 선택에 따른 권력의 손익을 계산하게 된다(ⓑ). 이와 같이 권력연관성을 파악하고(ⓐ) 선택지를 확보하는 것(ⓒ)이 직위의 이점을 활용하는 것과 함께 대통령이 올바른 선택을 하는 데 필수적이다.

이 분석틀에서 독립변수는 세 가지이다. 그러나 우발적 사태와 같은 것은 통제될 수 없는 것이므로, 의미 있는 독립변수는 정치적 경험과 올바른 성격이다. 이 두 변수가 궁극적으로 대통령의 정신적 자질을 형성하여 자조체제를 구축할 수 있게 해 주어 올바른 결정을 하도록 이끄는 것이다. 곧, 철저히 개인 수준의 분석인 셈이다.

그렇지만 이 분석틀에서 각 요소들 간의 관계와 그 흐름은 대단히 복잡하게 설정되어 있으며, 부분적인 변수들 간 관계는 개인 수준의 분석을 뛰어넘는다. 예컨대 대통령이 하위 조직들 간의 경쟁체제를 만들지(ⓕ*) 않았을 경우 어떤 문제가 발생할까? 정보와 선택지가 제한되어 올바른 선택을 할 수 없게 된다는 노이스타트의 통찰은 곧 집단 사고(group think)와 같은 조직 수준의 이론에 연결될 수 있다. 또한 대통령이 국민들의 기준을 낮추어야 한다면(⑤), 대중 대통령론이나 수사 대통령론이 주목하는 공약들과 비전들은 어떻게 이해되어야 할까? 이처럼 노이스타트의 분석틀로부터 다양한 가설들과 문제들이 도출될 수 있다. 이런 면에서 합리적 선택 제도론자들이 다룬 문제들은 이미 노이스타트의 문제의식에 포함되어 있었다고 평가할 수 있다.[64]

권력 공유의 미국 정치제도가 부과하는 제약 속에서 대통령이 리더십을 행사할 수 있는 길은 무엇인가? 왜 동일한 제도 속에서 어떤 대통령은 강력한 권력을 구축했고, 어떤 대통령은 제대로 주도권을 행사하지 못했을까? 대통령의 권력과 연관된 다양한 요소들 간의 복잡한 관계를 환원해 들어가면, 또한 루스벨트 이후 현대 대통령들의 경험을 면밀히 분석해 보면, 이에 대한 해답을 대통령들의 개인적 자질에서 찾을 수 있을 것이다.

구조적 맥락과 리더십

노이스타트는 루스벨트 이후 두 대통령의 사례로부터 대통령의 성공적인 리더십에 요구되는 개인적 자질을 도출했다. 가장 성공적인 대통령을 기준으로 하여 두 후임 대통령들의 잘잘못을 비교했던 셈이다. 그러나 시간의 지평을 확장하면, 이와 다른 관점을 지니게 된다.* 우선, 대통령이 된 것만으로도 성공적인 정치인으로 평가받을 수 있으나, 이 중 많은 수가 실패한 대통령으로 기록되었다. 애초에 풍부한 경험과 정신적 자질을 지니고 있지 않았다면, 이들이 어떻게 대통령의 지위에 오를 수 있었을까? 또한 대단한 능력을 지녔다고 평가되다가 취임 후 평범한 대통령으로 기억되는 경우도 많으며, 여러 가지 개인적 결함을 지니고 있었지만 가장 성공적인 리더십을 행사했던 경우도 있다.**

요컨대 성공적인 리더십을 만들어 내는 데에는 대통령의 개인적 능력이나 자질 이외의 요소가 작동한다고 볼 수 있는 것이다. 예를 들어, 역사상 성공적 대통령들의 역할을 분석한 브루스 애커먼 (Bruce Ackerman)은 '헌정적 계기(constitutional moment)'를 중시한다.[65] 그는 미국 정치질서를 대통령, 의회, 사법부 등 각각의 제도들에게 정당성 있는 역할과 권한을 부여하는 헌정 레짐(constitutional

---

* 사실 아이젠하워에 대해서도 노이스타트와는 전혀 다르게 평가할 수 있다. 기밀 해제 이후 아이젠하워 문서를 분석한 그린스타인은 '막후의 대통령(hidden hand presidency)'으로 아이젠하워의 리더십을 높이 평가했다. Fred I. Greenstein, *The Hidden Hand Presidency*, Basic Books, 1982 참조.
** 논란의 여지는 있겠으나, 전자의 대표적인 경우로 린든 존슨을 들 수 있을 것이고, 후자의 경우에는 앤드루 잭슨이나 심지어 토머스 제퍼슨까지도 해당될 수 있다.

regime)으로 파악한다. 미국 정치사에는 몇 가지 헌정 레짐들이 존재하는데, 하나의 헌정 레짐에 문제가 누적되면서 다른 레짐으로 변동하는 순간이 헌정적 계기이다. 이 헌정적 계기에는 헌법에 대한 재해석이 초헌법적으로, 곧 기존의 해석을 무너뜨리면서 이루어진다. 따라서 기성 질서에 대한 공격이 감행되고, 기득세력이 반격하고, 미국 정치체계 전체가 헌법의 재해석을 두고 투쟁한다. 마침내 각 제도들의 권한과 관계가 재설정되어 새로운 헌정 레짐이 만들어지면 사법부도 이를 받아들이게 된다. 이 싸움을 이끄는 것이 바로 대통령이라는 것이다. 전 국민을 대표하는 유일한 제도로서 대통령직의 성격 때문이다. 위대한 대통령으로 기억되는 루스벨트 역시 헌정적 계기라는 맥락이 아니었다면 그렇게 평가받지 못했을 것이라는 것이 애커먼의 평가이다.[66]

아론 윌다브스키와 리처드 엘리스(Richard Ellis)도 대통령의 개인적 능력이나 단점을 넘어서는 접근이 필요하다고 강조한다.[67] 대통령의 리더십 스타일을 지지자들의 성격에서 유리시켜 분석한 것이 노이스타트의 문제이며, 이 리더십이 위치한 상황 및 맥락과 직결시켜야 한다는 것이다.[68] 말년의 윌다브스키가 집중했던 문화이론(cultural theory)의 거시적인 수준에서, 이들은 미국 정치문화를 세 가지 갈등적 원리들 간의 끊임없는 경쟁으로 묘사한다. 개인주의, 평등주의, 위계질서(hierarchy)가 그것이다. 정치 리더십은 당대의 사회경제적 성격에 조응하도록 이 원리들 간의 안정적인 균형을 이루는 데서 나온다. 예컨대 1930년대까지의 공화당 시대는 개인주의와 위계질서를 성공적으로 결합했으며, 그 뒤의 민주당 시대는 평등과 개인주의 간에 새로운 균형을 창출해 냈다. 변혁은 기존의 지배적 가치가 대공황과 같은 새로운 사회경제적 문제들에 취약해지고 해답을 제시하지 못할 때 일어난다. 바로 이 '문화적 딜레마'가 정치인들에게 새로운 기회를 제공한다.[69] 성공적인 대통령에게 가장 중요한 능력은 당대의 문화적 딜레마를 감지하고 새로운 시대를 위한 해법을 제시하는 것이다.

헌정적 계기든, 문화적 딜레마든, 이들은 위대한 대통령이 그 후의 변혁을 만들었다고 평가하기보다는, 당대의 정치적 맥락과 구조가 위대한 대통령을 만들었다고 보는 것이다. 제목은 정반대이지만,* 비슷한 시기에 출판된 스코우로넥의 『대통령이 만드는 정치(The Politics Presidents Make)』는 대통령의 리더십에 대해 가장 정교하고 정형화된 구조적 이론을 제시한다.

그의 이론은 두 가지 핵심 개념에 근거를 둔다. 첫째, 대통령의 권력(power)과 권위(authority)를 구분한다. 권력은 대통령이 원하는 결과를 얻기 위해 전략적으로 활용할 수 있는 모든 공식, 비공식적 자원이다. 권위는 대통령이 자신의 행동과 그 결과를 정당화할 수 있는 힘이다.[70] 권위가 구축되어야 대통령으로서 효과적인 정치적 리더십을 행사할 수 있다.

모든 대통령은 물려받은 통치질서를 거부 혹은 청산하려 든다.

---

* 스코우로넥의 구조적 접근의 내용은 대통령 개인의 자질과 능력이 아니라 대통령이 처한 구조적 맥락이 대통령의 리더십을 만든다는 것이다. 그렇다면 책의 제목도 '대통령이 만드는 정치'가 아니라 '정치가 만드는 대통령(the presidents that politics make)'이 되어야 한다는 지적이 있었다. 이에 대해 스코우로넥은 '미국 대통령직이 만드는 정치(the politics that American presidency makes)'가 그의 의도를 정확히 표현하는 것이지만, 부자유스러움으로 인해 '대통령이 만드는 정치'로 정했다고 밝혔다. Stephen Skowronek, *The Politics Presidents Make: Leadership from John Adams to Bill Clinton*, 2nd ed., Harvard University Press, 1997, pp. xv-xvi 참조.

대통령직의 의미는 새로 취임한 대통령이 독립적인 행동을 할 수 있을 때 확보되기 때문이다. 독립적 권력을 장악하고 독자적으로 행동하기 위해서는, 설령 같은 당 소속 전임자로부터 물려받은 것이라도 현상(status quo ante)을 청산해야 한다. 이런 의미에서 모든 대통령들은 기존 질서의 파괴자이다. 그러나 이러한 거부는 헌정질서의 범위 내에서 정당화되어야만 정치체계가 유지될 수 있다. 이와 동시에, 청산을 통해 자신의 리더십을 위한 새로운 정치질서를 만들어 내야 한다.[71] 이렇게 권위를 확보하지 못하면 독립적인 행동을 할 수도 없으며, 자신만의 새로운 통치질서를 세울 수도 없다.

둘째는 레짐(regime)의 개념이다. 명확한 개념 규정 대신 스코우로넥은 일반적인 용법을 받아들이는 듯한데, 레짐이란 한 시대에 받아들여지는 근본적인 통치질서이다.[72] 레짐은 다양한 수준에서 구성되고 결합된다. 핵심적인 것은 이익과 이념과 제도이다. 특정 시기의 통치질서를 떠받치는 특정한 이익과 세력들, 이 질서를 정당화시켜주는 지배적인 이념, 통치행위를 가능하게 해 주는 제도들의 배열이 결합하여 그 시기의 레짐을 구성하는 것이다. 그리고 이 레짐에는 특정한 기본적 정책 처방들이 기약(commitment)되어 있다. 이에 의해 이익과 이념이 결집되고, 이를 위해 제도적 배열이 이루어지는 것이다.

하나의 레짐은 권력을 장악한 새로운 정치연합이 대안적 통치질서에 정당성을 부여하고 자기 구성원들에 유리하게 국가-사회관계를 재구축하면서 시작된다. 이후 이들은 국가 전체의 새로운 정치적 변화와 필요에 부응하도록 근본적인 정책 대안들을 조정하고 구체화해 간다. 그러나 시간이 가면서 이 연합세력들은 레짐의 통치 능력에 부정적 효과를 가져오게 된다. 우선, 정책 대안들을 상황에 맞게 구체화해 가는 과정에서 분파들 간 투쟁이 수반되어 레짐에 대한 지지가 약화될 수 있고, 심한 경우 반대 세력에게 집권 가능성을 열어 주게 될 수 있다. 장기적이면서 보다 치명적으로는, 사회경제적인 거대 변화와 문제가 발생하여 레짐의 근본적인 이념과 이익, 정책 대안이 신뢰를 잃게 되는 것이다. 이렇게 되면 레짐 전체가 부적절한 통치질서로 평가되고 정통성의 위기 속에서 거부당하게 된다. 이처럼 한 레짐은 구축(breakthrough), 쇠락(break-up), 붕괴(break-down)의 과정을 거친다.[73]

미국 정치사에서 스코우로넥이 특정하고 있는 레짐은 여섯 가지이다. 연방주의자들의 국가주의 레짐(1879~1800), 제퍼슨 민주주의 레짐(1801~1828), 잭슨 민주주의 레짐(1829~1860), 공화당 국가주의 레짐(1861~1932), 뉴딜 자유주의 레짐(1933~1980), 그리고 현재의 공화당 레짐(1980~)인데, 일반적인 정당 재편(realignment) 논의들과 크게 다르지 않다. 이 레짐들의 부침 과정과 이 안에서 이루어진 '대통령이 만드는 정치'를 추적하면서 스코우로넥은 대통령 리더십의 반복적인 패턴을 발견했다.

대통령의 권위와 리더십 유형을 결정하는 것은 레짐의 두 가지 성격이다. 하나는 기존의 레짐, 즉 지배적 정치연합의 이익, 이념, 제도에 대해 대통령이 지닌 연관성이다. 간단히 말해 대통령이 지배적

---

* 레짐에 대해 스코우로넥이 보다 명확하게 설명한 글로, Stephen Skowronek, "A President's Personal Attributes are the Best Predictors of Performance in the White House: Con." in Richard J. Ellis and Michael Nelson, eds., *Debating the Presidency: Conflicting Perspectives on the American Executive*, 2nd ed., CQ Press, 2010, pp. 197-200 참조.

정당 소속인가, 반대당 소속인가 여부이다. 둘째는 기존 레짐의 성격이다. 기존 통치질서가 새로운 거대 문제들에 대해 대처할 능력이 없고 붕괴 직전의 취약한 상태일 경우, 또는 기존의 이익, 이념, 제도가 상당한 적응력과 유연성을 지니고 있는 경우로 나누어 볼 수 있다. 이 둘을 조합하면, 대통령이 행동할 수 있는 네 가지 기회구조가 생긴다. 각각의 경우, 대통령은 권위 구축의 기회와 가능성이 다르고 대통령이 만드는 정치의 성격이 다르다. 〈표 5-1〉이 스코우로넥이 제시하는 '대통령이 만드는 정치'의 유형이다.

첫 번째 경우는 재편의 정치(politics of reconstruction)이다. 기존 레짐에 대한 불만이 고조되어 정통성에 대한 의문이 제기되는 가운데, 반대 정당이 대통령 선거와 의회 선거에서 대승을 거두며 집권하게 되는 경우이다. 제퍼슨, 잭슨, 링컨, 루스벨트, 레이건 등이 이에 해당된다. 이들은 과거의 질서에 어떠한 연관성도 지니지 않으므로 독자적으로 새로운 이익과 이념과 제도를 재구성할 수 있다. 가장 효과적으로 권위를 구축하고 권력을 행사할 수 있는 것이다. 대통령의 권력 행사에 제약이 되는 유산을 물려받지 않았기 때문만이 아니다. 권력 행사의 가장 효과적인 자원, 곧 과거에 대한 완전한 청산을 자유롭게 활용할 수 있기 때문이다.

재편의 대통령이 이전 레짐을 붕괴시킨 문제들을 반드시 해결하는 것은 아니다. 예컨대 노예제 문제에 대한 링컨의 대안은 결국 남북전쟁의 파국까지 초래했고, 루스벨트의 뉴딜도 1930년대 말까지 대공황에서 벗어나도록 하지 못했다. 이들의 역할은 국가가 당면한 중대 문제를 직시하여 과거 레짐에 그 책임을 지우는 동시에, 새로운 가능성을 통해 새로운 이익과 이념을 결집하는 것이다.[74] 이를 통

표 5-1 대통령 권위의 구조

기존 레짐의 성격	대통령의 정치적 정체성	
	레짐에 반대	레짐 구성원
취약	재편의 정치	이탈의 정치
신축적	선공의 정치	표출의 정치

출처: Stephen Skowronek(1997), p. 36.

해 정당 배열을 재조정하여 새로운 다수 연합을 결성하는 '정당 건설자(party builder)'의 역할을 한다. 정당 재편 시기와 재편의 대통령이 출현하는 시기가 일치하는 이유이다.

재편의 정치의 뒤를 잇는 것이 표출의 정치(politics of articulation)이다. 레짐 수립 당시에 제시되었던 비전들과 약속들이 구체화되고 실현되어 가는 과정이다. 아직 지배적 정치연합의 힘이 굳건하고 반대 정당이 채 회복되지 못한 상황에서, 레짐의 비전, 곧 교리(orthodoxy)를 가다듬고 내용을 채워 넣고 현실에 적용해야 하는 것이다. 이 역할을 감당해야 했던 대표적인 대통령들로 스코우로넥은 먼로, 포크, 시어도어 루스벨트와 존슨을 든다.

표면적으로 표출의 대통령들은 축복받은 상황에서 위대한 업적을 이룰 수 있을 듯 보인다. 레짐의 전성기에 수확을 거두는 역할을 부여받은 '교리 부흥자(orthodox innovator)'인 것이다. 그러나 스코우로넥이 발견한 것은 비극적 상황이다.[75] 포크, 루스벨트, 존슨, 심지어 트루먼의 경우에서 보듯이, 표출의 대통령들은 재선을 포기했다. 두 가지 이유에서다. 하나는 지배 연합 내부의 분열과 갈등이다. 수립 당시의 비전을 변화하는 현실에 구체적으로 적용하는 과정에서 필연적으로 교리의 진정한 내용이 무엇인가를 두고 노선 투쟁이 격화된다. 또한 기약들이 실현되어 가면서, 기대가 배신으로 바뀌고 이익들 간의 충돌을 피할 수 없게 된다. 갈등 분출의 정치가 초래되고 지지층 내부에서 공격을 받게 되는 것이다. 다른 하나는 표출의 대통령들이 지닌 권위 구조의 성격이다. 이들에게는 대통령의 독자적 권위의 기반으로서 거부와 공격의 대상이 없다. 물려받은 레짐을 제대로 지키고 발전시켜야 하는 과업은 지배 연합에 참여한 모든 행위자들과 공유해야 하는 것이며, 대통령만의 독자적 권위를 가져다주지 않는다. 대통령에 대한 내부의 공격을 물리칠 수 있는 근거가 되지 못하는 것이다. 독자적 행동을 위한 권위 구조를 구축하지 못한 이 대통령들의 마지막 선택은 '자발적 퇴장(voluntary exit)'이다. 그간의 권력 행사가 개인적인 욕심과 충동 때문이 아니라 레짐을 위한 선의의 행동이었음을 스스로 증명하려 드는 셈이다.

레짐의 신축성(resilience)이 악화되고 새로운 문제들이 만연했을 때 지배 연합의 대통령이 봉착하게 되는 것이 이탈의 정치(politics of disjunction)이다. 애덤스 부자, 피어스, 뷰캐넌, 후버, 카터가 이에 해당된다. 모두 역사상 가장 무능력한 대통령으로 평가받지만, 스코우로넥은 대통령의 리더십이 불가능한 상황에서 집권했음에 주목한다.

이 시기에는 지배 연합 내부의 갈등이 심각해질 뿐 아니라, 국가가 직면한 문제들에 대해 기존 레짐이 해법이 될 수 없다는 인식이 만연하면서 정통성의 위기가 깊어진다. 대통령들은 모두 자신이 속해 있는 레짐의 취약성을 공공연히 인정하며, 이를 치유하고 복구하여 국가적 문제들을 해결하겠다고 약속한다. 그러나 문제가 해결될 가능성도 낮을 뿐 아니라, 시도 자체가 대통령의 권위 기반을 허물고 정통성의 위기를 심화시킨다. 치유와 복구의 명분으로 기존 레짐의 이익과 이념과 제도에 도전하는 경우, 자신의 지지기반으로부터 스스로 이탈하는 결과가 초래된다. 기존 레짐에서 충분히 멀어지지 않는 경우에는, 별로 새로울 것이 없고 그 자체가 문제의 일부라는 공격에 취약해질 수밖에 없다. 이런 상황에서 상대 정당의 재편의 정치인에게 참패하게 되는 것이다.[76]

마지막 유형은 선공의 정치(politics of preemption)이다. 지배 연합의 생존력이 충분한 상태이지만, 내부 분열이나 불만으로 인해, 혹은 우발적으로 조성된 기회에 의해 일시적으로 반대 정당이 대통령 선거에서 승리하는 경우이다. 타일러, 앤드루 존슨, 클리블랜드, 우드로 윌슨, 닉슨, 클린턴이 이에 해당된다. 일반화하기 어려운 유형이기는 하지만 스코우로넥이 발견한 것은 경이롭다. 이들 중 다수가 '인격 살해'의 시도 속에서 실질적으로 탄핵되거나 탄핵의 대상이 되었던 것이다.[77]

선공의 대통령들은 물려받은 레짐이 없으므로 독자적 행동의 여지를 지니고 있다. 이들은 기존 레짐의 문제들을 들추어 내고 거부하면서 새로운 대안을 제시하곤 한다. 그러나 안정적인 대안적 질서를 구축할 정도로 기존 통치질서에 깊이 침투한 것은 아니며, 기존 레짐의 생존력은 여전히 강하다. 재편의 정치를 만들 수 있는 상황이 아니므로 선공의 대통령들은 기회주의적인 전략을 취한다. 기존 레짐 내부의 이익 균열과 분파적 불만을 이용하면서 제3의 길과 같은 혼합적 해결책을 제시하는 것이다. 이러한 전략이 성공적일 경우 선공의 대통령들은 재선에 성공한다. 나가올 정당 재편의 신구자가 되는 경우도 있다. 그러나 아직 강력한 기존 레짐의 수호자들에게 이들은 응징의 대상이 되곤 한다. 혼합적 해결책이나 기회주의적 전략이 곧 정치적 책략으로 비난받게 되고 흔히 인격의 문제로 공격받게 되는 것이다.[78]

스코우로넥의 접근은 발견적이고 귀납적이다. 200여 년의 미국 정치사를 연속하는 레짐들로 나누고, 각 레짐들 속에서 경이로울 정도로 반복해서 나타나는 대통령 리더십의 유형들을 발견한 것이다. 이 리더십 유형들을 결정한 원인을 그는 구조적 성격에서 찾는다. 대통령이 직면한 '정치적 시간(political time)', 곧 대통령이 처한 정치적 맥락이 대통령이 독립적으로 리더십을 행사할 수 있는 기회와 공간을 결정한다는 것이다.

대단히 강력한 구조적 설명이지만, 스코우로넥은 결정론적 입장은 피하려 한다. 유형이 같다고 해서 동일한 것은 아니기 때문이다. 두 가지 예를 들 수 있다. 노이스타트가 실패한 대통령의 전형으로 간주했던 아이젠하워에 대해 스코우로넥은 가장 성공적인 선공의 리더십으로 평가한다. 자신의 정치적 시간을 정확히 인식하고 주어진 권위의 범위를 범어서지 않으려 했다는 것이다. 덕분에 다른 선공의 대통령들처럼 실질적 탄핵의 상황에 처하지도 않았고 인격 살해의 대상이 되지도 않았다.[79] 상반되는 예는 그로버 클리블랜드(Grover Cleveland)이다. 경제위기와 농업 부문의 불만이 고조되는 가운데 치러진 1892년 선거에서 민주당은 남북전쟁 이후 처음으로 양원의 다수당이 되었고, 클리블랜드는 두 번째로 백악관에 입성했다. 재편의 리더십을 발휘할 기회가 주어졌던 것이다. 그러나 클리블랜드는 기존 공화당 레짐에 대해 거부의 정치를 하는 대신, 민중주의 세력과 거리를 두었다. 민주당 지지층을 확장하는 대신에 공화당이 강화되는 기회를 주었고, 결국 1896년 선거를 통해 공화당 레짐이 다시 한번 수립되었다. 재편의 정치를 할 기회에 클리블랜드는 가장 소극적으로 선공의 리더십을 추구했던 것이다.[80] 요컨대 스코우로넥의 구조는 대통령의 리더십이 움직일 수 있는 공간을 결정하지만, 개인적 능력과 자질에 따라 이 공간 안에서 운신의 폭이 변할 수는 있는 것이다. 그러나 공간의 벽을 넘어서는 것은 불가능하다는 점에서 구조적인 설명이다.

자신의 구조적 설명에 대해 스코우로넥이 유연한 입장을 취하는 또 다른 이유는 현대 미국 정치의 변화에 있다. 전형적인 재편의 리더십을 행사할 수 있었던 레이건의 경우, 다른 재편의 대통령들에 비해 정치적 결과가 훨씬 미진했다. 공화당이 의회에서 압도적인 우위를 장악하지도 못했고, 새로운 비전과 기약들이 충분히 실현되지도 않았으며, 새로운 균열구조로 정당이 재편되지도 않았다. 그 이유를 스코우로넥은 20세기 중반 이래 미국 정치의 제도적 변화에서 찾는다. 대통령뿐 아니라 의회와 정당, 이익집단 등 미국 정치를 구성하는 다양한 행위자들의 제도적 자원과 권력이 크게 강화되어 온 것이다. 그 결과 대통령이 발휘할 수 있는 재편의 정치의 동력은 크게 훼손되었다. 기존 질서를 구성하고 있는 각 영역에서 저항이 강력해졌기 때문이다. 정치적 시간이 저물어 가는(waning of political time) 가운데 대통령의 변혁적 리더십, 재편의 리더십을 다시 보기 힘들 가능성도 스코우로넥은 제시한다.[81]

19세기 대통령들과 현대 대통령들의 구분을 허물고 미국 정치사 전체를 통해 스코우로넥이 발견한 경이로운 패턴이 정확한 것이라면, 미국 대통령의 리더십에 대해 몇 가지 중대한 가설 또는 관점이 제기될 수 있다. 우선, 가장 성공적인 대통령의 리더십은 몇 명의 재편의 대통령들에게서만 발견된다. 이들은 정통성의 위기와 국가적 문제를 해결하면서 새로운 정치연합과 새로운 레짐을 건설하는 리더십을 발휘한다. 그러나 이 '대통령들의 정치'는 이들의 개인적 자질과 능력에 의해 '만들어진' 것이 아니다. 붕괴해 가는 기존 레짐의 취약성이라는 구조적 맥락이 이들에게 기회를 제공한 것이다. 이들 못지않게 훌륭한 능력을 지닌 대통령이라도 권위 구조가 다르면 성공적인 리더십을 발휘할 수 없다는 것이 스코우로넥의 구조적 관점이다. 그렇지만 정반대의 경우를 상정하면, 개인적 능력의 영향을 어느 정도 인정할 수 있다. 기존 레짐이 극히 취약해졌을 때 반대당으로 집권했으나 재편의 정치를 이루지 못한 클리블랜드 같은 경우이다. 이전의 집권 경험 때문이든, 민중주의 세력에 대한 반대 때문이든, 클리블랜드는 다른 재편의 대통령들과 달리 구조가 가져다준 기회를 살리지 못했던 것이다. 개인적 자질과 능력에 대해 검토하지 않을 수 없다.

스코우로넥의 유형 중 구조가 가장 큰 결정력을 지니는 경우는 이탈의 리더십이다. 자신이 속한 레짐이 붕괴되고 있고 해결 불가능한 거대 문제들에 봉착한 대통령에게는 리더십을 발휘할 아무런 기회가 주어지지 않는다. 상대 당에 의한 재편을 기다릴 뿐이다. 이탈의 대통령들을 설명하는 데에는 개인적 능력의 변수가 들어설 여지가 없다.

나머지 두 유형에 있어서는 개인적 접근이 상당한 설명력을 지닐 수 있다. 아이젠하워와 닉슨과 클린턴을 비교해 보라. 모두 선공의 대통령들이지만 다른 평가를 받는다. 아이젠하워는 소극적이었지만 뉴딜과 냉전의 질서를 온존한 성과를 인정받았고, 클린턴은 인격 살해를 받으면서도 재선에 성공했지만, 닉슨은 실질적으로 탄핵되었다. 선공의 기회구조가 가져오는 벽을 넘지는 못했으나, 이 공간 안에서 상당히 다른 운명을 맞았던 것이다. 개인적 능력에 따른 리더십의 차이로 설명되어야 할 부분이다. 표출의 대통령들도 자발적 퇴장이나 재선 실패가 예기된 것이라 하더라도 리더십의 성격이나 그 결과에 있어서는 큰 차이를 지닌다. 2차 세계대전과 한국전쟁을 치른 트루먼, 베트남전쟁을 치른 존슨, 1차 이라크전쟁을 치른 41대 부시를 같다고 보기는 힘들지 않은가?

이렇게 본다면, 스코우로넥의 관점을 받아들이더라도 대통령의 리더십을 결정하는 구조 수준과 개인 수준의 변수들에 대해 어느 정도 균형을 취할 수 있다. 초대 대통령을 재편의 리더십으로 볼 수는 없으니, 지금까지 미국에는 5명의 재편의 대통령, 그리고 같은 수의 이탈의 대통령이 있었던 셈이다. 이 열 명의 리더십을 설명하는 데에는 구조가 강력한 변수일 것이다. 역대 대통령들의 대부분인 33명*의 리더십에 대해서는 오히려 구조를 상수로, 그리고 개인적 능력을 변수로 보는 것이 보다 의미가 있을 수 있다. 기회구조가 허용하는 범위를 규명하고 이 범위 내에서 발휘된 리더십과 성과의 차이를 설명해야 하지 않을까? 다시 노이스타트로 돌아가되, 스코우로넥을 디디고 가야 할 것이다.

---

* 초대 워싱턴은 제외. 클리블랜드는 22대와 24대 두 번 역임.

트럼프 시대

현대 대통령들의 권력자원과 수단은 지속적으로 증대되고 확장되어 왔다. 현대 국가의 필요성 때문에 행정부의 조직과 기능이 거대해졌고, 이를 통제하기 위해 전문적인 백악관 참모조직도 증강되었다. 헌법은 변하지 않았으나, 거대해진 연방정부의 중심에서 대통령이 국정을 이끌어야 한다는 새로운 규범이 정치 행위자들과 국민들 전반에 확산되었다. 국민으로부터의 권한 위임을 주장하며 국민적 지지를 호소하여 의회를 압박할 수도 있게 되었다. 그렇지 않더라도 의회를 우회하여 일방적 행동을 할 수 있는 수단들까지 재발견하게 되었다.

그러나 증대된 권력자원과 수단이 성공적인 대통령을 보장하는 것은 아니다. 권력은 상대적인 것이다. 제왕적 대통령에 대한 우려가 팽배했던 1970년대에는 의회의 권력과 권한이 다시 강화되었고, 1990년대에는 정치자금과 선거운동을 통해 정당의 역할이 강화되기 시작했다. 심지어 2010년대에는 티파티와 같은 시민운동 조직들의 영향력이 과시되기도 했다. 또한 대통령의 권력이 아무리 커진다 해도, 또 양당이 더욱 양극화되고 내적으로 결집한다 해도, 미국식 대통령제가 내각제 수상 정부가 될 수는 없다. 조건적 책임정당정부론이 제기되고는 있으나, 이를 위해서는 개헌에 준하는 정치제도 변혁이 있어야 할 것이다. 결국, 원하는 프로그램을 관철하기 위해 대통령은 의회와 같은 정치제도들과 국민들 안에서 승리연합을 구축하기 위해 끊임없이 노력해야 한다. 이것이 '대통령이 만들어야 하는 정치'이고, 이는 성공적인 리더십을 필요로 한다.

끝으로, 트럼프 시대에 대해 잠시라도 논의하지 않을 수 없다.

트럼프가 어떻게 대통령이 되었는지는 아직 제대로 알려진 바 없고, 이 글의 관심사도 아니다. 과연 대통령 트럼프의 리더십은 어떤 성격이며, 어떤 결과를 가져올까?

우선 트럼프는 이 글에서 다룬 두 가지 이점에 크게 의존하는 듯하다. 하나는 선수의 이점이고 다른 하나는 수사적 대통령의 이점이다. 취임하자마자 수많은 행정명령 등 일방적 수단들을 통해 공약을 수행하려 했다. 또한 캠페인 이전부터 즐기던 SNS를 통해 수시로 지지층을 자극하는 전략을 구사한다. 전자는 이미 연방 지방법원 판사에 의해 이례적으로 저지된 바 있고, 후자는 새로운 지지층을 확보해 주지는 않는 것 같다. 반면에, 또는 이 때문에, 행정부와 백악관 조직에 대한 장악력에는 문제가 있는 것으로 보인다. 예외적으로 많은 수의 각료, 관료, 참모가 떠나고 있는 것이다. 의회 전체는 물론 원내 공화당의 지지도 매우 낮은 편이다, 감세안, 예산안, 트럼프 케어 등의 입법이 좌초된 바 있다.

노이스타트의 관점에서 트럼프의 경험과 개인적 자질을 평가해도 그리 긍정적이지 않다. 우선 트럼프는 정치적 경력이 전혀 없다. 워싱턴 내부에 대한 지식도, 이해도, 인맥도 없는 것이다. 이것이 오히려 대통령 선거에서는 이득이 되었을 수 있으나, 카터의 경우에서 보듯이 대통령직 수행에는 큰 장애가 될 수 있다. 더욱이 비즈니스의 경험이 정치적 경험을 대신할 수 있고 자신이 협상의 명수라는 착각은 더 큰 위험 요소일 수 있다. 그의 성격에 대해서는 논의하기가 불편하지만, 노이스타트가 거론했던 강박감, 불안감, 아집 등 부정적 요소가 두드러진다는 점을 부인할 수 없다. 그린스타인이라면 더 혹독하게 평가할 수 있다. '미국을 다시 위대하게(Making America Great Again)'라는 구호가 비전이 될 수는 없고, 국민이 아니라 SNS를 하는 열혈 지지층과의 지나친 소통에만 집착하고 있으며, 행정부를 장악하는 조직 능력이나 의회에 대한 정치적 능력도 크게 부족해 보인다. 정책 이슈들의 본질을 파악하는 능력에 대해서는 판단이 어려울 수 있지만, 그린스타인이 가장 중시하는 정서적 안정성과 공감 능력에 있어서는 최악이다. 개인적 수준에서 리더십을 기대하기 어려운 것이다.

구조적인 관점에서 트럼프 시기는 어떤 정치로 평가될까? 한 가지 가능성은 트럼프가 재편의 대통령이 되거나 이런 시도를 하는 것이다. 이 가능성에 대해 스코우로넥은 단호히 부정적이다. 오히려 스코우로넥은 트럼프가 이탈의 대통령이 될 것이라고 예측했다.[82] 레이건 레짐이 여전히 생존력을 지니고 있었기에 오바마는 재편의 기회를 잡지 못했고, 기대와는 달리 대단히 실용주의적인 선공의 리더십을 행사했다. 그러다가 레짐의 취약성이 증대되는 가운데 자기 정당을 부정하는 이탈의 대통령이 집권하게 되었다는 것이다. 트럼프가 유권자 절반의 지지는커녕 공화당의 지지도 확보하지 못했고, 오바마의 유산을 부정하는 것 이외에 대안을 제시하지도 않았다는 점에서, 스코우로넥은 트럼프가 마지막 이탈의 대통령이 될 수 있다고 본다. 2020년 선거에서 민주당의 재편의 정치가 가능하다는 말이다. 하지만 조지프 바이든(Joseph Biden)이 집권한다 해도 이 가능성 역시 그리 커 보이지 않는다.

본문의 주

1) Richard J. Hardy and David J. Webber, "Is It 'Presiden' or 'president' of the United States?" *Presidential Studies Quarterly* 38:1(2007), pp. 159-182.

2) *Ibid.*, pp. 159-166.

3) *Ibid.*, p. 166.

4) Stephen Skowronek, "The Paradigm of Development in Presidential History," in George C. Edwards III and William G. Howell, eds., *The Oxford Handbook of the American Presidency*, Oxford University Press, 2009, pp. 753-757.

5) Stephen Skowronek, *Building a New American State: The Expansion of National Administrative Capacities, 1877-1920*, Cambridge University Press, 1982.

6) *Ibid.*, pp. 285-288.

7) Sidney Milkis, *The President and the Parties: The Transformation of the American Party System Since the New Deal*, Oxford University Press, 1993, pp. 104-111.

8) Terry M. Moe, "The Politicized Presidency," in John E. Chubb and Paul E. Peterson, eds., *The New Direction in American Politics*, The Brookings Institution, 1985, pp. 247-251.

9) Richard Nathan, *The Administrative Presidency*, John Wiley & Sons, 1983, pp. 77-81.

10) Stephen Skowronek, *The Politics Presidents Make: Leadership from John Adams to Bill Clinton*, 2nd ed., Harvard University Press, 1997, pp. 425-429.

11) Robert F. Durant and William G. Resh, "Presidential Agendas, Administrative Strategies, and the Bureaucracy," in George C. Edwards III and William G. Howell, eds., *op. cit.*, p. 577.

12) Jeffrey Crouch, Mark J. Rozell, and Mitchel A. Sollenberger, "The Unitary Executive Theory and President Donald J. Trump," *Presidential Studies Quarterly*, 47:3(2017), pp. 569-570.

13) Richard W. Waterman, "Assessing the Unilateral Presidency," in George C. Edwards III and William G. Howell, eds., *op. cit.*, p. 479.

14) Richard S. Conley, "The Harbinger of the Unitary Executive? An Analysis of Presidential Signing Statements from Truman to Carter," *Presidential Studies Quarterly*, 41:3(2011), pp. 547-548.

15) Joshua B. Kennedy, "Signing Statements, Gridlock, and Presidential Strategy," *Presidential Studies Quarterly*, 44:4(2014), pp. 602-603.

16) Jeffrey Crouch, Mark J. Rozell, and Mitchel A. Sollenberger, "President Obama's Signing Statements and the Expansion of Executive Power," *Presidential Studies Quarterly*, 43:4(2013), pp. 883-884.

17) Richard W. Waterman, *op. cit.*, p. 478.

18) Jeffrey Crouch, Mark J. Rozell, and Mitchel A. Sollenberger, "The Unitary Executive Theory and President Donald J. Trump," *op. cit.*, pp. 571-573.

19) Terry M. Moe and William G. Howell, "Unilateral Action and Presidential Power: A Theory," *Presidential Studies Quarterly*, 29:4(1999), pp. 854-856.

20) William G. Howell, *Power Without Persuasion: The Politics of Direct Presidential Action*, Princeton University Press, 2003, pp. 14-15.

21) Terry M. Moe and William G. Howell, *op. cit.*, pp. 870-872.

22) Patrick B. O'Brien, "A Theoretical Critique of the Unitary Presidency: Rethinking the First-Mover Advantage, Collective-Action Advantage, and Informational Advantage," *Presidential Studies Quarterly*, 47:1(2017), pp. 175-176.

23) *Ibid.*, pp. 176-177.

24) Matthew Dickson and Jesse Gubb, "The Limit to Power without Persuasion," *Presidential Studies Quarterly* 46:1(2016), pp. 49-50.

25) Scoot C. James, "Historical Institutionalism, Political Development, and The Presidency" in George C. Edwards III and William G. Howell, eds., *op. cit.*, p. 68.

26) Samuel Kernell, *Going Public: New Strategies of Presidential Leadership*, CQ Press, 2007(1986), pp. 11-19.

27) *Ibid.*, pp. 33-38.

28) *Ibid.*, pp. 227-234.

29) Theodore J. Lowi, *The Personal President: Power Invested, Promise Unfulfilled*, Cornell University Press, 1985.

30) *Ibid.*, pp. 35-40.

31) *Ibid.*, pp. 59-61.

32) *Ibid.*, pp. 62-65.

33) *Ibid.*, p. 65.

34) *Ibid.*, pp. 19-20.

35) *Ibid.*, pp. 153-175.

36) Scoot C. James, "Between the Promise and Fear: The Evolution of the Presidency," in Joel D. Aberbach and Mark A. Peterson, eds., *The Institutions of Democracy*, Oxford University Press, 2005, p. 10.

37) Scoot C. James, "Historical Institutionalism, Political Development, and The Presidency," *op. cit.*, p. 60.

38) Dennis M. Simon, "Public Expectations of the President," in George C. Edwards III and William G. Howell, eds., *op. cit.*, p. 143.

39) Jeffrey K. Tulis, *The Rhetorical Presidency*, Princeton University Press, 1987, p. 43.

40) Dennis M. Simon, *op. cit.*, pp. 143-144.

41) Jeffrey K. Tulis, *The Rhetorical Presidency*, Princeton University Press, 1987, pp. 62-86.

42) Dennis M. Simon, *op. cit.*, pp. 143.

43) Theodore J. Lowi, *op. cit.*, pp. 22-44.

44) Jeffrey K. Tulis, *op. cit.*, pp. 4-6.

45) Woodrow Wilson, *Constitutional Government in the United States*, Columbia University Press, 1908, pp. 54, 60. Jeffrey K. Tulis(1987), p. 121에서 재인용.

46) Jeffrey K. Tulis, *op. cit.*, pp. 132-136.

47) *Ibid.*, pp. 17-18.

48) *Ibid.*, pp. 161-172.

49) James D. Barber, *The Presidential Character: Predicting Performance in the White House,* Prentice-Hall, 1972.

50) Fred I. Greenstein, *The Presidential Difference: Leadership Style from FDR to Clinton*, Princeton University Press, 2000.

51) Richard Neustadt, *Presidential Power and the Modern Presidents: The Politics of Leadership from Roosevelt to Reagan*, Free Press, 1990(1960), pp. 6-9.

52) *Ibid.*, p. 29.

53) William G. Howell, "Quantitative Approach to Studying the Presidency," in George C. Edwards III and William G. Howell, eds., *op. cit.*, pp. 9-11; Terry M. Moe, "The Revolution in Presidential Studies," *Presidential Studies Quarterly*, 39:4(2009), pp. 703-705; George Edwards, III, "Neustadt's Power Approach to the Presidency. in Robert Y. Shapiro, Martha Joynt Kumar, and Lawrence R. Jacobs, eds., *Presidential Power: Forging the Presidency for the Twenty-first Century*, Columbia University Press, 2000, pp. 11-13.

54) Richard Neustadt, "Presidential Power and the Research Agenda," *Presidential Studies Quarterly*, 32:4(2002), p. 721.

55) Richard Neustadt, *Presidential Power and the Modern Presidents: The Politics of Leadership from Roosevelt to Reagan*, p. 30.

56) *Ibid.*, pp. 30-32.

57) *Ibid.*, pp. 50-52.

58) *Ibid.*, pp. 73-79.

59) *Ibid.*, pp. 128-130.

60) *Ibid.*, pp. 131-133.

61) *Ibid.*, pp. 179-181, 185-191.

62) Terry M. Moe, *op. cit.*, pp. 11-13.

63) Peter W. Sperlich, "Bargaining and Overload: An Essay on Presidential Power," in Aaron Wildavsky, ed., *The Presidency*, Little Brown, 1969, pp. 169-81.

64) Stephen Skowronek, "Mission Accomplished," *Presidential Studies Quarterly*, 39:4(2009), p. 800.

65) Bruce Ackerman, *We the People: Foundations*, Harvard University Press, 1991.

66) *Ibid.*, p. 298.

67) Richard Ellis and Aaron Wildavsky, *Dilemmas of Presidential Leadership: From Washington through Lincoln*, Transaction Books, 1989.

68) *Ibid.*, pp. 216-219.

69) *Ibid.*, pp. 229-231.

70) Stephen Skowronek, *The Politics Presidents Make: Leadership from John Adams to Bill Clinton*, pp. 18-19.

71) *Ibid.*, pp. 20-21.

72) *Ibid.*, p. 36.

73) *Ibid.*, pp. 41-42.

74) *Ibid.*, pp. 36-38.

75) *Ibid.*, pp. 41-43.

76) *Ibid.*, pp. 39-41.

77) *Ibid.*, pp. 43-45.

78) *Ibid.*, pp. 44.

79) *Ibid.*, pp. 45-46.

80) *Ibid.*, pp. 48-49.

81) *Ibid.*, pp. 30-32.

82) Richard Kreitner, "What Time Is It? Here's What the 2016 Election Tells Us About Obama, Trump, and What Comes Next," *The Nation*. https://www.thenation.com/article/what-time-is-it-heres-what-the-2016-election-tells-us-about-obama-trump-and-what-comes-next/(검색일: 2018. 8. 11.).

제6장

분점정부와 정부의 통치력

대통령제에서는 여소야대의 의회가 출현할 가능성이 항상 존재한다. 의회 다수당 혹은 다수연합에 의해 행정부가 구성되는 의원내각제와는 달리, 의회와 대통령이 별개의 선거에 의해 선출되기 때문이다. 이렇게 본다면 대통령제하에서 여소야대는 여대야소만큼이나 자연적인 현상이다.

그럼에도 불구하고 한 정당이 양 선거 모두에서 승리하는 것이 당연시되고, 여소야대의 상황은 비정상적인 것으로 여겨지곤 한다. 나아가 여소야대가 되면 의회와 행정부가 대립하여 국정이 마비될 수 있다는 우려도 제기된다. 현실 정치에서 여소야대의 상황은 왜, 얼마나. 자주 발생하는가? 여소야대는 민주적 정부의 효율적 통치에 해가 되는가?

분점정부의 빈도

이론적으로 볼 때, 유권자들의 투표 결정 요인 중 정당의 중요성이 크고 대통령 선거와 의회 선거가 동시에 이루어지는 경우 한 정당이 양 선거 모두에서 승리할 가능성이 클 것이다. 역의 관계도 물론 성립한다. 정당의 투표 결정력이 낮고 양 선거가 상당한 시차를 두고 별개로 이루어질 경우 여소야대의 가능성이 높아질 것이다.

미국은 후자에 해당된다. 우선 대통령 선거와 의회 선거 모두에서 정당의 투표 결정력이 다른 나라들에 비해 상당히 낮다. 또 대통령 임기 중간에 의회만을 대상으로 하는 중간선거(midterm election)가 있다. 더욱이 매 선거에서 상원 의석은 3분의 1만이 선출 대상이 되기 때문에, 정권 교체기에도 상원에서 양당의 균형이 대폭 바뀌기 힘들다. 따라서 〈표 6-1〉과 〈표 6-2〉에서 보듯이 미국의 정치 현실에서 여소야대,* 즉 분점정부(divided government)는 빈번히 출현했다.

의회가 상하 양원으로 구성되어 있고 상원이 하원과 대등한 실질적 권한을 지니고 있는 미국의 경우, 정부 형태는 세 가지로 나타난다. 야당이 양원을 모두 장악한 경우, 야당이 양원 중 어느 하나를 장악한 경우, 그리고 한 정당이 양부 모두를 장악한 단점정부(unified government)의 경우이다. 분점정부에 해당하는 첫 두 가지 상황은 지금까지 40퍼센트 이상 발생했다. 더욱이 1968년 선거 이후에는

---

* 엄밀하게 말하면, 미국의 경우 우리식의 여당이나 야당의 개념이 없고, 따라서 여소야대라는 표현도 없다. 행정부, 상원, 하원이 각각 독립적으로 권력을 공유하고 있으므로 행정부를 장악한 대통령의 정당(president's party), 상·하 양원 각각의 다수당(majority party)과 소수당(minority party)이 있을 뿐이다. 셋 중 어느 하나의 헌법적·정치적 우위를 인정하지 않으므로 '여'의 기준이 없고 따라서 '야'나 '여소야대'도 없는 것이다.

표 6-1 뉴딜체제 이후 정부 형태

분류	시기	행정부	정부형태	의회 형태
1기	1933~1946	민주	단점	
	1947~1948	민주	분점	단점
	1949~1952	민주	단점	
	1953~1954	공화	단점	
	1955~1960	공화	분점	단점
	1961~1968	민주	단점	
	1969~1976	공화	분점	단점
	1977~1980	민주	단점	
	1981~1986	공화	분점	분점
	1987~1992	공화	분점	단점
2기	1993~1994	민주	단점	
	1995~2000	민주	분점	단점
	2001~2002*	공화	분점	분점
	2003~2006	공화	단점	
	2007~2008	공화	분점	단점
	2009~2010	민주	단점	
	2011~2014	민주	분점	분점
	2015~2016	민주	분점	단점
	2017~2018	공화	단점	
	2019~	공화	분점	분점

* 2001년 5월 상원의원 제임스 제퍼즈(James Jeffords)가 공화당을 탈당하여 무소속이 됨에 따라 상원
다수당이 민주당으로 바뀌었다. 따라서 2001년 5월까지는 공화당 단점정부, 그 이후는 분점정부가 되었다.

표 6-2 시기별 단점/분점정부 상황

	단점	분점
1832~2020	50	33
1832~1900	20	14
1900~1952	22	4
1953~1992	7	13
1993~2020	5	9

단점정부가 오히려 희귀할 정도였다.

그러나 이처럼 여소야대 현상이 '구조적'이라고 평가할 수 있을 정도로 자주 출현하는 미국의 경우에도 분점정부가 곧 혼란과 통치 불능의 교착상태를 가져온다는 관념이 광범위하게 공유되어 왔다. 집단적 망각이건, 혹은 분점정부가 바람직하지 못하다는 일반적 관점 때문이건 간에, 선거 결과 분점정부가 발생할 때마다 교착상태에 대한 우려가 표명되곤 했고, 법안이 제대로 처리되지 못할 때마다 분점 상황이 원인으로 거론되곤 했다.

트루먼 시절에 벌어진 다음 소동은 희화적이기까지 하다. 전시 경기가 수그러들면서 인플레이션과 노사분규가 만연했던 시기에 실시된 1946년 중간선거에서 예상대로 집권 민주당은 대패했고, 그 결과 루스벨트 이래 지속되었던 민주당 단점정부가 무너지게 되었다. 이에 대해 공화당의 정치적 공세는 당연하다고 볼 수 있으나, 언론과 학계는 물론 민주당 스스로도 트루먼 행정부-공화당 의회의 분점 상황을 정치적 재앙이자 반드시 고쳐져야 할 비정상 상태로 간주했다. 예컨대 선거 다음날, 민주당 상원 지도부의 핵심인 윌리엄 풀브라이트(J. William Fulbright) 의원은 트루먼에게 공화당원을 국무

장관에 임명한 후 사임하도록 공개 요청했다. 당시 부통령이 공석 중이었으므로 헌법상의 승계원칙에 따라 새로 임명된 공화당 국무장관이 대통령에 취임할 수 있도록 해야 한다는 것이다. 다른 한편, 하원의원의 임기를 4년으로 늘리는 헌법수정안이 제안되기도 했다. 차제에 중간선거에 의해 분점정부가 발생하는 것을 막자는 의도였다.[1] 또 대통령과 공화당 의회 지도부 간의 영수회담이라는 초헌법적 장치를 제도화하자고 제안되기도 했다. 분점정부하에서의 정부의 마비와 통치불능 상태를 막아 보려는 단기적 처방이었다.

지금 생각하면 황당하기까지 한 이런 소동이 일어났던 것은 당시의 상황을 감안해 이해할 수도 있다. 우선 대공황과 2차 세계대전의 위기상황 속에서 강력한 지도력을 발휘했던 루스벨트 사후 얼마 되지 않아, 거의 4반세기 이전에나 가끔 발생했던 분점정부의 상황이 재발된 데 대해 충격이 매우 컸을 수 있다. 또 전후 서구경제를 복구하고 자유진영 간의 새로운 질서를 창출하는 과제를 짊어질 새 정부에 대한 우려 때문이었을 수도 있다. 그러나 당시의 정치인들과 언론인들과 학자들은 미국 정치에서 분점의 상황이 매우 자주 발생한다는 사실을 망각하고 있었고, 더욱이 '이후 더욱 자주 발생하리라는 것'은 짐작조차 못하고 있었다.

당시 트루먼 행정부의 통치 능력과 업적에 대해서는 상이한 평가가 가능하지만, 분점 상황 때문에 통치불능 상태에 빠졌다고 평가되지는 않는다. 오히려 2년 뒤 단점정부를 복구한 이후 트루먼 행정부와 민주당 의회는 심각한 갈등을 겪게 되었다. 요컨대 풀브라이트 등의 우려는 상당 부분 과장되었던 것으로, 풀브라이트를 '하프브라이트(half-bright)'하다고 조롱했던 트루먼의 대응이 맞았던 셈이다.

분점정부의 유형

　트루먼 시기 이후 분점의 상황은 보다 빈번해졌고, 특이한 형태를 지니게 되었다. 실제 아이젠하워의 첫 임기 당시 치러진 중간선거부터 지금까지 분점 상황이 압도적이다. 이를 클린턴 행정부 이전과 이후의 두 시기로 구분하여 살펴볼 필요가 있다. 분점정부의 형태가 다르게 나타났기 때문이다. 클린턴 이전 시기의 분점정부는 다음 두 가지 특성을 지니고 있다.

　첫째, 이전의 분점정부들이 주로 중간선거에 의해 탄생했음에 비해 닉슨 이후의 분점정부는 이와 무관하다. 남북전쟁이 끝나고 원내 양당체제가 복원된 재건기 이후 19세기의 분점정부들과 20세기 전반의 분점정부들(1911~1913; 1919~1921; 1931~1933) 대다수는 중간선거에서 대통령의 정당이 의석을 잃음으로써 초래되었다. 중간선거가 대통령에 대한 평가의 의미를 지니고 있고, 따라서 대통령의 정당이 통상 20~40석의 하원 의석을 잃는다는 점을 감안할 때, 이같이 나타나는 분점정부는 자연스러운 것으로 평가할 수 있다. 그러나 닉슨 시기부터 분점정부들은 대통령 선거 해의 선거(presidential year election)에서 발생하게 되었다. 즉, 대통령 선거와 의회 선거에서 양당이 각각 승리하는 형태의 분점 상황이 벌어져 온 것이다. 이런 현상이 일어나는 것은 유권자들 중 상당수가 '분할투표'를 함으로써 가능하다. 한 유권자가 대통령과 상원의원 및 하원의원으로 각각 다른 정당의 후보를 선호한다는 것은 이 유권자의 투표 결정요인으로서 정당의 결정력이 약화되었음을 의미한다. 이런 현상이 상당수 유권자들에게 나타나고 또 지속되었던 것이며, 그 결과 분점 상황이 발생했던 것이다.

둘째, 아이젠하워 이후의 분점정부들은 공화당이 행정부를 장악하고 민주당이 하원 다수당을 유지하는 형태로 나타났다. 1968년 이후에 벌어진 대부분의 대통령 선거에서는 공화당이 승리했고(카터 시기만 제외), 하원 선거는 모두 민주당이 승리했으며, 상원 선거도 대부분(1981·1986년 제외) 민주당이 승리했다. 이같이 4반세기 동안 양당이 각기 행정부와 의회를 독점한 것은 정치과정에 중대한 영향을 미칠 수 있다. 공화당은 행정부의 입장과 역할에, 민주당은 의회의 입장과 역할에 충실하고 익숙해졌다. 또한 각기 독자적으로 헌법상의 권한을 행사할 수 있는 기반을 지니게 되었으므로, 양당 간 대립이 양부 간 대립으로 전이될 가능성이 높았던 것이다.

반면에 클린턴 시기부터 지금까지의 분점정부는 이전과는 다른 형태이다. 우선, 모든 분점 상황이 중간선거에 의해 초래되었다. 클린턴 시기의 분점정부는 1994년 중간선거에 의해, 43대 부시의 분점정부는 임기 후반 2006년 중간선거에 의해, 오바마의 분점정부는 2010년 중간선거에 의해, 그리고 트럼프의 분점정부는 2018년 중간선거에 의해 시작되었던 것이다. 이는 이전 시기와 같이 분할투표에 의해 분점 상황이 발생했다기보다는, 대통령에 대한 심판이 더 중요하게 작용한 것임을 의미한다.

이전 시기와 다른 또 하나의 특성은 양당이 양부를 각기 지속적으로 독점했던 상황이 변화했다는 점이다. 공화당 대통령, 민주당 의회의 패턴이 더는 보이지 않는 것이다. 클린턴 이후 지금까지 민주당은 4번의 임기 동안, 공화당은 3번의 임기 동안(현재 진행 중) 백악관을 장악했으므로, 대통령 선거에서 공화당의 우위는 지켜지지 않았다. 또한 의회의 경우, 클린턴 행정부 초반 2년, 오바마 행정부 초반 2년, 그리고 2018년 중간선거 이후 지금까지만 민주당이 다수당이며, 나머지 기간은 공화당이 양원을 장악했다. 대통령 선거와 의회 선거에 있어서 양당이 대등한 경쟁력을 지니게 된 셈이다. 따라서 이전 시기 분점정부의 특성은 사라진 상태이다.

분점정부의 원인

이처럼 독특한 성격의 분점정부가 출현하게 된 원인은 무엇일까? 닉슨 이래 나타나는 분점정부의 선거정치적 표현은 앞에서 언급한 분할투표이다. 선거 결과를 좌우할 정도로 충분한 수의 유권자들이 대통령으로는 공화당 후보를, 의원으로는 민주당 후보를 선출해왔던 것이다. 이러한 분할투표자의 비율은 존슨 시기까지만 해도 10퍼센트 대에 불과했다. 그러나 닉슨 시기 이후 급증하여 1980년 선거에서는 30퍼센트를 훨씬 넘어섰으며, 이후 20퍼센트 대의 유권자들이 분할투표 행태를 보였다. 지역구 단위로 보면, 트루먼 시기 이래 평균 34퍼센트의 지역구에서 대통령 선거와 의회 선거에서 각기 다른 정당이 다수표를 획득해 왔다. 루스벨트 시기까지의 평균 14퍼센트에 비해 대단한 변화이다.[2] 그렇다면 이 같은 투표행태는 왜 나타나는 것일까?

1990년대까지 유력하게 제시되었던 설명은 소위 '균형투표자 모델(balancing voter model)'이다.[3] 유권자들은 의회 선거에 대해서는 자기 지역구의 이익을 중심으로 결정하고 대통령 선거에 대해서는 국가 전체의 이익을 우선한다는 것이다. 민주당은 정부 역할과 재정 지출 증대의 입장을, 반면 공화당은 재정지출 축소의 입장을 지니고 있으므로, 유권자의 입장에서 자기 지역구의 대표로는 지출 증대를 추구하는 민주당 후보를, 그리고 대통령 후보로는 국가경제를 위해 재정 축소를 추구할 공화당 후보를 선호한다는 것이다. 의회 선거 분야의 권위자인 게리 제이콥슨(Gary C. Jacobsn) 역시 유사한 주장을 했다. 유권자들에게 공화당은 '안보와 번영의 정당(party of peace and prosperity)'으로, 민주당은 '서민의 정당(party of ordinary people)'으로 인식되어 있기 때문에 유권자들은 국가 전체를 위한 공화당 대통령과 자기 지역구를 위한 민주당 의원 사이에서 양자의 동시 만족을 추구한다는 것이다.⁴ 요컨대 공화당 행정부–민주당 의회 형태의 분점정부는 상당수의 합리적이고 정보에 민감한 유권자들이 재정정책을 중심으로 판단하여 최선의 정부 구성을 한 결과라고 보았던 것이다.

이러한 설명은 선거조사 자료에 의해 직접적으로 입증되지는 않는다. 하지만 당시 선거들에서 최대의 이슈가 정부 역할과 지출 규모에 연관된 것이라는 점이나, 의회 선거를 결정하는 가장 중대한 요인이 지역구 차원의 이슈라는 점 등에서 상당히 설득력 있는 것으로 받아들여졌다.⁵ 그러나 선거 결과를 결정할 정도로 충분한 수의 유권자들이 재정정책이나 특정한 이슈들에 대해 정확히 파악하고 이를 기반으로 분할투표를 한다는 것은 무리한 주장이다. 이 정도의 합리성과 정보 수집 능력을 상당한 수의 유권자들에게 기대할 수 있다는 이론적·경험적 근거는 희박하다.

그렇기 때문에 한 수준 후퇴한 균형투표자론이 제시되기도 한다.

피오리나의 경우, 개별 투표자 수준이 아닌 유권자 전체 수준에서는 훨씬 합리적인 선택이 가능하다고 전제한다. 유권자들은 포괄적인 이념에 있어서나, 혹은 중대한 정책 전반에 대해 중도적인 균형을 원하기 때문에 분할투표를 한다는 것이다.[6] 그러나 이런 정도의 균형투표자론에 대해서도 최근의 평가는 비판적이다. 유권자들이 양당의 상대적 힘이나 양부 간의 견제에 대해 복잡한 계산을 하고 의도적으로 균형을 맞추려 한다는 것은 가능하지 않다는 것이다. 분할투표는 현직의 이점 때문에 유권자들에게 주어지는 제한된 선택지의 결과일 뿐이다.[7]

그러나 균형투표자 모델의 치명적 약점은 클린턴 이후의 분점정부 상황이다. 이전까지의 공화당 행정부-민주당 의회의 분점정부 형태가 역전되어 전혀 새로운 형태의 분점정부가 나타났던 것이다. 앞에서 보았듯이 1994년 중간선거 이후 공화당은 6년을 제외하곤 계속 의회를 장악해 왔고, 민주당은 대통령 선거에서는 절반의 성공을 거두어 왔다. 그 결과 클린턴 이후에는 민주당 대통령, 공화당 의회의 분점정부가 오히려 빈발하게 되었다. 재정 지출에 대한 양당의 입장이 맞바뀌지 않았으므로, 재정지출의 균형을 이루려는 동기가 분점정부를 탄생시킨다는 설명은 타당성을 잃은 것이다.

분점정부의 원인에 대한 보다 설득력 있는 설명은 정당 수준에서의 분석을 통해 제시될 수 있다. 정당 수준에서 논의할 때, 분점정부의 출현은 한 정당이 대통령 선거에서, 다른 정당은 의회 선거에서 승리했음을 의미한다. 우선, 1990년대 이전에 공화당 행정부-민주당 의회의 분점정부가 빈발했던 것은 곧 대통령 선거에서는 공화당이 지속적으로 승리했고 의회 선거에서는 민주당이 계속 성공을 거둔 데 따른 현상이었다.

1968년 선거 이후 클린턴의 승리가 있기까지 민주당은 대통령 선거에서 단 한 번 승리했을 뿐이며, 그것도 워터게이트와 닉슨 사면의 상황에서 근소한 차이의 승리만을 거두었을 뿐이다. 제3장에서 논의했듯이, 대통령 선거에서 남부 공략에 의한 공화당의 우위가 지속되었던 것이다. 그렇다면, 왜 의회, 특히 하원 선거에서 민주당의 압도적 우세가 계속되었는가? 이에 대한 해답이 결국 공화당 행정부–민주당 의회의 분점 형태가 빈발할 수밖에 없었던 이유일 것이다.

1990년대 초반까지 의회 선거에서 민주당의 '성공'은 어떻게 설명할 수 있을까? 일반적으로 받아들여졌던 정설은 소위 '현직의 이점'에 초점을 둔 설명이다.* 즉, 의원들의 최대의 목표는 재선에 있기 때문에 대부분의 시간과 노력을 지역구 활동이나 지역구민의 지지를 확보하는 데 쏟는다. 더욱이 의원들은 무료우편이나 교통 등의 특권들을 향유하며 재선을 위한 활동을 할 수 있고 선거자금의 모금에 있어서도 아주 유리한 위치에 있다. 이러한 현직의 이점 때문에 현직 의원의 재선율은 일반적으로 95퍼센트를 상회하는 정도이고, 현직 의원들의 득표율도 70퍼센트 대에 육박할 정도로 증대되었다. 따라서 뉴딜 시기 이래 의회를 장악하고 있는 민주당은 현직의 이점을 지니고 있기 때문에 원내 다수를 유지하는 데 있어 극히 유리한 입장에 있고, 결과적으로 민주당 의회가 지속되고 있다고 볼 수 있

---

* 현직의 이점에 대해서는 수없이 많은 연구가 축적되어 있다. 일별을 위해 Morris P. Fiorina and Timothy Prinz, "Legislative Incumbency and Insulation," in Joel H. Sibley, ed., *Encyclopedia of the American Legislative System,* Vol. I, Charles Scribner's Sons, 1992, pp. 513-528 참조.

다. 요컨대 민주당에 대한 지지가 전반적으로 하락했음에도 불구하고, 현직의 이점과 같은 의회 선거의 구조적 요인들 때문에 민주당이 계속 의회를 장악하고 있었다는 것이다.

이러한 설명은 단순히 공화당 측의 논리에 불과한 것이 아니라, 의회 행태를 재선 위주로 분석하는 접근과 부합되어 널리 인정되어 왔다. 하지만 제이콥슨이 정확히 지적하고 있듯이 이 설명은 중대한 맹점이 있다.[8] 현직의 이점을 민주당이 더 많이 가지고 있기 때문에 공화당의 의석이 늘지 않는 것이라면, 최소한 현직의 이점이 있을 수 없는 공석들(open seats)에 대한 선거에서는 공화당이 성공을 거두어야 하는 것이다. 그러나 하원 선거 중 공석에 대한 선거에서 공화당이 성공적이었다는 증거는 찾아볼 수 없다. 오히려 이전의 공화당 의석을 민주당이 차지한 경우가 민주당이 비운 의석을 공화당이 차지한 경우보다 많은 것으로 드러났다. 민주당은 현직의 이점과 무관하게 하원 선거에서 성공을 거두어 왔던 것이다.

하원 선거에서 민주당의 패권이 지속된 데 대한 단순하면서도 명쾌한 설명은 민주당이 우수한 후보들을 내세웠기 때문이라는 분석이다. 제이콥슨의 조사에 따르면, 민주당 후보들이 정치적 경험이 보다 풍부하고 지역구 이슈들에 대해 유리한 입장을 취하고 있었다는 것이다.[9] 이는 양당의 충원구조에 크게 기인했다. 즉, 2차 세계대전 이후 주 의회들이 명실상부한 입법부로서 제도화(institutionalization)되고 이에 따라 주 의원직이 직업화(professionalization)되면서*

---

* 여기서 제도화란 폴스비의 개념으로, 조직으로서의 경계(boundary)가 분명해지고 구성원들이 이 경계 내에서의 경력(career)을 추구하게 되며 조직 내부의 규율이 정립되는 점들이 중요한 기준이다. 폴스비에 따르면 연방 하원의 경우 19세기 말과 20세기 초를 거치

민주당이 주 의회들을 장악하게 되었다. 이는 주 의원직이나 하위 지방정부 선출직이 예비 민주당 후보들에게는 매력적인 직업으로 여겨졌으나 공화당원들에게는 크게 매력적이지 않았기 때문이라고 설명된다.[10] 민주당에 비해 공화당의 후보군들은 보다 상류층이고 전문직인 경우가 많았기 때문이다. 결과적으로 민주당은 주 의회 등에서 풍부한 경험을 쌓은 우수한 후보들을 확보할 수 있게 된 데 비해 공화당은 그렇지 못했다는 것이다. 더욱이 정부 역할의 확대에 찬성하는 민주당 의원들의 경우 이념적인 부담이나 핵심 지지층의 비난에 대한 우려 없이 지역구 이익을 위한 활동을 할 수 있었으므로 재선에도 성공적이게 되었다.[11]

양당의 충원구조와 이념상의 차이가 민주당의 지속적 성공을 상당히 설명해 준 것은 사실이다. 민주당은 보다 우수한 후보들을 충원했고 동시에 정부 역할의 증대라는 이념적 입장이 지역구 이익이 우선시되는 의회 선거에서 주효할 수 있었던 것이다. 그러나 이 설명 역시 1994년 이후에는 타당성을 상실한다. 1994년 중간선거에서 공화당이 충원한 후보들이 민주당 현직 의원들을 대거 낙선시키면서 승리하여 양원을 장악했던 것이다. 이후 2006년과 2008년을 제외하면 의회 선거에서 오히려 공화당이 우위를 점했다.

요컨대, 균형투표자나 민주당의 이점과 같은 설명들은 클린턴 시기 이후의 분점정부에 적용되기 어렵다. 이러한 요인들 때문이 아니라, 의회 선거가 보다 경쟁적이 되고 의회 내 다수당의 지위가 가변

면서 의회의 제도화가 완수되었다. Nelson W. Polsby, "The Institutionalization of the House of Representatives," *American Political Science Review*, 62:1(March 1968), pp. 144-168. 반면, 대부분의 주 의회들은 2차 세계대전 이후에야 제도화가 이루어졌다.

적이 되었기 때문에 대통령제하에서 언제든지 분점정부가 출현할 수 있게 된 것이다. 제3장에서 논의했듯이, 이는 의회 선거에서 양당의 지지구조가 변화했기 때문이다. 지난 30여 년간 양당, 특히 민주당에 대한 지지도는 서서히 하락하여 왔고, 양당에 대한 소속감이 없는 중립층이 상대적으로 증대되어 왔다. 이런 정당 지지구조의 해체과정 속에서 지속적으로 지역적인 재편이 이루어졌다. 남부에서 1960년대 이래 공화당 의석이 꾸준히 증대되어 왔고, 마침내 1994년 선거를 기점으로 공화당 우위 체제가 수립된 것이다.

이렇게 본다면, 제이콥슨이 제시한 민주당의 의회 선거 성공 요인은 남부의 재편과정이라는 일정한 한계 속에서 작용했던 것으로 평가할 수 있다. 1960년대 이래 지지기반이 와해되어 가는 가운데서도 후보 충원과 지역구 이슈의 이점을 통해 민주당은 하원에서의 우위를 지킬 수 있었으나, 남부의 재편이 이루어지면서 더는 이런 이점들이 통하지 않게 된 것이다. 또한 주 의회들에서 민주당의 우월한 지위나 이로 인한 충원구조의 이점 역시 사라졌다. 1996년 선거 당시, 각 주의 상하원 총 98개(단원제이고 정당공천이 금지된 네브라스카주 의회 제외) 중 민주당이 50개를 장악한 반면 공화당은 46개의 주 의회를 장악했다. 또 양원을 모두 장악한 경우 역시 민주당 20개 주, 공화당 18개 주로 대등했으며, 주지사와 의회를 모두 장악한 단점 주정부의 경우는 공화당이 12개 주로 민주당의 배를 기록했다. 주 수준에서부터 초래되는 민주당의 이점은 더는 존재하지 않게 되었던 것이다.

〈표 6-3〉은 하원선거 결과의 전국적·지역적 변화를 보여 준다. 우선, 전국적인 수준에서 민주당의 의회 선거 우위는 1990년대 이후 사라졌다. 1994년의 극적인 중간선거 이후 의회 선거에서 양당은 대

표 6-3 양당의 지역별 하원 의석 분포 추이

	동부		중서부		남부		서부		합계	
	민주	공화	민주	공화	민주	공화	민주	공화	민주	공화
1964	77	40	66	59	105	19	47	22	295	140
1968	68	49	46	79	93	31	36	33	243	192
1976	78	35	68	53	95	30	51	25	292	143
1980	66	47	58	63	80	45	39	37	243	192
1992	54	42	61	44	88	52	55	38	258	176
1994	51	45	46	59	67	73	40	53	204	230
1996	57	39	50	55	56	82	43	50	206	226
1998	58	38	51	54	58	82	44	49	211	223
2000	57	39	48	57	57	82	50	43	212	221
2002	55	36	39	61	59	86	52	46	205	229
2004	56	35	40	60	53	92	53	45	202	232
2006	68	24	49	51	59	86	57	41	233	202
2008	75	17	55	45	64	81	63	35	257	178
2010	62	31	35	65	41	104	55	43	193	242
2012	61	26	35	59	42	110	63	39	201	234
2014	56	31	33	61	38	114	61	41	188	247
2016	58	29	33	61	40	112	63	39	194	241
2018	70	17	40	54	50	101	75	27	235	199

출처: https://history.house.gov/Institution/Election-Statistics/Election-Statistics/

단히 경쟁적이 되었고, 오히려 공화당이 근소한 우위를 점하는 경향을 보인다. 이는 지역 수준의 변화로 설명된다. 공화당은 1994년 선거 이후 남부의 다수당이 되었고, 거의 2:1의 비율로 민주당에 우세하게 되었다. 또한 양당이 대등하던 중서부 지역에서도 공화당이 우위를 점하게 되었는데, 특히 티파티의 돌풍 속에서 치러진 2010년 선거 이후 공화당 의석이 크게 늘고 있다. 민주당의 경우, 동부와 서부 지역에서 점진적으로 우위가 강화되면서 전국적인 수준에서 열세를 만회하는 경향을 보이고 있다.

또 하나 주목되는 점은, 의회 선거 결과가 대단히 변동적이 되었다는 것이다. 현직의 이점에 의해 양당의 의석 분포가 안정적으로 유지되던 이전 시기와 달리, 1990년대 이후의 의회 선거에서는 양당 의석 분포상의 큰 변동이 빈발하고 있다. 1994년, 2006년, 2010년, 2018년 선거들은 하원 다수당의 지위를 바꿔 놓았을 뿐 아니라, 의석 차도 대폭 변화시켰다. 의회 선거가 지역구 수준의 변수들보다 전국적인 수준의 양당 간 경쟁에 의해 큰 영향을 받고 있는 것이다.[12] 이렇게 강화된 정당 투표의 중심에는 당연히 대통령과 집권 행정부가 있다. 극적인 변동을 가져왔던 네 번의 의회 선거들이 모두 중간선거였고, 대통령의 정당에 대한 심판과 같은 성격을 띠고 있었던 것이다.

이처럼 의회 선거에서 양당이 경쟁적이 된 상황에서 분점정부가 출현할 가능성은 항상 존재한다. 행정부를 어느 당이 장악하든, 그때그때의 선거 결과에 따라 양원 중 어느 하나라도 상대 당이 장악할 수 있기 때문이다. 더욱이 의회 선거의 변동성이 매우 크고, 양당 후보들과 지지자들이 양극화하고 있는 가운데, 대통령의 정당에 대한 심판의 의미로 치러질 수 있는 중간선거의 존재는 분점정부의 출현 가능성을 높여 준다. 이로 인해 클린턴 이래 매 행정부들이 중간선거에 의한 극적인 분점정부를 마주하고 있는 것이다.

분점정부와 정부의 통치력

　분점정부에 관해 관심이 높은 이유는 단지 분점정부가 빈번히 발생해서만이 아니다. 분점정부의 정치과정과 정책산출이 단점정부의 '정상상태'와는 다를 것이며, 닉슨 이후 여러 가지 미국 정치체제의 문제들이 이와 연관이 있을 수 있다는 우려가 보다 근본적인 이유이다. 과연 미국 정치에서 여소야대의 구조는 정치과정과 정책산출에 어떤 영향을 미쳤는가? 행정부나 의회의 스캔들에서부터 재정적자의 폭증과 같은 문제들이 분점정부에서 얼마나 기인했는가? 결과적으로 분점정부는 정부의 통치력에 얼마나 유해한 것인가?

　분점정부에 대한 일반적인 인식과 평가는 대체로 부정적이다. 분점은 곧 양부 간의 대립을 불러일으키고 정부의 마비와 비효율과 무책임을 야기한다는 것이다. 이런 예들은 쉽게 발견할 수 있다. 공화당 행정부–민주당 의회의 분점 형태가 본격화되었던 닉슨 행정부 당시 이미 예산개혁법(Budget and Impoundment Act) 등에서 양부 간 대립이 격화되었고, 포드 행정부 시기에는 수많은 거부권 행사와 정부의 무능력이 드러난 바 있다. 또 레이건 시기에는 재정지출을 선호하는 민주당 의회와 군비 증강과 세입 축소를 선호하는 공화당 행정부 사이에서 재정적자가 천문학적으로 증가했고, 이란–콘트라게이트(Iran-Contragate) 같은 외교정책상의 재앙도 초래되었다. 1996 회계연도의 예산을 둘러싸고 벌어진 클린턴 행정부와 공화당 의회 간의 대립으로 역사상 최장기간 연방정부가 문자 그대로 '마비'되었던 기억도 생생하다.

　그러나 그 반대의 사례들 역시 쉽게 발견된다. 우선 분점정부 상황에서도 정책적 성공사례는 무수히 많다. 닉슨 시기에는 헌정의 위기가 초래되는 상황에도 불구하고 외교정책을 비롯하여 많은 주요 정책들이 입법에 성공했고, 레이건 행정부 초기에도 세제개혁 (Tax reform)이 이루어졌으며, 연방정부 마비를 낳았던 104대 의회 (1995~1996)는 복지제도개혁(Welfare reform)도 낳았던 것이다. 다른 한편으로, 분점이 아닌 상황이라고 정부의 무능력과 비효율과 교착상태가 생기지 않은 것은 아니다. 대표적인 예로 거론되는 것은 카터 행정부 시기다. 민주당이 행정부와 양원을 모두 장악하고 있었음에도 불구하고, 카터 행정부 시기는 양부 간의 대립과 교착상태와 이로 인해 야기된 무능력과 비효율로 점철되었던 것으로 평가된다. 요컨대 일반적인 인식과는 달리 분점 여부와 통치력 간에 의미 있는 상관관계가 존재하지 않을 수 있는 것이다.

이와 같이 예화적인 접근(anecdotal approach)은 분점정부의 영향에 대해 상반되는 평가를 내린다. 따라서 보다 정교하고 분석적인 경험적 연구의 필요성이 제기되었다. 여러 사례들에 대한 비교분석이나 계량적 분석을 통해 분점정부와 단점정부하에서 정치과정과 정책산출에 어떤 차이가 있는가를 엄밀하게 입증하려 했던 것이다.

우선 분점정부와 재정적자의 관계에 대해서는 상반되는 경험적 연구들이 제시되었다. 민주당은 지출 증대가 우선적인 목표이고 공화당은 세금 감소나 군비지출 증대가 최우선 목표이므로 분점 상황에서는 양당의 타협으로 인해 지출 증대와 세입 감축 혹은 국내지출과 군비지출이 동시에 추구되는 경향이 있다는 연구들이 있는 반면,[13] 재정수지와 분점 여부 간에는 아무런 관계가 없다는 발견도 제시되었다.[14] 또 분점정부하에서 예산 책정을 둘러싸고 예산국(Office of Management and Budget)과 의회 간의 충돌과 갈등이 증대된다는 분석이 있는가 하면,[15] 분점정부는 행정부 관료들의 정책에 대한 책임성을 감소시키는 경향이 있다는 주장도 있고,[16] 분점하에서는 의회가 행정부에 대한 권한위임을 축소한다는 경험적 분석도 있다.[17] 다른 한편, 대법원 판사 임명이나 행정부 관료 임명에 대해 분점정부하의 의회가 보다 적대적이라는 통념은 경험적으로 부인되었으며,[18] 분점정부와 조약의 비준 여부 간에도 아무런 상관관계가 없다고 보고된 바 있다.[19]

입법과정에서 대통령과 의회 간의 관계에 대해서도 확실한 경험적 증거들은 나오지 않았다. 몇몇 간접적인 연구들은 분점 상황에서 대통령의 거부권 행사가 증대되는 현상이나,[20] 대립적 표결(contested vote)에서 대통령의 성공도(Presidential success rate)가 15퍼센트 정도 감소하는 것을 발견했다.[21] 즉, 분점 상황인 경우 한편으로는 대통령이 원하는 대로 입법결과가 나오지 않고, 다른 한편으로는 의회 다수당이 원하는 법안을 대통령이 거부하여 입법화를 가로막을 경향이 높다는 것이다. 결과적으로 분점 상황에서는 주요 법안들이 입법화되지 못하는 교착상태가 초래되거나, 나쁜 법안이 만들어질 가능성이 많으며, 일관되고 시기적으로 적절하며 효과적이고 사려 깊은 법안이 입법화될 가능성은 작다고 주장되었다.[22]

특정 정책 영역이나 특정 시기에 대한 이러한 단편적인 경험적 연구들 간의 논쟁을 마무리 지은 것이 바로 1991년에 출판된 메이휴의 연구다.[23] 당시까지 수행된 연구들 중 가장 포괄적이고 방대한 연구를 통해 메이휴는 분점정부와 입법 산출 간에 별다른 관계가 없음을 발견했던 것이다. 우선 메이휴는 1947년부터 1990년까지 각

표 6-4 각 의회의 정부 형태와 주요 입법의 수(1947~1990)

의회	80	81	82	83	84	85	86	87	88	89	90
행정부 장악	트루먼 (민주)				아이젠하워 (공화)			케네디 (민주)	케네디/존슨 (민주)	존슨 (민주)	
의회 장악	공화	민주		공화	민주						
정부 형태	분점	단점	단점	단점	분점	분점	분점	단점	단점	단점	단점
주요입법 수	10	12	6	9	6	11	5	15	13	22	16

91	92	93	94	95	96	97	98	99	100	101
닉슨 (공화)		닉슨/ 포드(공화)	포드 (공화)	카터 (민주)		레이건 (공화)				부시 (공화)
민주						공화 상원, 민주 하원			민주	
분점	분점	분점	분점	단점	단점	분점	분점	분점	분점	분점
22	16	22	14	12	10	9	7	9	12	9

출처: David R. Mayhew(1991), pp. 51-73, Table 4. 1에서 계산

의회에서 입법에 성공한 주요 법안들(major legislations)을 추출했
다. 메이휴가 규정한 주요 법안들은, 각 의회 폐회 직후 언론인들의
평가와 이후 정책전문가들의 사후적 영향 평가에 따른 것이다. 즉,
당대에 언론에서 중요한 입법으로 평가했거나 후대에 정책전문가들
이 중대한 영향을 미쳤다고 평가한 입법들인 것이다.

이렇게 추출된 총 267개의 법안들을 메이휴는 분점과 단점 상
황으로 구분했다. 〈표 6-4〉가 그 결과를 보여 주는데, 분점정부 시
기에도 평균 11.7개의 주요 법안들이 통과되어 단점정부 시기의 평
균 12. 8개와 큰 차이를 보이지 않았다. 오히려 단점정부와 분점정
부 내에서의 차이가 이들 간의 차이보다 더 큰 것으로 나타났다. 예
컨대 단점정부에서 1951~1952년의 주요 입법 수는 6개에 불과했으

나, 1965~1966년에는 22개나 되었고, 분점정부에서 1959~1960년의 주요 입법 수는 5개, 1969~1970년과 1973~1974년의 주요 입법 수는 22개였다.[24] 요컨대 분점정부 여부는 입법 산출에 아무런 영향을 미치지 않는다는 경험적 사실이 발견되었던 것이다.*

〈표 6-4〉는 이 기간 중 주요 입법 산출량의 변화를 보여 준다. 이 입법 산출량의 변동은 하나의 일관된 논리를 따르기보다는 여러 가지 패턴에 따라 이루어진 것으로 보인다. 분명한 것은, 분점정부에 대한 기존 관념으로는 설명이 되지 않는다는 것이다. 양부 간 교착상태로 인해 입법 산출이 줄어들 가능성은 있으나, 그 효과를 크게 상쇄하는 다른 요인들이 작동하고 있는 것이다. 몇 가지 가능성을 생각해 볼 수 있다.[25] 우선, 입법 산출의 증감이 분점이 아닌 다른 요인들에 의해 야기되었을 가능성이 있다. 예컨대 대통령 선거를 앞둔 회기에 산출량이 증대되었을 수도 있다. 둘째로, 분점 여부와 무관하게 일정한 정도의 입법이 항상 이루어졌을 가능성도 있다. 입법 산출에 대한 분점의 부정적 효과를 최소화하는 것이다. 마지막으로, 분점정부에 대한 기존 관념과는 정반대로, 분점에서 오히려 의회에 왕성한 입법 활동의 동기가 생겼을 가능성도 있다. 행정부와의 경쟁에서 우위를 점하기 위해 입법부가 적극적으로 나서는 것이다.

---

* 메이휴는 입법 산출 이외에 의회의 대규모 국정조사권 발동도 분석하였다. 분점 상황에서 의회는 상대 당이 장악하고 있는 행정부를 공격하기 위해 보다 빈번하게 국정조사권을 발동할 것이라는 통설을 검증한 것이다. 여기서도 메이휴는 분점정부와 단점정부 상황에서 별다른 차이를 발견하지 못했다. David R. Mayhew, *Divided We Govern: Party Control, Lawmaking, and Investigations, 1946-1990*, Yale University Press, 1991, ch. 2 참조.

이러한 가능성과 논리를 아우르는 단일한 이론적 설명을 제시하는 것은 쉽지 않다. 다만 메이휴는 정치학적으로 상정할 수 있는 다양한 요인들을 제시하고 그 작동 논리와 효과를 평가한다. 첫 번째로 고려하는 것은 당연히 의원들의 선거 동기(electoral incentives)이다. 제4장에서 논의했던 자신의 기념비적인 의회 행태 연구[26]에 근거를 두고 메이휴는 분점 여부와 무관하게 의원들이 입법 산출을 위해 노력한다고 진단한다. 재선, 혹은 상원 선거 도전 등을 위해서이다. 특히 일반 의원들과 달리, 위원장, 소위원장 등 영향력 있는 의원들의 경우 입법결과에 실질적으로 영향을 미칠 수 있기 때문에 항상 일정 수준의 입법 산출이 이루어진다는 것이다.[27] 나아가 분점 상황의 경우, 대통령 선거에 도전하려는 상대 당 중진 의원들은 선거에 도움이 될 수 있는 입법을 성공시키기 위해 더욱 노력한다. 공치사(credit claiming)를 위해서다. 상대 당 대통령 후보들에 의해 분점인 상황이 오히려 입법 산출을 증대시킬 수 있는 것이다.[28]

둘째로, 입법에 대한 대통령의 리더십이 미치는 영향 역시 당연히 고려되어야 한다. 대통령의 리더십을 명확히 규정하기는 쉽지 않으나, 명확한 어젠다(agenda), 입법을 이루려는 의지(will), 그리고 이룰 수 있는 능력(skill)은 필수적일 것이다. 대통령마다 이 세 가지 요소의 차이가 있고, 그 효과로 입법 성과가 다를 수 있다. 따라서 레이건 시기와 같이 분점의 상황이라도, 리더십이 우수한 대통령의 시기에는 입법 산출이 감소되지 않을 수 있다. 반면에, 카터 시기와 같이 단점의 경우라도, 리더십이 부족한 대통령의 경우에는 산출이 신통치 않을 수 있는 것이다. 또한 대통령의 취임 전반기 의회가 후반기 의회보다 입법 산출이 많은 패턴도 발견된다. 일반적으로 대통령이 취임

초기에 자신의 어젠다와 입법 산출에 더욱 노력하기 때문이다.[29]

세 번째 설명은 주요 입법들 대다수가 최대 다수(broad majorities)의 지지, 초당적(bipartisan) 지지에 의해 통과되었다는 사실에서 비롯된다. 실제 이 기간 동안 주요 법안 267개 중 양원 3분의 2의 지지로 통과된 법안은 206개, 초당적 지지로 통과된 법안은 196개, 양원 3분의 2와 초당적 지지로 통과된 법안은 186개였다.* 또한 분점에서는 84퍼센트, 단점에서는 68퍼센트가 양원 3분의 2의 지지로 통과되었다. 기대되는 대로 분점에서는 더 큰 다수 연합이 필요했을 수 있으나 단점, 분점의 차이는 별로 큰 것이 아니다. 대부분의 주요 입법들이 양원 3분의 2, 적어도 한 원의 3분의 2의 지지를 받았던 것이다.[30]

이에 대해 메이휴는 두 가지 설명을 제시한다. 첫째, 워싱턴은 '문제해결 심리(problem solving mind-set)'로 움직인다는 것이다. 풀어야 하는 문제가 없으면 양부 간, 양당 간 정치적 대립이 지속될 수 있다. 그러나 풀어야 할 문제가 있으면 대통령이든, 의회든, 양당이든 서로 협력하여 풀려고 하며, 이 경우 문제는 기술적인 것이 된다. 기술적인 문제를 해결해 나가는 데에는 분점의 상황이 별 영향을 미칠 수 없다.[31] 둘째, 의회의 입법과정에는 '합치기 논리(logic of aggregation)'가 작동한다. 미국 의회의 입법과정은 매우 복잡하고 고도로 분절화되어 있어서 수많은 거부점들(veto points)이 존재한다. 단점 상황에서 단순 다수로는 입법과정의 마지막 순간까지 성공

---

* 이것은 최종 표결 결과이며, 여기에 이르기까지는 다양한 수정안들과 절차에 대한 표결이 매우 갈등적이었을 수 있다. 그러나 메이휴는 최종 표결 결과만을 고려한다. 최종 표결에 이르는 과정에서 이러한 갈등들이 해결되고 결국 최대 다수의 지지를 끌어냈다는 것이다.

을 계속 거두기가 어렵다. 중간의 어느 단계에서 거부점을 통과하지 못할 가능성이 큰 것이다. 따라서 반대 세력과 타협하여 지지를 확보해 나가는 합치기 전략이 입법의 성공을 보장하는 최선책이다.[32] 요컨대 분점정부에서는 문제해결의 논리가, 단점정부에서는 합치기 논리가 유력하게 작동하여 최대 다수의 지지로 주요 입법들이 통과된다는 것이다.[33] 분점 여부가 입법 산출에 별 영향을 미치지 못하는 이유이다.

이밖에 메이휴는 외부 요인들을 통한 설명들 몇 가지도 검토한다.[34] 예컨대 여러 가지 사태와 위기 등이 분점 여부와 무관하게 입법 산출에 영향을 미쳤을 수 있다. 이 우발적 변수들은 당연히 워싱턴의 문제해결 자세를 일깨워 입법을 증대시켰을 것이다. 또한 지배적 여론(public mood)도 검토된다. 1960년대의 시대 정신은 정부 역할의 증대였고, 따라서 많은 입법이 이루어졌을 수 있다. 반면에 1970년대 후반 이후의 분위기는 정부 역할의 축소였고, 결과적으로 많은 입법이 이루어지기 힘들었다는 것이다. 마지막으로 이슈에 따라 양당 간 균열보다는 양당 내 균열, 초당적 균열이 중요할 수 있고, 이 경우 분점 여부는 당연히 입법에 영향을 미치지 못하게 된다. 민권 이슈들의 경우, 민주당 내 동북부 진보파와 남부 보수파 간의 균열이 핵심적이었고, 민주당 단점정부하에서도 민권법안이 상정되면 남부 보수파와 공화당의 승리연합이 이루어지곤 했다.

메이휴의 설명에 대한 평가

메이휴의 '발견'과 '설명'은 분점정부에 관한 논의들을 실질적으로 '정돈'했다. 이후의 연구들은 메이휴의 연구에 대한 지지, 혹은 문제제기에 머물게 되었던 것이다. 방대한 자료에 대한 면밀한 분석과 미국 정당과 의회에 대한 교과서적 정설들에 바탕을 둔 설명이었기 때문이다.

메이휴에 대한 비판들은 주로 그의 발견에 대한 문제제기에 치중했다. 즉, 분점과 입법 산출 간에 별 연관이 없다는 분석 결과에 대한 방법론적 비판들이 여러 가지 제기되었던 것이다. 특히 메이휴가 선정한 사례들의 타당성에 대한 의문과 그 대안들이 논의되었다. 예컨대 메이휴의 주요 입법은 입법 당시 중요한 법안으로 간주되었거나 후일 그 분야 전문가들에 의해 중대하다고 인정된 것으로 규정되었는데, 주요 입법이라면 두 조건을 모두 충족시켜야 한다고 지적되기도 했다. 한 회기당 10여 개 내외의 주요 법안이라면 입법 당시에 당연히 중시되었어야 하고, 입법 후에도 그 영향이 중대하다고 평가되었어야 한다는 것이다. 이렇게 할 경우, 단점에서 훨씬 많은 수의 주요 입법이 이루어졌다는 주장이 제기되었다.[35]

보다 중요한 비판은, 메이휴가 입법에 성공한 주요 법안들만을 사례로 다룬 것에 주목했다. 실패한 주요 법안도 보아야 한다는 것이다. 분점정부에 대한 기존 관념에 따르면, 분점정부에서는 대통령에 대한 의회 내 지지가 취약하므로 주요 법안이 실패할 가능성이 높아진다. 또 의회가 주도적으로 입법하려 해도 대통령이 반대하는 경우 거부권 때문에 통과가 어렵다. 따라서 분점과 단점 상황에서 입법 산출의 차이를 확인하려면 실패한 주요 법안의 수를 비교해야 한다는 것이다. 조지 에드워즈(George C. Edwards, III) 등의 계산에 따르면, 실패한 주요 법안의 수는 분점 상황에서, 특히 대통령이 반대한 경우 7개 정도 더 많았다. 분점은 주요 법안의 실패율을 45퍼센트나 증대시킨다는 것이다.[36]

또한 분점의 영향을 메이휴처럼 단순히 주요 입법의 수로만 측정할 것이 아니라 성공 혹은 실패한 주요 법안들의 '내용'을 살펴보아야 한다는 지적도 제기되었다. 예컨대 메이휴는 1957년, 1960년, 1964년 및 1965년의 민권법들 모두를 주요 입법들로 간주하고 있으나, 분점정부하에서 입법화된 1957년과 1960년의 민권법들은 제한적인 것이었고 단점정부하에서의 두 법이 보다 강력한 정책이었음은 주지의 사실이다.[37] 그렇다면 양부 간의 타협이 입법의 전제조건인 분점 상황에서는 원래 정책 의도보다 완화된(watered down) 내용이 입법화되었을 가능성이 있는 것이다.

더욱이 1990년대 이후 양당의 정당 단합도가 증대되고 원내 지도부가 강화된 상황에서 분점, 단점 여부는 입법 산출의 성격에 상당한 영향을 미치는 것으로 보인다. 우선 단점정부일 때 다수당 지도부는 보다 이념적인 법안을 추진한다. 그러나 미국 입법과정의 특성상 다수당이 의석에서 압도적인 우위를 차지하고 있지 않는 한 소수당은 성공적으로 입법을 가로막을 수 있다. 단점에서 입법 산출이 증가하지 못하는 이유이다. 반면에 분점일 때 대통령의 거부권을 감안하면 초당적 합의가 법안 통과에 필수적이다. 따라서 법안의 내용은 중도적일 수밖에 없다. 결국 주요 입법의 수는 분점 여부와 무관할 수 있으나, 그 내용은 분점정부일 때 보다 중도적이라는 것이다.[38]

이와 더불어 분점 상황에서 주요 법안들의 입법이 지연되는 부정적 영향을 메이휴가 간과했다고 비판되기도 한다. 분점은 양부 간의 제도적 갈등을 초래할 수밖에 없고, 따라서 입법과정이 지연되고 법안 내용이 희석된다는 것이다.[39] 더욱이 양당의 양극화가 진행된 1990년대 이래, 대통령 정당의 의석수와 입법 지연 간에는 높은 부의 상관관계가 발견된다. 분점일 때 당연히 법안들의 처리가 지연되는 것이다.[40]

분점과 입법 산출 간의 관계에 대한 메이휴의 분석이 잘못되었거나 충분하지 않다는 이러한 비판들은 나름대로 타당성이 있고, 분점 정부에 대한 논의를 풍부하게 해 주었다고 평가받을 수 있다. 그러나 "분점이라도 우리는 통치한다(Divided We Govern)"는 메이휴의 근본 논지를 부정하지는 못한다. 메이휴와 같이 방대한 자료에 대한 엄밀한 분석에 기반을 두고 있지 않기 때문만이 아니다. 메이휴의 발견과 설명은 미국 정치 전반에 대한 교과서적 정설, 곧 정부 구성과 운영의 원리, 정당, 의회, 대통령에 대한 주류 시각과 맞닿아 있는 반면, 이 비판들은 이에 대한 대안적인 이론들을 제시하거나 반영하고 있지 않기 때문이다.

몇 가지 예를 들어 보자. 찰스 존스(Charles O. Jones)는 2차 세계대전 이후 주요 정책들의 입법과정에서 이루어졌던 양부 간 관계를 분석한 바 있다. 그에 따르면, 양부 간 관계는 당파적(partisan)일 수도 있지만 양당 간 공조와 협력을 통해, 혹은 정당을 초월하여(bipartisan, co-partisan, cross-partisan) 이루어질 수 있었기 때문에 원내 양당의 의석 분포 자체가 별로 중요하지 않았다.[41] 분점 여부가 정책결정에 미치는 영향이 미미하다는 것이다. 제5장에서 논의했던 스코우로넥의 관점도 마찬가지다.[42] 카터와 같이 단점이라도 레짐이 붕괴되어 가는 '정치적 시간'이라면 대통령은 실패할 수밖에 없고, 분점이라도 아이젠하워와 같이 전략적으로 성공을 거두는 대통령도 있다. 대통령의 리더십에 결정적인 영향을 미치는 것은 분점 여부가 아니라 정치적 시간과 레짐의 성격인 것이다.

제4장에서 논의했던 크레비엘의 경우는 더욱 적극적으로 메이휴를 지지한다. 그의 입법 모델 자체에 정당의 역할이 배제되어 있으므로, 당연히 분점 여부가 아무런 의미가 없다. 개별 의원들의 선호가 분포된 연속선상에서 중추 행위자가 지닌 선호의 위치만이 결정 요인이다. 그에 따르면, 입법과정의 '교착'은 예외가 아니라 정상 상태이다. 필리버스터와 대통령의 거부권이라는 제도적 요인 때문이다. 이 제도적 장애를 극복할 수 있는 압도적 다수, 곧 상원에서 필리버스터를 종결시킬 수 있는 60석 이상, 또 거부권을 무효화할 수 있는 양원 3분의 2 이상을 다수당이 보유하지 않은 한 단점, 분점의 차이는 없다. 항상 분점정부나 마찬가지라는 것이다.

메이휴의 연구를 포함하여 이러한 관점들이 공유하고 있는 전제는 미국 정당의 취약성이다. 뒤에서 논의하겠지만, 분점정부에 따르는 피해를 우려하는 고정관념이 책임정당과 정당정부론의 관점에 기울어져 있다면, 이들은 미국 정당이 책임정당이 될 수도 없고 필요하지도 않다는 입장이다. 민주, 공화 양당은 내적으로 느슨하게 조직되어 있고, 정당 기율도 약하며, 지도부의 영향력도 미미하고, 주요 이슈에 있어서 양당 간의 차별성이 없다. 따라서 대통령의 리더십에 정당 자체가 별 영향을 주지 못하고, 입법 결과가 개개 의원의 선호 분포에 의해서만 결정되며, 정당을 초월하여 승리연합이 결성된다. 양당이 백악관과 상·하 양원을 어떻게 장악하는지 여부는 입법 산출에 별 영향을 미치지 못하는 것이다.

메이휴 이후

그렇다면 양당의 내적 동질성과 외적 이질성이 현저해진 1990년대 이후에도 메이휴의 주장은 여전히 타당할까? 2005년에 출판된 제2판에서 메이휴는 1991년에서 2002년까지의 자료를 추가로 분석하여 이에 대한 답을 제공했다.[45] 초판에서와 같이 엄격한 자료 선정 기준과 개별 법안들에 대한 엄밀한 분석이 이루어지지는 않았으나, 일관된 관점에서 12년간의 분점 여부와 주요 입법 산출을 분석한 것이다. 그 결과는 〈표 6-5〉와 같은데, 초판의 분석과 대동소이하다. 정당 단합도의 증가와 양극화가 진행되었어도 분점 여부가 입법 산출에 영향을 미쳤다는 증거를 찾기 힘든 것이다.

그러나 추가 자료들의 분석에서 메이휴는 한 가지 중대한 사실을 발견했다. 1990년대 이후 입법에 성공한 주요 법안들의 지지 패턴이 이전 시기와 다른 것이다. 앞에서 논의했듯이, 이전까지 주요 입법들은 분점 여부와 무관하게 최대 다수와 초당적 지지로 통과되었다. 1990년대 이후에도 분점 상황에서 입법에 성공한 주요 법안들은 예상대로 대부분 3분의 2의 지지와 초당적 지지를 받았다. 반면에 단점정부에서는 대부분의 주요 법안이 정당별 표결 속에서 극히 작은 차이로 통과되었다.[46] 이전의 합치기 전략이 더는 작동하지 않았던 것이다. 메이휴는 1990년대의 정치적 분위기 때문일 것으로 추측하

표 6-5 각 의회의 정부 구성과 주요 입법의 수

의회	102	103	104	105	106	107초기	107
행정부 장악	부시, 41대(공화)	클린턴(민주)				부시, 43대(공화)	
의회 장악	민주		공화				민주당 상원 장악
정부 형태	분점	단점	분점			단점	분점
주요 입법 수	8	12	15	9	6	1	15

출처: David R. Mayhew(2005), pp. 208-213에서 추출.

며, 더 이상의 설명을 제시하지 않았다. 결론적으로 이 시기 분점정
부의 영향은 "입법 산출에는 없으며, 입법 내용에는 어느 정도 있다"
는 것이다.[47]

단점정부에서 최대 다수의 지지와 초당적 지지가 더는 확보되지
않는다는 사실은 입법 산출에 못지않게 중요할 수 있다. 단점정부를
장악한 정당과 대통령이 보다 이념적인 법안을 추진할 가능성이 있
고, 또한 소수당이 초당적 지지를 거부하려는 경향이 있을 수 있기
때문이다. 정당 단합도의 증가와 양당의 양극화가 이를 초래했을 수
있고, 더욱 강화시켜 나갈 것으로 예측할 수 있다. 다만 1990년대 메
이휴의 자료에서 단점은 2년 반 미만의 짧은 기간에만 존재했기 때
문에 섣불리 결론지을 수 없다. 다행히 메이휴는 후속 연구들을 위
해 2003년부터 최근까지 주요 입법들을 동일한 기준에서 선정하여
자신의 홈페이지에 게재해 왔다. 이 자료를 통해 1990년대 이후 메
이휴의 분석을 확장할 수 있다.

〈표 6-6〉과 〈표 6-7〉은 메이휴의 홈페이지 자료를 이용하여 입
법 산출의 양과 지지 패턴을 분석한 결과이다. 〈표 6-5〉와 〈표 6-6〉

표 6-6 108대 의회 이후 정부 구성과 주요 입법의 수

의회	108 (2003- 2004)	109 (2005- 2006)	110 (2007- 2008)	111 (2009- 2010)	112 (2011- 2012)	113 (2013- 2014)	114 (2015- 2016)	115 (2017- 2018)	116 (2019- 2020)
행정부 장악	부시, 43대(공화)			오바마(민주)				트럼프(공화)	
의회 장악	공화		민주		공화				민주 하원 장악
정부 형태	단점		분점	단점	분점			단점	분점
주요 입법수	10	14	13	16	9	10	12	12	NA

을 비교해 보면, 1990년대 이후에도 분점 여부가 입법 산출에 영향을 미쳤다는 근거는 찾기 힘들다. 주요 입법의 산출량은 분점과 단점 상황에서 별 차이가 없다. 또한 이 시기가 공화, 민주 양당의 양극화가 본격화된 시기임을 감안하면 양극화도 입법 산출량에 별다른 영향을 미치지 않은 듯 보인다. 문제해결 심리 때문인지 양극화에도 불구하고 주요 입법 산출량은 줄지 않았던 것이다. 결국 분점 여부와 주요 입법 산출량 간에 별다른 관계가 없다는 메이휴의 주장은 양극화 시기에도 여전히 타당한 셈이다.

반면에 1990년대 이후 주요 입법에 대한 지지 패턴은 이전과 뚜렷한 차이를 보인다. 〈표 6-7〉은 1990년대 이후 30년간 주요 입법들에 대한 최대 지지와 초당적 지지 여부를 보여 주는데, 2판에서 메이휴가 간파했던 지지 패턴의 변화가 이후 20년간의 자료들에서 확인된다. 분점정부에서는 여전히 3분의 2 이상의 지지와 초당적 지지로 주요 법안들이 통과되었으나, 단점 상황에서는 당파적 표결에 의해

표 6-7 1990년대 이후 주요 입법에 대한 지지

	분점정부						단점정부					
	양원 2/3	한원 2/3	단순 다수	양원 초당적	한원 초당적	당파적	양원 2/3	한원 2/3	단순 다수	양원 초당적	한원 초당적	당파적
1991~ 1992	6	1	1	6	1	1						
1993~ 1994							2	3	7	1		11
1995~ 1996	14	1		11	2	2						
1997~ 1998	9			9								
1999~ 2000	5	1		5	1							
2001초										1		1
2001~ 2002	11	1	3	*10*	1	*4*						
2003~ 2004							5	1	4	5	1	4
2005~ 2006							10	2	2	6	3	5
2007~ 2008	7	6	0	9	4	0						
2009~ 2010							6	5	5	3	3	10
2011~ 2012	4	4	1	4	4	1						
2013~ 2014	7	1	2	6	3	1						
2015~ 2016	10	1	1	10	0	2						
2017~ 2018							6	2	4	6	1	5
2019~ 2020	na	na	na	na	na	na	na	na	na	na	na	na
합계	73	16	8	70	16	11	23	11	19	15	7	31

단순 다수로 통과된 경우가 크게 증가한 것이다.

이에 대해서는 두 가지 설명이 가능하다. 우선, 양극화의 효과로 양당이 보다 이념적이고 당파적인 입장을 취했을 수 있다. 분점인 경우, 의회 다수당이 입법의 주도권을 추구할 수 있으나 대통령의 거부권을 넘어서려면 양당 간 타협이 불가피하다. 따라서 양극화와 무관하게 분점정부에서는 문제해결 심리가 작동하는 정책 영역에서 주요 입법들이 초당적 지지, 최대 지지로 통과되는 것이다. 반면에 단점정부에서는 대통령과 의회 다수당이 공유된 정책 어젠다를 더욱 이념적이고 당파적으로 추진했을 수 있다.* 그 결과 절반가량의 주요 입법이 단순 다수로, 3분의 2 정도의 주요 입법이 당파적 표결로 통과된 것이다.

다른 가능성은, 메이휴의 자료가 보여 주는 이 차이가 별다른 실질적 의미가 없을 수 있다는 것이다. 메이휴의 자료는 주요 입법들에 대한 최종 표결만을 다루고 있어서, 이전 단계의 입법과정을 담아내지 못한다. 입법과정에 존재하는 많은 거부점들과 상원의 필리버스터까지 감안하면, 단점에서도 단순 다수로는 입법에 성공할 수 없다. 정당 단합도가 증가하고 지도부가 강화된 양극화 상황에서는 더욱 그렇다. 그럼에도 불구하고 입법에 성공한 주요 법안들은 최종 표결 이전의 과정에서 이미 양당 간 타협을 이루어냈을 수 있다. 최종 표결에서 소수당의 반대는 메이휴가 말하는 '입장 표명(position

---

* 정당 단합도의 증가, 의회 지도부의 강화, 양당 간 이질성의 증대 등 양극화가 분점, 단점 정부에서 대통령의 입법 리더십에 미친 영향에 대한 논의들도 이와 유사한 설명을 제시한다. Richard S. Conley, *The Presidency, Congress, and Divided Government*, Texas A&M University Press, 2003, pp. 8-10 참조.

taking)'일 뿐, 입법 내용에 대한 실질적인 반대가 아닐 수 있는 것이다. 양극화의 효과는 다만 최종 표결에서 초당적 지지를 거부하는 것에 그치는 셈이다. 이 두 가지 가능성은 메이휴의 자료로는 입증이 되지 않는다. 개별 법안들의 내용과 입법과정에 대한 질적 연구가 필요할 것이다.

분점정부와 민주주의

지금까지 살펴본 경험적 연구들을 떠나 분점정부에 대한 규범론적 평가들을 검토해 보자. 분점정부의 비판론자들은 미국과 같이 권력이 분산되어 있는 정치체제에서 정부기구들을 통합하는 역할을 할 수 있는 것은 정당이며, 유럽에 비해 훨씬 허약한 미국 정당도 이 역할을 수행해 왔다고 본다.* 널리 알려진 바와 같이 건국 당시 미국 헌법의 제정자들은 분파적 이익들과 정당과 같은 존재를 민주주의에 위협적인 것으로 보고 이를 혐오했다. 그러나 워싱턴 대통령 시기에 이미 정부가 운영되기 위해서는 정당이 필요하다는 사실이 인식되었고, 해밀턴을 중심으로 한 연방주의자들의 조직이 집권당의 역할을 수행한 바 있다. 강한 중앙정부와 중앙 정치를 혐오하던 반연방주의자 제퍼슨도 취임하자마자 민주공화파를 조직하여 이에

---

* 이에 대해 키는 자주 인용되는 다음의 주장을 한 바 있다. "정부가 기능하기 위해서는 헌정구조상의 장애가 극복되어야 한다. 때로 약할 수도 있고 강할 수도 있지만, 분산된 정부조직들 간에 연계망을 구축하고 이들을 조금이나마 통합할 수 있는 것은 바로 정당이다."(V. O. Key, Jr, *Politics, Parties, and Pressure Groups*, Crowell, 1964, p. 656).

의지했던 것 역시 정당이 얼마나 필요했는가를 여실히 보여 주는 예다. 건국 초기보다 정부의 역할이나 정치과정 자체가 훨씬 복잡해진 20세기 들어 정당의 필요성은 재론의 여지가 없어 보인다. 권력을 공유하고 있는 독립된 두 정부기구, 즉 대통령제하의 입법부와 행정부를 연계하고 통치력을 발휘하도록 만드는 데 있어 정당은 거의 유일한 수단인 것이다.

분점정부의 문제는 바로 정당이 이 역할을 수행하지 못하는 데 있다. 행정부의 집권당과 의회의 다수당이 일치하지 않으므로 양부를 통합하여 서로 협력하도록 만들 수 없고, 따라서 정책산출의 비효율과 무능력이 초래된다는 것이다. 뿐만 아니라 정당 간의 관계에서 필연적으로 발생하는 정당 간 경쟁과 대립이 분점정부하에서는 양부 간 관계로 확대되기 쉽다. 결국 정책 내용에 대한 대립보다는 정치적 계산에 따라 정책을 볼모로 한 대결이 벌어지게 되어 국정의 마비를 가져오게 된다는 것이다. 또한 중대한 문제에 대한 해결책이 마련되지 못하거나, 특정한 정책이 실패를 가져온 경우 명확한 책임 소재를 가리기 힘들다. 따라서 입법부와 행정부는 각기 무책임하거나(unaccountable) 서로 책임을 전가하는(blame avoiding) 행태를 보이게 된다는 것이다.

분점정부에 대한 이러한 비판의 근저에는 책임정당정부와 강력한 대통령에 대한 동경이 깔려 있다.* 미국 정치의 가장 중대한 특

---

* 이러한 주장의 대표적인 것으로 샷슈나이더와 번즈의 저작을 들 수 있다. E. E. Schattschneider, *Party Government*, Holt, Reinhart and Winston, 1942; James Mac-Gregor Burns, *The Deadlock of Democracy*, Prentice-Hall, 1963 참조. 또 샷슈나이더가 위원장이던 1950년 미국 정치학회 산하 정당연구위원회는 책임정당제를 위한 개혁방안을 보고한 바 있고, 이에 대해 1970년대에도 다시 논쟁이 재연되기도 했다. Com-

징 중의 하나는 서구식의 이념정당, 정책정당이 존재하지 않는다는 점이다. 미국의 정당들은 서구 정당들에 비해 훨씬 느슨하고 분권적인 조직을 지니고 있고, 이념적·정책적 일관성을 결여하고 있으며, 정당 기율과 단합도가 낮다. 그 결과 일관된 정책을 제시하여 선거에서 승리하고 공약한 정책을 책임지고 추진하지 못하는 상황이 자주 발생한다. 서구식의 책임정치가 이루어지지 않는 것이며, 이로 인해 정부의 무능력과 비효율적이고 일관성 없는 정책이 초래된다는 것이다. 대통령제를 유지하는 한 이 문제는 정당의 기율과 단합도를 높이는 제도적 개혁에 의해서만 해결될 수 있다. 단합된 정책정당과 그 대표로서 대통령 후보가 유권자들로부터 선택을 받고, 승리한 후보는 강력한 대통령으로서 단합된 정당을 이끌고 일관된 정책을 추진해 나가야 한다는 것이다. 그렇다면 양당이 양부를 각각 장악한 분점 상황은 강력한 리더십도 책임정치도 기대할 수 없다. 양부의 대립을 낳을 수밖에 없는 분점정부는 정부의 마비와 무능력과 비효율을 초래할 수밖에 없는 것이며, 미국 정치제도의 단점이 최대화된 상황인 것이다.

반면에 존스나 메이휴와 같은 다원론자들은 분점정부 비판론에 회의적이다. 양당 간 혹은 양부 간 대립 때문에 정책결정이 이루어

mittee on Political Parties, American Political Science Association, "Toward a More Responsible Two-Party System," *American Political Science Review*, 44 supplement(Sept. 1950), pp. 35-36; Evron M. Kirkpatrick, "'Toward a More Responsible Two-Party System': Political Science, Policy Science, or Pseudo-Science?" *American Political Science Review*, 65(Dec. 1971), pp. 965-990; Gerald M. Pomper, "Toward a More Responsible Two-Party System? What, Again," *Journal of Politics*, 33(Nov. 1971), pp. 916-940 참조. 이후의 논의로는 Sundquist, *Constitutional Reform and Effective Government*, ch. 4 and pp. 245-277 참조.

지지 않는다면, 이는 대중과 엘리트 수준에서의 대립을 반영하는 것이다. 주로 이념적 이슈에 대해, 특히 공유된 정책목표가 존재하지 않는 상황에서 대립이 벌어지는 경우에는 오히려 정책결정이 이루어지지 않는 것이 당연하다는 것이다.[48] 분점정부는 의회 내 단순 다수나 제왕적 대통령의 의지가 일방적으로 관철되지 않도록 해 주는 효과적 장치인 셈이다.

물론 공유된 정책목표가 있는 경우에도 다른 차원에서의 정당 대립 때문에 정책이 이루어지지 못하거나 비효율적인 경우가 있을 수 있고, 이는 당연히 분점정부의 비용이다. 그러나 이러한 비용 역시 정도의 문제이며, 분점정부는 장점 역시 지니고 있다는 것이다. 우선 분점 상황이라도 주어진 이슈가 정말 긴급히 필요한 것이라면 대개 양부 간, 양당 간 타협이 이루어진다. 그리고 어느 일방이 독주할 수 없는 분점 상황에서는 대개 중도노선으로 정책이 수립되는데, 이는 일반 유권자들의 선호에 가장 가까운 것이다. 이 정도의 장점이라면 그 비용을 상쇄할 수 있다고 다원론자들은 주장한다.[49]

이와 연관하여 다원론자들은 분점정부 비판론자들이 책임정당정부론과 강력한 대통령제를 동경함으로써 정부의 통치 능력을 대통령 중심으로만 보고 있음을 비판한다. 중요한 것은 대통령이 원하는 것을 입법하는 데 성공했느냐의 여부가 아니라 체제 전체의 산출 능력이며, 의회 역시 체제의 한 부분인 것이다. 닉슨 재임 후반기에 대통령과 행정부는 헌정의 위기를 초래했지만, 의회는 많은 주요 정책들을 입법화하는 데 성공했다. 이는 분점정부 상황이었기에 가능했다는 것이다.[50]

요컨대 분점정부 비판론자들의 주장대로 분점 상황에서 정부의 교착과 마비상태가 야기되고 정책적 무능력과 비효율과 무책임이 초래된다 하더라도, 이에 대한 평가는 관점에 따라 달라지는 것이다. 비판론자들이 외면하고 있는 분점 상황의 장점들도 있을 수 있고, 이를 감안하여 공과를 평가할 경우 분점정부는 잘못된 미국 정치제도의 표상이 아니라 미국 정치의 이념을 대표적으로 구현하고 있는 제도적 산물로 해석할 수도 있는 것이다.*

---

* 분점정부에 대한 최근의 규범론적 논의에 대해서는 다음을 참조. Will McLennan, "Divided We Conquer: Why Divided Government Is Preferable to Unified Control," *International Social Science Review*, 86(2011), pp. 162-166; Christian John, "Divided We Fall: The Case Against Divided Government," *International Social Science Review*, 86(2011), pp. 166-174.

본문의 주

1) Gary Cox and Samuel Kernell, "Introduction: Governing a Divided Era," in Gary Cox and Samuel Kernell, eds., *The Politics of Divided Government*, Westview Press, 1991, pp. 2-3.

2) Gary C. Jacobson, *The Electoral Origins of Divided Government: Competition in U. S. House Elections, 1946-1988*, Westview Press, 1990, pp. 9-11, 특히 〈Figure 2.4〉 및 〈Figure 2.5〉 참조.

3) John R. Petrocik, "Divided Government: Is It All In the Campaigns?" in Gary Cox and Samuel Kernell, eds., *op. cit.*, pp. 13-38.

4) Gary C. Jacobson, *op. cit.*, pp. 112-120.

5) David W. Brady, "The Causes and Consequences of Divided Government: Toward a New Theory of American Politics?" *American Political Science Review*, 87:1(1993), pp. 190-191.

6) Morris P. Fiorina, *Divided Government*, Longman, 2003, p. 80.

7) Douglas D. Roscoe, "The Choosers or the Choices? Voter Characteristics and the Structure of Electoral Competition as Explanations for Ticket-Splitting," *Journal of Politics*, 65:4(2003), p. 1160.

8) Gary C. Jacobson, *op. cit.*, ch. 3.

9) *Ibid.*, ch. 6.

10) Morris P. Fiorina, *op. cit.*, pp. 44-59.

11) Gary C. Jacobson, *op. cit.*, pp. 120-122.

12) Gary C. Jacobson, "The Triumph of Polarized Partisanship in 2016: Donald Trump's Improbable Victory," *Political Science Quarterly*, 132:1(2017), p. 26.

13) Lloyd Cutler, "Some Reflections about Divided Government," *Political Science Quarterly*, 18(1988), pp. 485-92; Mathew McCubbins, "Government on Lay-away: Federal Spending and Deficits under Divided Party Control," in Gary Cox and Samuel Kernell, eds., *op. cit.*, pp. 113-153; Gary Cox and Mathew McCubbins, "Divided Control of Fiscal Policy," in Gary Cox and Samuel Kernell, eds., *op. cit.*, pp. 155-175.

14) James Alt and Charles Stewart, "Parties and the Deficit: Some Historical Evidence," presented at the NBER Conference on Political Economy, Cambridge, Mass., 1990.

15) D. Roderick Kiewiet and Mathew McCubbins, *The Logic of Delegation*, University of Chicago Press, 1991.

16) Morris P. Fiorina, *op. cit.*

17) David Epstein and Sharon O'Halloran, "Divided Government and the Design of Administrative Procedures: A Formal Model and Empirical Test," *Journal of Politics*, 58:2(May 1996), pp. 373-397.

18) Charles Cameron, Albert Cover, and Jeffrey Segal, "Senate Voting on Supreme Court Nominees: A Neoinstitutional Model," *American Political Science Review*, 84(1990), pp. 525-534.

19) Gary King and Lyn Ragsdale, *The Elusive Executive*, CQ Press, 1988.

20) David Rhode and Dennis Simon, "Presidential Vetoes and Congressional Response," *American Journal of Political Science*, 29(1985), pp. 397-427.

21) Martha Gibson, "Politics and Divided Government," presented at American Political Science Association meeting, New York, 1994.

22) Michael L. Mezey, "The Legislature, the Executive, and Public Policy: The Futile Quest for Congressional Power," in James A. Thurber, *Divided Democracy: Cooperation and Conflict between the President and Congress*, CQ Press, 1991, pp. 99-122.

23) David R. Mayhew, *Divided We Govern: Party Control, Lawmaking, and Investigations, 1946-1990*, Yale University Press, 1991.

24) *Ibid.*, p. 76.

25) *Ibid.*, pp. 101-102.

26) David R. Mayhew, *Congress: The Electoral Connection*, Yale University Press, 1974.

27) David R. Mayhew, *Divided We Govern: Party Control, Lawmaking, and Investigations, 1946-1990*, pp. 103-104.

28) *Ibid.*, pp. 105-106.

29) *Ibid.*, pp. 117-118.

30) *Ibid.*, pp. 120-121.

31) *Ibid.*, pp. 130-131.

32) *Ibid.*, pp. 132-133.

33) *Ibid.*, pp. 134-135.

34) *Ibid.*, ch. 6.

35) Sean Kelly, "Divided We Govern: A Re-assessment," *Polity*, 25(1993), pp. 475-483.

36) George C. Edwards, III, Andrew Barrett and Jeffrey Peake, "The Legislative Impact of Divided Government," *American Journal of Political Science*, 41:2(1997), pp. 545-563.

37) David Epstein and Sharon O'Halloran, *op. cit.*, p. 377.

38) Gregory Thorson and Tasina Nitzschke, "Politics and Policy in the 103rd and 104th Congress: Evaluating the Effects of Divided Government in the Post Reform Era," *Congress & Presidency*, 27:1(2000), pp. 1-14.

39) Samuel Kernell, "Facing an Opposition Congress: The President's Strategic Circumstance," in Gary Cox and Samuel Kernell, eds., pp. 87-112; James L. Sundquist, *Constitutional Reform and Effective Government*, Brookings Institution, 1992.

40) Tyler Hughes and Deven Carlson, "Divided Government and Delay in the Legis-

lative Process: Evidence From Important Bills, 1949-2010," *American Politics Research*, 43:5(2015), pp. 771-792.

41) Charles O. Jones, *The Presidency in a Separated System*, Brookings Institution, 1994.

42) Stephen Skowronek, *The Politics Presidents Make*, Harvard University Press, 1993.

43) Keith Krehbiel, *Pivotal Politics: A Theory of U. S. Lawmaking*, University of Chicago Press, 1998.

44) Keith Krehbiel, "Institutional and Partisan Sources of Gridlock: A Theory of Divided and Unified Government," *Journal of Theoretical Politics*, 8:1(1996), pp. 7-40.

45) David R. Mayhew, *Divided We Govern: Party Control, Lawmaking, and Investigations, 1946-2002*, 2nd ed., Yale University Press, 2005.

46) *Ibid.*, pp. 231-232.

47) *Ibid.*, pp. 232, 236.

48) Charles O. Jones, *Presidency in a Separated System*; Charles O. Jones, *Separate But Equal Branches: Congress and the Presidency*, Chatham House, 1995.

49) Paul Quirk and Bruth Nesmith, "Divided Government and Policy Making: Negotiating the Laws," in Michael Nelson, ed., *Presidency and the Political System*, CQ Press, 1995, pp. 533-534.

50) Charles O. Jones, *Presidency in a Separated System*, p. 197.

제7장

정치개혁과 미국 정치제도의 장래

미국 내에서도 미국 정치제도의 장점에 대한 믿음이 확산된 것은 그리 오래되지 않으며, 지속적이었던 것도 아니다. 자신들의 정치제도에 대한 미국인들의 자랑스러움이 형성된 것은 아마도 서구가 파시즘과 2차 세계대전에 휩쓸린 이후일 것이다. 혁신주의 시대에 그렇게도 부패와 무능의 온상으로 공격을 받았던 미국 정치제도는 무사히 살아남았지만, 혁신주의자들의 이상형이던 서구 민주주의 체제는 절망만을 가져다주었기 때문이다.[1] 당시 출판되어 이후 오랫동안 미국 정치의 입문서와 같이 읽혔던 『민주주의의 정치(The Politics of Democracy: American Parties in Action)』에서 펜들턴 헤링은 그동안 비난받아 오던 미국 정치제도에 대해 면죄부를 주었다. 미국 정치과정에 내재되어 있는 민주적 전통, 문화, 관행과 정치제도는 혁신주의자들이 생각했던 것보다 훨씬 잘 기능해 왔다는 것이다.[2] 혁신주의자들과 개혁가들은 정치제도의 개혁에 과도하게 집착했고, 지나치게 높은 기준을 적용하여 미국 정치제도를 폄하했다고 헤링은 주장했다.

그러나 헤링의 평가를 그대로 받아들이기에는 미국사에서 정치제도개혁이 지닌 중요성은 너무나 컸다. 헌법이 제정되던 시기부터 잭슨 민주주의 시대, 민중주의와 혁신주의 시대, 그리고 뉴딜 시기까지 제도개혁은 진보와 보수, 개혁과 기득세력 간에 치열한 다툼의 대상이 되었다. 개혁가들이 제도의 중요성을 과대평가한 것이라면, 반개혁세력들 역시 마찬가지였던 셈이다. 또 그가 『민주주의의 정치』 제2판을 출판한 직후부터 미국 사회는 선거제도에서부터 정당제도, 의회제도, 정치자금제도 등 권력구조의 기본틀을 뒤흔드는 제도개혁의 소용돌이에 휩쓸리게 되었다. 정치제도의 개혁은 사회개혁을 위한 수단이자 목표로, 최소한 현실 정치의 흐름에서는 핵심적인 위치에 자리 잡고 있었던 것이다.

미국 정치제도의 변화와 개혁

지난 200여 년간 미국의 정치제도가 안정적이고 점진적으로 진화했다는 통설과는 달리, 주기적으로 미국 정치제도는 변화하거나 도전에 직면해 왔다. 한 가지 예를 들어 보자. 1820년대에 개혁주의자들은 대통령 후보 선출 및 선거제도의 개혁에 성공했다. 연방의회 의원총회에서 자기 당 후보를 선출하고 각 주 의회에서 선거인단을 선출하던 제도를 바꾸어, 각 주별로 선출된 대의원들이 후보를 선출하고 각 주의 선거인단을 유권자의 직접투표로 뽑도록 개혁한 것이다. 이 제도변화는 단기적으로는 잭슨의 당선과 잭슨 민주주의 시대를 열었지만, 장기적으로는 국민에 직접 책임을 지는 대통령제를 수립했고, 원내 정당과 대통령의 정당을 분리시킴으로써 미국의 정부구조가 내각제적 요소를 발전시킬 가능성을 없애는 원인이 되었다. 당시는 아직 제도화가 채 이루어지지 않은 유동적 정치체제였지만, 1820년대에 이루어진 대통령 후보 선출, 선거제도의 변화가 정치체제의 성격을 바꾸어 놓았던 것이다.

이같이 중대한 정치제도개혁이 집중적으로 일어나는 시기는 대체로 사회개혁의 시기와 일치한다. 정치적·경제적·사회적 개혁을 이루기 위한 수단으로 정치제도의 개혁이 함께 추구되거나, 혹은 정치제도의 변혁 자체가 개혁운동의 한 목표로 자리 잡는 것이다. 이러한 사회개혁은 역사적으로 주기성을 지녔음이 발견된다. 슐레진저 부자의 유명한 정치 주기(political cycle) 모델[3]이 제시하는 평균 16.5년의 주기를 받아들이지 않아도, 사회개혁이 개혁기와 반개혁기, 자유주의 시기와 보수주의 시기, 또는 공익의 시기와 사익의 시기로 명명할 수 있는 주기를 타고 있음을 발견할 수 있다. 예컨대〈표 7-1〉에서 정리하고 있는 20세기의 정치 주기를 고려하면, 각각의 개혁기에 정당개혁, 의회개혁, 선거제도개혁, 행정개혁 등 주요한 정치제도개혁이 집중적으로 이루어졌고, 뒤이어 개혁의 반작용으로 개혁을 무산시키려는 시도와 제도변화가 이루어졌던 것이다.[4]

1970년대 민주당 개혁운동에 학계 대표로 직접 뛰어들었던 윌리엄 크로티(William J. Crotty)는 개혁의 주기를 "문제 1 → 위기 → 개혁 → 반작용 → 문제 2"의 단계로 모형화했다. 오랜 기간 다수의 주의를 끌지 않은 채 지속되던 문제들이 특정 시점에 극적인 사건들에

표 7-1 미국의 정치 주기

개혁기	과도기	반개혁, 보수기
강한 대항집단 강한 자율적 국가기구		강한 기업 집단
		1890년대 전국적 기업화 독점화 영역별 자유방임주의 정책 인종분리제도(Jim Crowism)
1901~1914 진보주의 시대 전문직 집단 형성 '공공이익' 태동 부패폭로언론(Muckrakers) 반트러스트법 시행 규제기구 설치	**1915~1918** 1차 세계대전	**1919~1933** 1918-19의 공산주의 색출소동 자유주의 경제정책 달러 중심 체제 진보적 정부기구의 포획 KKK 재현
1933~1939 뉴딜 시작 와그너법과 노조 강화 좌파 사회운동 연방기구들의 신설	**1940~1948** 2차 세계대전과 전후 처리	**1949~1961** 매카시즘 미국 민주주의의 신봉 한국전쟁 포획(capture)의 전성기 "GM의 이익이 곧 미국의 이익"
1961~1974 '1960년대' 민권운동 공익집단 페미니즘 반전운동 환경운동 새로운 규제의 강화 이슈네트워크의 강화 워런(Warren) 대법원	**1974~1980** 포드, 카터 대통령 규제완화 시작 기업들의 재편 전통주의 운동 시작 버거(Burger) 대법원	**1980~현재** 레이건-부시 기업 영향력 강화 규제완화 시장과 기업가 낙태반대 운동 기독교 근본주의 운동 렌키스트(Rehnkist) 대법원 클린턴의 중도노선

출처: Andrew S. McFarland(1998), p. 14.

의해 문제로 인식되어 개혁운동의 대상이 되며, 성공적일 경우 문제의 해결책이 만들어진다. 그러나 개혁 자체의 예기치 못한 효과와 집행단계부터 시작되는 반개혁 시도로 인해 개혁은 처음의 목표에 이르지 못하고 여전히 문제가 지속되거나 새로운 문제가 발생하게 된다. 이는 다시 오랜 기간 동안 잠복된 문제로 남게 되고 극적인 사태에 의해 새로운 개혁 주기가 시작된다는 것이다.

이 장에서는 현대 미국 사회의 내적·외적 위기가 중첩되었던 1960, 1970년대에 이루어졌던 정치제도개혁의 성격을 분석하고 개혁의 결과를 평가하며, 이후의 개혁 시도들을 살펴본다. 그 유산 속에서 전개될 정치제도 변화의 방향을 가늠하려는 것이다.

의회개혁

(1) 역사적 맥락

미국 의회의 여러 가지 제도들은 지속적으로 변화되어 왔다. 그러나 의회 내의 권력분배 구조와 입법절차가 대폭 개혁되어, 입법과정의 성격 자체가 변화되고 입법 산출에 영향을 미치게 된 경우는 역사상 몇 번의 특정한 시기에 국한된다.

우선 19세기 후반까지의 하원은 제도화가 완전히 이루어지지 않은 상태였고,[6] 입법 활동은 위원회(committee) 단위로 이루어졌다. 남부 주들의 재편입이 끝난 뒤이므로 하원은 양당에 의해 번갈아 장악되고 있었고, 원내에 양당의 뚜렷한 정당조직이나 지도부가 존재하지 않은 채 위원회 조직이 중심이 되었던 것이다. 이러한 상황 속에서 입법 활동은 단지 "위원회에서 심의된 법안들을 모으는(aggregate) 행위"에 불과했고,[7] 따라서 각 소관 위원회와 위원장들이 각자의 정책 영역에 대한 영향력을 나누어 갖고 있었다. 요컨대 정당이나 혹은 이와 유사한 안정된 정치연합의 차원에서 일관된 정책이 제안되고 추진되는 것이 아니라, 각 정책 영역별로 소수의 위원장의 이해관계와 그때그때의 상황에 따라 의사결정이 이루어지곤 했던 것이다.

또한 일단 위원회를 통과하여 본회의에 상정된 법안의 표결과정에서 '고의적 정족수 미달 기도(disappearing quorum)'가 인정되고 있어서 어느 정도의 소수는 언제라도 입법을 저지할 수 있었다. 당시 하원은 법안의 표결에 대해 전체 의원수의 절대다수의 정족수를 규칙으로 하고 있었는데, 정족수를 채우지 못하게 만들 만큼의 의원들이 출석점검을 위한 호명에 응답하지 않으면 법안에 대한 표결 자체가 무산되었던 것이다. 따라서 다수의 의지가 소수에 의해 거부되는 상황이 빈발했다. 윌슨이 당시의 미국 정부구조를 '의회 정부' 혹은 '위원회 정부(committee government)'라고 부른 이유가 여기에 있다.[8]

윌슨이 개탄했던 대로 당시의 입법과정은 혼란 상태였다. 원내 양당체제가 복구된 재건기 이후 민중주의 운동 시대에 이르는 당시의 정치적 분위기나 원내 다수당이 번갈아 바뀐 정치상황의 영향도 있었으나, 이 시기 의회는 효율적인 정책산출 기관도 되지 못했고, 그렇다고 양당 간의 경쟁과 대립이 제대로 이루어지는 장도 아니었다. 오히려 소수의 위원장들이 자의적으로 권력을 행사하여 특수 이익을 추구하거나, 대통령과 원내 다수가 추진하는 정책을 소수가 가로막는 거부권 행사의 장이었던 것이다. 그 원인을 윌슨은 제도화된 지도부의 부재에서 찾았다.[9] 하원의장과 같은 존재는 단지 각 위원회들을 구성하는 역할만 할 수 있을 뿐, 위원회의 법안 심의과정이나 본회의 표결과정에서 아무런 영향력을 행사하지 못했던 것이다. 자기 당 의원들의 단합을 이끌어낼 수도 없었고, 소수당의 거부권 행사를 저지할 수도 없었기 때문이다.

그러나 윌슨의 저술이 출판된 지 불과 수년이 흐른 뒤, 의회 내 상황은 급변했다. 윌슨이 기대했던 것보다 훨씬 강력한 지도부가 등장했던 것이다. 이러한 반전은 토머스 리드(Thomas B. Reed)에 의해 시작되었다. 1889년 하원의장이 된 리드는 우선 '정족수 미달 기도'를 제도적으로 막음으로써 다수주의적 입법과정을 만드는 데 성공했다. 하원의 의사진행을 관장하는 의장의 권한으로서, 서기의 출석 호명에 응답하지 않는 의원들 대신 자신이 직접 응답해 버린 것이다. 이 사건으로 야기된 소동 속에서 리드는 하원 의사진행 규칙을 개정하여 전체 과반수였던 정족수를 100명으로 낮추는 데 성공했다. 이는 곧 대법원 판결에서 합헌으로 판정받게 되었고, 다음 선거에서 다수당 지위를 되찾은 민주당이 따르게 됨으로써 제도화되었다.[10]

이같이 리드는 소수의 거부권 행사를 제도적으로 봉쇄함으로써 하원의 정치과정을 다수당과 소수당 간의 정당 대결구조로 이끌었다. 당시는 1890년대 정당 재편을 앞두고 양당 간의 대립이 치열하게 벌어지던 상황이었으므로 공화당 내에서 리드의 입지는 크게 강화되었다. 이를 바탕으로 리드는 그동안 잘 사용되지 않던 하원의장의 제도적 권한을 최대한 활용하고 자신의 지지세력들을 효과적으로 동원하면서 공화당 내의 결속을 공고히 했다. 위원회 배속권을 이용하여 의원들을 통제하고 자신의 측근들을 주요 위원회 위원장에 임명했으며, 규칙위원회를 장악함으로써 실질적으로 법안의 운명을 결정하는 막강한 영향력을 행사했던 것이다. 그를 뒤이은 조지프 캐넌(Joseph Cannon) 역시 원내 공화당 최고 지도자의 영향력과 하원의장의 제도적 권한을 최대한 사용하면서 '전제적(Czar)' 의장으로 불릴 만큼 막강한 영향력을 행사했다. 19세기 말에서 20세기 초에 이르는 20년간 미국 하원은 윌슨이 기대했던 모습, 즉 강력한 지도부하에 양당이 결속되고 양당 간의 대립이 벌어지는 의회가 되었던 것이다.

그러나 강력한 정당 지도부의 존재는 오래가지 못했다. 혁신주의 운동(Progressive movement)이 확산되면서 캐넌의 전제적 통제에 대한 반발이 폭발하게 되었던 것이다. 1910년 공화당 내 혁신주의 세력은 민주당과 연합하여 의장이 지니고 있던 권한의 상당 부분을 박탈했다. 특히 위원회 배속권, 위원장 임명권 및 규칙위에 대한 통제력을 박탈함으로써 리드와 캐넌이 지니고 있던 막강한 권력의 제도적 기반들을 무너뜨렸다.[12] 결과적으로 하원의장은 더는 자기 당 의원들을 효과적으로 결속하고 하원의 입법 활동을 통제할 수 있는 존재가 되지 못했다.

이에 대한 대안으로 모색된 것이 의원총회의 강화였다. 1910년 선거에서 다시 하원을 장악한 민주당은 약화된 하원의장 대신 의원총회와 여기에서 선출되는 원내대표(majority leader)의 권한을 강화했다. 즉, 주요 이슈에 대해 의원총회에서 의결된 대로 의원들이 표결하도록 의무화했고, 원내대표로 하여금 세입위원회 및 위원회 배속 결정위원회(committee on committees)의 위원장을 겸임하도록 했던 것이다. 그러나 이러한 규칙과 관행은 민주당의 내분이 격화되면서 곧 유명무실화되었다. 막강한 다수당 지도부가 존재하지 않는 상황에서 하원 내의 권한은 다시 각 위원회들이 나누어 갖게 되었고, 위원회가 지니는 권한의 대부분은 위원장에 의해 장악되었다.[13] 더욱이 당내의 내분으로 의원총회의 구속력이 약화되면서, 각 위원회의 위원장들이 다선 순위에 따라 자동으로 선출되는 선임제가 만들어졌다.

결국 하원의장 일인에 의한 권력 독점과 자의적 권력 행사를 막으려던 개혁의 결과, 1910년 이후의 하원은 소수의 위원장들이 권력을 나누어 갖던 20년 전의 위원회 정부 상태로 돌아간 셈이다. 더욱이 이들은 정당 지도부에 의해 쉽게 통제되지도 않을 뿐 아니라 위원회 소속 의원들이나 자기 당 의원들에 대한 책임도 지지 않은 채 자의적으로 영향력을 행사할 수 있었다. 지역구에서 재선에 계속 성공하여 연임 횟수만 쌓으면 자동적으로 위원장이 될 수 있었기 때문이다.

이러한 구조는 뉴딜 시기를 거쳐 1960년대까지도 지속되었다.* 이 시기의 하원은 세입위와 규칙위 등 주요 위원회 위원장들이 막강한 영향력을 행사하면서 권력을 나누어 가졌고, 하원의장을 비롯

---

* 1946년 개혁(Legislative Reorganization Act)이 시도되었으나, 하원의 입법과정이나 권력구조를 변화시키려는 제도개혁은 아니었다. 오히려 그 일차적 목표는 기존 위원회 제도를 정리·강화하는 것으로, 그간 급증했던 위원회들의 수를 대폭 줄이고 위원회들 간의 소관 영역을 명확히 구획했다. 나아가 이를 바탕으로 의회의 전문성을 강화하여 2차 세계대전 이후 상대적으로 약화되어 가던 의회의 영향력을 확보하려는 목적도 지니고 있었다. 이에 대해서는 Roger Davidson and Walter J. Oleszek, *Congress Against Itself*, Indiana University Press, 1977 참조.

한 정당 지도부의 뜻이나 정당의 방침이 이들을 통제할 수 없었다. 이 체제는 두 가지 정치적 결과를 낳았다. 우선, 정당의 결속력과 지도력이 취약하기 때문에 다수당이 일관된 정책을 마련하거나 추진하지 못하게 되었다. 오히려 다수가 원하는 정책이 위원회에 기반을 둔 소수에 의해 거부되는 상황이 빈발했다. 특히 문제를 심각하게 한 것은 이 시기에 운영위와 같은 핵심 위원장직들이 남부 보수파 의원들의 수중에 계속 장악되어 있었던 점이다. 실질적인 민주당 일당체제하의 남부에서 계속 재선됨으로써 선임제를 통해 자동적으로 위원장에 선출된 이들은 민권(civil rights) 이슈를 비롯한 주요 사회정책 영역에서 공화당과 연합하여 대통령 및 민주당 진보파의 정책을 효과적으로 가로막았다.

다른 한편, 대내외정책에 있어서 의회의 정책산출 능력은 크게 저하되었고, 행정부에 대한 상대적 힘의 약화가 지속되었다. 뉴딜 이래 행정부가 급팽창하고 2차 세계대전 이후 미국이 패권국으로 등장했다는 상황적 요인이 직접적으로 작용했던 것은 물론이다. 그러나 일관된 정책의 수립과 추진이 극히 어렵고 특수 이익을 위한 소수의 거부권 행사가 쉽게 성공하는 입법 체제의 성격에서도 여러 가지 중대한 문제들이 생겨났다. 예컨대 스무트-홀리 관세법에서 보듯이 위원회 중심의 입법과정에서 '나눠먹기식'의 정책산출이 이루어짐으로써 정책적 대실패가 생겨나는 경우도 빈번했고, 베트남전쟁의 경우와 같이 의회가 대통령에 대해 전혀 견제를 못하는가 하면, 투표권법(Voting Rights Act)에서처럼 의회 내 소수 반대세력의 거부권 행사로 의회 자체가 문제해결의 장애가 되는 상황도 자주 벌어졌던 것이다. 정당의 영향력이 취약하고 민주당 내 소수 반대파가 권력을 분점하고 있는 상태에서 의회는 주도적으로 정책을 산출할 능력을 상실한 채 오히려 정책의 추진을 가로막는 거부점으로만 기능한다는 위기감이 확산되었다.

이러한 위기감은 1960년대에 더욱 고조되었다. 미국 사회가 대내적으로는 민권운동과 '위대한 사회' 프로그램을 둘러싼 갈등에, 대외적으로는 베트남전쟁의 소용돌이에 빠져들었기 때문이다. 더욱이 당내 내분이 격화된 상태에서 치러진 1968년 선거에서 민주당은 대패했고, 선거에서 승리한 닉슨은 대내외정책에서 의회를 철저히 무시했다.* 이 상황 속에서 민주당 진보세력이 해결책으로 추진했던 것이 의회의 제도적 개혁이었다.

(2) 개혁의 경과

부분적·일시적으로 의회제도를 개선했던 적은 있었으나,** 입법

---

* 외교정책에 있어서 닉슨은 전임자와 같이 제왕적 대통령의 권한을 추구했다. 베트남전쟁의 확전, 해결과정에서 보여지듯이 의회의 간섭을 허용하지 않았던 것이다. 국내정책에 있어서는 이보다 소극적이었으나 의회와 민주당 진보파들에게는 보다 자극적인 자세를 취했다. 의회가 승인한 지출 항목들, 특히 위대한 사회 프로그램들 중 자신이 반대하는 사업에 대해서는 예산을 집행하지 않곤 했던 것이다. Nelson W. Polsby, *Congress and the Presidency*, 4th ed., Prentice-Hall, 1986, pp. 43-52 참조.

** 주로 규칙위가 문제가 되었고 규칙위에 대한 일시적 개혁들이 시도되었다. 규칙위 소속 남부 보수파 의원들에 의해 민주당 다수가 원하는 법안들이 계속 지연되거나 무산되었기 때문이다. 예컨대 1949년에는 '21일 기한 규칙'이 채택되어, 각 위원회를 통과한 법안에 대해 규칙위가 21일 내에 본회의 상정 방식을 정하지 않을 경우, 소관 위원장이 직접 본회의에 상정할 수 있도록 했다. 그러나 이 규칙은 2년 만에 폐기되었다. 또 1961년에는 규칙위의 규모를 12명에서 15명으로 늘리려는 시도가 한시적이나마 성공했다. 당시 규칙위 구성에 있어서 민주당이 8:4로 압도적이었으나, 남부 보수파 2명이 공화당과 연합하여 민주당 안을 계속 부결시켰기 때문이었다.

과정과 의회 내 권한분배 구조를 전체적으로 재평가하고 근본적 해결을 모색하기 시작한 것은 1968년 선거 이후였다. 1968년 민주당 전당대회의 혼란과 선거에서의 대패가 직접적 계기로 작용한 것이다. 더욱이 닉슨이 대통령에 당선되었다는 사실은 민주당 진보파의 위기감을 고조시켰고, 이는 1972년 선거에서 닉슨이 다시 한번 대승을 거두면서 더욱 커지게 되었다.

1970년대 의회개혁을 이끈 것은 '민주당연구회(Democratic Study Group: DSG)'이다. 민주당연구회는 민권 이슈를 비롯한 여러 정책 영역에서 자신들의 진보적 정책이 좌절되는 상황을 타개하기 위해 1959년 민주당 진보파 의원들이 결성한 것으로, 1960년대 말에 이르면 민주당 의원 과반을 확보할 정도로 세력을 확대했다. 민주당 진보파들이 계속 불만을 품어 왔던 구체제에 대한 개혁을 시도할 수 있는 힘이 민주당연구회에 의해 마련될 수 있었던 것이다. 더욱이 1972년 선거와 1974년 선거를 통해 초재선 의원들이 대거 원내에 진출함으로써 민주당 진보파의 세력이 더욱 확대되었고 의회개혁 운동에 강력한 추진력이 더해지게 되었다.

1968년 선거로 인해 민주당의 내분이 격화된 가운데 닉슨의 공화당 행정부가 들어서게 된 새로운 상황도 민주당연구회가 적극적으로 의회개혁을 추진하게 된 동기였다. 케네디-존슨 시기에는 민주당연구회의 역할이 대통령의 진보적 정책에 대한 원내 지지기반이 되면 충분했다. 그러나 공화당 행정부와 분점의 상황에서 진보적 정책을 추진하기 위해서는 정책 어젠다의 수립에서 통과까지를 민주당 진보세력이 주도해야 했던 것이다. 원내 주요 위원장직을 차지하고 있는 남부 보수파의 존재가 위협적일 수밖에 없었다. 더욱이 이들이 공화당과 연합하여 닉슨의 보수적 정책을 지지할 경우, 1960년대의 진보적 정책이 크게 후퇴될 수도 있다는 위기감이 고조되었다.[14]

이와 같은 상황 속에서 민주당연구회는 1968년 선거가 끝나자마자 실행위원회를 열고 대책을 모색했다. 처음에는 특정 위원장들의 선임권을 박탈함으로써 이들을 위원장직에서 축출하는 공격적 대응이 논의되기도 했고, 선임제 자체의 폐지나 위원회제도의 근본적 개혁이 제시되기도 했다. 그러나 이러한 방안들은 실행방안의 모색도 어렵거니와 의회 전체는 물론 민주당 내부에서조차 현실적으로 받아들여지기가 불가능했고, 또 자칫 역효과만을 부추길 위험이 있었다.[15] 결국 민주당연구회 실행위원회는 현재의 위원회제도를 유지하면서 위원장들의 권력 남용을 막고 이들이 당과 평의원들의 뜻에 책임을 지게 만드는 방향으로 의회개혁을 추진하게 되었다. 그 구체적 방안을 마련하기 위해 핸슨 위원회(Hansen Committee)라는 별도의 위원회가 조직되었고, 핸슨 위원회가 마련한 방안들을 민주당 의원총회를 통해 결정하도록 했던 것이다. 요컨대 개혁의 초기에 개혁가들이 추진했던 것은 민주당 내부의 조직원리를 개혁하여 당과 평의원들에 대한 위원장들의 책임성을 증대시키려는 '원내 민주당 개혁'이었던 셈이다.

그러나 다수당인 민주당 원내조직의 변화는 곧 의회조직상의 변화를 불러올 수밖에 없었으므로 의회개혁은 민주당의 범위를 벗어나 공화당을 포함한 의회 전체의 제도적 변화에 이르게 되었다. 더욱이 당시 공화당 역시 민주당 개혁파와 유사한 상황인식 속에서 자체의 개혁안을 마련하고 있었다. 이에 따라 1973년 위원회개혁 특별위원회(House Select Committee on Committees; Bolling Committee)가 양당 동수의 의원들로 구성되어 의회제도 전반의 개혁을 모색하게 되었다. 볼링 위원회의 안은 민주당 의원총회에서 거부되었으나, 개혁안이 정치 현실을 반영하게 만들었다는 의미를 지닌다. 반면 워터게이트의 소용돌이 속에서 초재선 의원들이 대거 원내에 진출하게 되면서 의회개혁은 보다 광범위하게 확대되었고, 의회 내 참여의 확대, 권력의 분산, 입법과정의 공개화 등 제도개혁의 이상주의적 입장이 강화되었다. 결국 1968년 민주당연구회에 의해 시작된 개혁운동은 의회 전체의 조직과 절차, 그리고 의회의 외적 관계까지를 포함하는 광범위한 개혁으로 확대되었다. 개혁의 목적 자체도 당시의 정치적 동기뿐 아니라 특정 정책들을 이룰 수 있는 환경을 조성하려는 도구적 목적에서부터 정치제도 자체의 민주화를 추구하려는 경향, 나아가 정당의 강화를 통해 책임정당정부를 이루려는 시도까지 합쳐지게 되었다.[16] 의회개혁의 결과 역시 의회 전체 내에서 이같이 다양한 목적을 추구하던 세력들의 이해관계를 반영하게 되었다.

(3) 개혁의 내용

의회제도의 개혁은 1970년대 후반까지 여러 가지 경로를 통해 다양한 방안들을 실천에 옮기면서 추진되었다. 컴퓨터 서비스의 도입과 같은 단순한 입법환경의 개선에서부터 표결방식과 심의방식의 변화와 같은 입법절차의 중대한 개혁도 이루어졌고, 위원회 조직을 재구성하는 데서부터 의장의 권한을 확대하는 데 이르기까지 하원 권력구조의 개혁도 이루어졌으며, 위원회의 배정과 위원장 선출방식의 변화와 같은 정당조직상의 개혁도 이루어졌다. 또 1973년 전쟁권한법(War Powers Act)의 제정이나, 1974년의 예산법(Congressional Budget and Impoundment Act)과 선거법(Federal Election Campaign Act)의 개혁과 같이 외적 관계를 재조정하려는 시도도 이루어졌다.* 이같이 다양한 제도적 변화들은 그 추구한 목적에 따라 몇 가지로 세분해 볼 수 있다.

위원장 권한의 축소

개혁가들이 추구했던 가장 직접적 목적은 위원장들의 권력을 축소하는 것이었다. 모든 문제의 근본 원인이 누구에게도 책임을 지지 않으면서 독자적 권력을 축적하고 있는 위원장들에게 있다고 보았기 때문이다. 그 구체적 방안들로 다음과 같은 제도적 변화가 이루어졌다.

우선 1970년의 의회 재조직법(Legislative Reorganization Act)을 통해 법안 처리에 관한 위원장들의 실질적 권한을 제한하는 조치들이 취해졌다. 즉, 위원장이 출석하지 않은 상황에서도 가장 연임 서열이 높은 의원의 사회로 위원회가 진행될 수 있도록 했고, 본회의

---

* 당시 의회개혁의 범위를 어디까지 설정할 것인가는 논란의 대상이다. 대부분의 학자와 언론은 1973~1975년에 이루어진 의회 권력구조의 변화와 입법절차상의 변화를 의회개혁의 대상으로 간주한다. 예컨대 Nelson W. Polsby, *op. cit.* 참조. 반면 존스와 같이 1970년대 전 시기 동안 이루어진 모든 입법절차 및 정책결정 절차의 변화들뿐 아니라 입법환경에 영향을 미치는 모든 조치들을 개혁에 포함시키는 경우도 있다. Charles O. Jones, *The United States Congress: People, Place, and Policy,* Dorsey Press, 1982 참조. '의회개혁'의 개념으로는 존스의 견해가 옳을 수 있으나, 당시 추구되었던 개혁의 목적과 무관한 변화까지 포함시키는 경우 '1970년대 의회개혁'의 범위를 너무 확장하는 오류가 있을 수 있다.

상정도 가능하게 했다. 단순히 위원회에 출석하지 않음으로써 위원회 다수가 찬성하는 법안의 심의와 본회의 상정을 막았던 위원장의 권력 남용을 제한했던 것이다. 또 위원회 내의 호명표결(roll-call)을 공개하고 본회의 전체위원회(Committee of the Whole)에서의 표결 역시 공개(recorded teller vote)함으로써, 비밀투표의 장막 뒤에서 위원장의 압력이 행사되는 상황을 막으려 했다.

위원장의 권력 남용을 막기 위해 취해진 가장 직접적 방법은 회기마다 전체 의원총회에서 위원장에 대한 찬반투표를 통해 신임 여부를 묻는 것이었다. 1971년 핸슨 위원회에 의해 고안된 이 방법은 1973년에는 회기마다 자동적으로 모든 위원장들에 대해 신임투표를 하는 방식으로 강화되었고, 표결방식도 비밀투표로 바뀌었다. 따라서 자기 당 의원들 대다수의 뜻을 무시하는 위원장들은 다음 회기에는 위원장직에서 축출될 수도 있는 상황이 되었다. 이렇게 함으로써 선임제를 폐지하지 않고도 선임제에 의해 선출된 위원장들의 책임성을 높이려 한 것이다. 실제로 초재선 의원들이 대거 등원한 직후, 이들의 진보적 입장과 자주 충돌해 왔던 세 명의 남부출신 위원장들이 투표에서 패배하여 위원장직에서 축출되었다.

나아가 입법과정에서 민주당 진보파에게 가장 큰 문제로 인식되었던 규칙위와 세입위에 대한 직접적 공격도 진행되었다. 우선 법안의 운명에 중대한 영향을 미치는 규칙위에 대해, 위원장 및 소속 위원들을 하원의장이 지명하고 전체 의원총회에서 승인을 받도록 했다. 규칙위 위원장과 위원들이 선임제에 의해 자동으로 임명 혹은 배정되어 독자적 권력을 구축하지 못하게 하고, 정당 및 정당 지도부에 구속되도록 한 것이다. 하원에서 가장 위상이 높고 보

수성이 강했던 세입위에 대해서는 위원의 수를 대폭 늘리고, 소위
원회를 설치하도록 강제했다. 또 전통적으로 세입위가 심의한 법안
들이 '금지규칙(closed rule)'하에 본회의에 상정되던 관행도 폐기
했다.* 수정안을 제안하도록 의원총회가 의결할 경우, '무제한규칙
(open rule)'이나 '제한규칙(restricted rule)'을 적용하도록 의무화했
던 것이다. 뿐만 아니라 민주당 세입위 위원들이 위원회 배속 결정
위원회를 구성하여 민주당 의원들의 소속위원회 배속을 결정하던
것을 폐지하여 세입위의 특권적 지위를 박탈했다.

권력의 분산

위원장의 권한을 삭감하기 위해 취해진 또 다른 방안들은 위원
장에게 집중된 위원회의 권한을 하부단위, 즉 소위원회로 분산하는
것이었다. 우선 1971년 핸슨 위원회의 제안에 따라 모든 민주당 소
속 의원은 하나의 소위원회 위원장만을 맡도록 강제했다. 연임 서열
이 높은 의원들이 자신의 영향력에 따라 여러 소위원회 위원장직을

---

* 금지규칙, 제한규칙, 무제한규칙은 본회의의 심의, 표결과정에 적용되는 의사진행 규칙
이다. 즉, 토론과 수정안의 제안을 금지한 채 신속히 처리하는 것이 금지규칙이며, 어느
정도 제한하거나 아무런 제한 없이 진행하는 것이 각각 제한규칙, 무제한규칙이다. 법안
들이 각 위원회를 통과하게 되면 운영위가 어떤 규칙을 적용할 것인가를 결정하게 되는
데, 이 결정은 법안의 운명에 지대한 영향을 미친다. 어떤 토론이나 수정안도 금지될 경
우, 소관 위원회의 안대로 신속히 통과될 가능성이 매우 높은 반면, 반대의 경우 무수한
수정안 제안과 토론 속에서 회기를 넘기고 폐기되거나 원안의 효과를 상쇄시켜 버릴 정
도의 수정안이 덧붙여질 수 있기 때문이다. 운영위가 지니고 있던 막강한 권한은 바로 이
러한 의사진행 규칙과 순서(Calendar)를 결정하는 데 있었다. 전통적으로 세입위의 법
안은 '너무 전문적이기 때문에' 본회의에서의 토론과 수정안이 금지되는 특별한 규칙을
적용받았다. 이에 대해 민주당 진보파 의원들은 '보수적인 세입위 안을 그대로 통과시키
려는 숨은 동기'를 의심해 왔다. John F. Manley, *The Politics of Finance: The House
Committee on Ways and Means*, Little, Brown, 1970, pp. 220-234.

겸직하여 권력집중 현상이 심화되는 것을 막은 것이다. 나아가 일정수 이상의 위원회는 의무적으로 소위원회를 설치하도록 함으로써 위원장 혹은 위원회가 광범위한 영역에 걸쳐 영향력을 행사하는 것을 봉쇄했다. 이 조치들이 취해진 뒤 비교적 연임 서열이 낮은 의원들이 대거 소위원장을 맡게 되었다.

1972년 선거가 끝나고 열린 새 의회에서 소위원회의 권한은 더욱 강화되었다. 소위 '소위원회 권리장전'이 채택되어 보다 많은 권한과 독립성이 보장되었던 것이다. 먼저 소위원회 위원장을 임명하던 위원장의 권한을 박탈하고, 위원회 내의 다수당 의원회의에서 경선에 의해 선출되도록 했다. 또 소위원회들의 소관 영역을 명확히 하고, 위원회에 회부된 법안은 다시 소관 소위원회에 회부하여 심의하도록 의무화했다. 일반적으로 위원회에 회부된 법안들의 심의를 위원장이 독점하거나 자신이 원하는 소위원회에만 회부하곤 했던 위원장의 권력을 제한한 것이다. 나아가 모든 소위원회에 대해 적절한 예산이 확보될 수 있도록 했고, 참모진을 임명할 수 있는 권한을 소위원장에게 주었다. 위원회의 물적·인적 자원을 독점적으로 통제하던 위원장의 권한을 축소함으로써 소위원회의 독립성을 보장했던 것이다.

지도부의 강화

나아가 위원장들과 위원회들을 정당 지도부가 통제할 수 있는 제도적 개혁도 이루어졌다. 정당 지도부로서 하원의장과 당 기구들의 권한을 크게 강화한 것이다. 1974년 민주당 의원총회는 그 실행위원회 역할을 하는 기구로서 민주당 정책위원회(House Democratic Steering and Policy Committee)를 설치하여 주요 정책 사안들에 대해 당의 방침을 결정하도록 했다. 결정사항이 의원총회에서 승인되면 당의 공식 방침으로 정해지고 이에 대해 위원장 및 소속의원들이 따르도록 한 것이다. 뿐만 아니라 위원회 배속권한이 정책위원회에 이관되어 정책위의 영향력이 더욱 커지게 되었다. 민주당 정책위원회는 24명으로 구성되었는데, 이 중 반은 의원총회에서 지역별로 선출되며, 나머지 반은 하원의장, 원내대표, 원내총무 및 의원총회 의장 등 당 지도부, 4명의 원내부총무(deputy whip), 그리고 하원의장이 지명하는 4명으로 구성되었다.

요컨대 독자적 권력 기반을 지닌 위원장들을 약화시키고 당을 결속시킬 수 있는 공식 기구를 만든 것이다. 이 정책위 내에서 하원의장을 포함한 당 지도부가 지니는 권한은 구성원의 반을 차지하고 있음에서 여실히 드러난다. 뿐만 아니라 하원의장은 운영위의 위원장을 지명하고 민주당 소속의원들을 배속하는 권한을 지니게 되었다. 의원총회의 승인을 받아야 하지만, 이 권한에 의해 하원의장은 운영위를 장악할 수 있게 된 것이다. 또한 하원의장에게는 소관 영역의 법안을 독점하던 각 상임위원회의 권한을 제한할 수 있는 권한이 주어졌다. 1974년 볼링 위원회의 제안으로부터 채택된 새 규정에 의해 하원의장은 동일 법안의 심의를 여러 위원회에 맡길 수 있게 되었다. 이 복수회부권(multiple referrals)에 의해 당 지도부는 법안의 운명에 커다란 영향력을 행사할 수 있게 되었다. 나아가 1977년부터는 각 위원회가 법안을 심의해야 할 기한을 하원의장이 결정할 수 있게 되었고, 하원의장의 '의사진행 규칙 중지권(suspension of rule)' 사용 기한이 증가되었다.* 입법절차에 대해 하원의장에게 주어진 이 권한들은 그 자체만으로 볼 때 리드-캐넌 시절의 전제적 의장을 가능하게 할 정도로 막강한 것들이었다.

지도부의 통제

그러나 개혁의 방향이 1910년대 이전으로 회귀한 것은 아니다. 앞에서 논의한 바와 같이 소위원회로의 권력분산이 동시에 이루어졌던 것이다. 보다 중요한 점은, 개혁의 결과 강화된 하원의장 등 지도부의 권력 행사를 평의원들이 감독, 통제할 수 있도록 한 것이다. 즉, 평의원들의 기구인 전체 의원총회와 각 위원회별 의원회의를 상설화하고 여기에서 지도부의 결정사항들에 대한 승인을 하도록 함으로써 지도부의 자의적 권력 행사를 막으려 했던 것이다. 하원의장의 규칙위 위원 임명권은 전체 의원총회에서 승인받아야 하고, 정책위의 반수는 의원총회에서 선출하며, 정책위의 위원회 배속 결정 역시 의원총회의 승인을 받도록 했다. 나아가 민주당 하원선거위원회(Democratic Congressional Campaign Committee) 위원장과 원내총무단까지 의원총회에서 비밀투표에 의해 경선하도록 만듦으로써 지도부의 책임성을 높이려 했다.

의회조직뿐 아니라 의사진행 절차에 대해 지니는 지도부의 권한도 의원총회의 통제하에 두도록 했다. 예컨대 의장의 규칙 중지권의 사용에 대해 의원총회가 일정한 제한을 가하도록 했고, 규칙위의 금지규칙에 대해서도 의원총회의 결의에 따라 번복할 수 있도록 했던 것이다.

---

* 의사진행 규칙 중지권이란, 본회의에 상정된 법안에 대해 운영위에서 결정한 의사진행 규칙을 중지시키고 법안에 대한 토의를 40분 한도로 제한하고 수정안 제안을 금지할 수 있는 하원의장의 권한이다. 하원의장이 원안대로 통과시키고 싶은 법안이 무제한규칙에 의해 심의되어 통과 여부가 불투명해질 경우, 의장은 이 규칙 중지권을 사용할 수 있는 것이다.

또 이 모든 감독권을 지니는 의원총회는 지도부에 의해서만 소집되는 것이 아니라 50명 이상 의원의 제청으로 열릴 수 있도록 했다.

위원회 내부의 경우도 마찬가지로 위원회별 의원회의(committee caucus)가 지도부의 권한 행사를 감독하도록 했다. 우선 소위원회의 배속과 소위원회 위원장 선출을 위원회 의원회의에서 비밀투표에 의한 자유경선으로 이루어지도록 했다. 아무리 연임 서열이 높은 의원이라 하더라도 위원회 소속 자기 당 의원들의 투표결과에 따라서는 소위원회 위원장이 되지 못하거나 소위원회 배속을 받을 수 없게 된 것이다. 실제로 1970년대 후반부터 각 위원회 의원회의들의 투표결과 소위원장이 축출되거나 연임 서열이 낮은 의원이 높은 의원을 물리치고 소위원회 위원장이 되는 상황이 벌어졌다. 또 위원회 의원회의는 소속 소위원회의 수효와 크기 및 소관 영역을 결정하는 권한을 지니게 되었는데, 소위원회의 예산과 참모진 구성을 승인하고 특정 법안의 심의를 소위원회에서 할 것인지, 위원회 전체 수준에서 할 것인지를 결정하게 되었다.

나아가 의회활동의 전반적인 공개화가 추진되었다. 위원회의 축조심의(markup) 과정이 공개되었고, 위원회의 호명표결이나 전체위원회에서의 표결내용이 공개되었다. 심지어 위원회와 본회의의 중요한 회의와 청문회는 TV를 통해 전국에 생방송될 정도로 공개되었다. 이러한 공개화는 한편으로는 위원장을 비롯한 지도부가 장막 뒤에서 평의원들에게 부당한 영향력을 행사하는 것을 막고, 다른 한편으로는 평의원들 역시 지역구를 의식하여 부당한 영향력에 굴복하거나 부당한 거래를 하는 것을 막으려던 시도였다.[17]

의회 권한의 강화

이와 동시에 의회 자체의 권한을 증대시키려는 노력도 병행되었다. 1970년대 초에 이르면 행정부에 대한 의회의 상대적 힘이 너무 약화되었다는 평가가 일반적이었다. 이는 뉴딜 시기부터 진행된 행정국가의 추세와 2차 세계대전 이후 미국의 국제적 개입이 증대되면서 필연적으로 행정부와 대통령의 권한이 증대된 결과일 수도 있고, 의회 조직의 일반적 성격이 전문적이고 신속성을 요하는 결정에 맞지 않기 때문일 수도 있다. 그러나 의회의 상대적 힘이 너무 약화되어 대통령을 제대로 견제하고 균형을 이룰 수 없는 상태라는 인식이 확산되었던 것이다. 존슨의 베트남 정책이나 닉슨의 예산집행 거부사태 등은 이러한 우려를 더욱 심화시켰다. 심지어 케네디와 존슨 행정부 초기까지 '제왕적 대통령(imperial presidency)'을 주장했던 학자들도 대통령의 독주와 무기력한 의회에 대해 우려하기 시작했다.

더욱이 민주당의 내분 속에서 공화당이 행정부를 장악하고 민주당은 의회를 장악하는 분점의 상황이 이루어지면서, 의회의 상대적 약화는 민주당 진보파에게 중대한 문제로 인식되었다. 나아가 이 시기는 그간 대통령과 행정부가 이끌어 왔던 외교정책, 무역정책, 사회정책 등 각종 정책에 대해 쌓여 온 불만이 표출되기 시작하는 시기로, 이런 문제들에 대해 의회가 헌법으로부터 보장받은 권한을 행사하지 못하는 것 자체가 의회의 위기로 인식되었다.

이런 상황 속에서 여러 가지 방안으로 의회를 강화하고 대통령의 권한을 통제하는 법들이 통과되었다. 우선 의회 자체의 능력과 전문성을 배양할 수 있는 각종 조치가 취해졌다. 의회의 물적·인적 자원을 크게 늘렸고, 세부 영역별로 소위원회가 설치되어 의원들이 각 분야에 대한 전문성을 쌓을 수 있도록 했으며, 의회 예산국(Congres-sional Budgetary Office) 등 전문적 입법보좌 기구들이 설립되었다. 다른 한편으로 1973년 전쟁권한법, 1974년 예산법과 무역법 등을 통해 대통령의 권한을 제한하고 헌법상 부여받은 의회의 권한을 되찾는 시도가 계속되었다.

(4) 개혁의 결과

1970년대 의회개혁은 민주당연구회를 중심으로 민주당 진보파에 의해 시작, 추진되었다. 그러나 의회의 조직과 입법절차를 변화시키는 개혁의 성격상, 민주당 보수파와 나아가 공화당까지 포함하는 타협이 이루어질 수밖에 없었다. 또 개혁을 추진한 목적과 동기도 다양했다. 민주당 진보파 중에서도 당시의 정치 상황에서 진보적 정책을 추진하기 위한 수단으로 의회개혁을 추진한 세력이 있는가 하면, 1970년대 초, 중반에 의회에 진출한 초재선 의원들은 구제도의 타파를 목적으로 하기도 했고, 평의원의 참여를 확대하고 입법과정에 대한 평의원의 통제를 강화하거나 의회의 상대적 힘을 강화하려는 제도 자체의 목적이 추구되기도 했다. 또 민주당 보수파와 공화당이 참여한 타협과정에서는 여러 가지 당파적, 개인적인 정치적 이해관계도 작용했다.*

* 이에 대해서는 J. Richard Piper, *Ideologies and Institutions: American Conservative and Liberal Governance Prescriptions since 1933*, Rowman & Littlefield, 1997, chs. 12-16 참조.

이렇게 이루어진 의회개혁의 결과를 분석해 보자. 먼저 1970년대 의회개혁은 구제도의 가장 큰 문제로 민주당 진보파가 지목했던 위원장들의 권력 남용 문제를 상당히 해결했다고 평가된다. 위원장들이 행사하던 권력의 제도적 기반이 상당 부분 붕괴되어 이전과 같은 권력행사가 불가능해졌고, 상실한 권한의 대부분이 소위원회로 이전되었던 것이다. 특히 개혁 이전 시기에 막강한 권력을 행사했던 규칙위와 규칙위 위원장의 권한은 대폭 축소되었고, 하원의장 등 정당 지도부의 수중에 장악되었다.

그렇다고 위원장들의 권한이 유명무실하게 되거나 선임제가 폐지되었던 것은 아니다. 여전히 연임 서열이 높은 의원들이 위원장직을 장악하고 하원과 원내 정당지도부의 권한을 행사하게 되었다. 그러나 이들의 자의적 권력 남용이 제도적으로 제한되었고, 평의원들이 위원장들에 대한 신임을 물을 수 있게 제도화됨으로써 위원장들의 전횡이 더욱 어렵게 되었다. 1960년대의 남부 보수파 위원장들처럼 정당과 평의원 다수에 책임을 지지 않고 독립적인 권력 기반 위에서 막강한 권력을 행사했던 문제는 1970년대 제도개혁에 의해 성공적으로 해결되었던 것이다.

의회의 전문성을 강화하고 행정부에 대한 의회의 상대적 힘을 복구하려는 목적 역시 상당히 충족되었다고 볼 수 있다. 1970년대를 통해 증대된 의회의 입법자원들과 소위원회 중심의 입법조직으로 전문성이 증대된 것은 예산문제에서 외교정책에 이르기까지 의회의 권한이 증대될 수 있는 기반을 마련해 주었다.* 그러나 의회가 행정

---

* 1970년대 이후 보다 개입주의적으로 행정부를 견제하는 의회의 도전성(assertiveness)을 논의하는 대부분의 연구들이 의회개혁을 통해 이루어진 의회 입법자원의 증대와 전

부에 보다 도전적이 되고 여러 정책 분야에 적극적으로 개입하게 된 데에는 1968년 선거 이후 시작된 공화당 행정부-민주당 의회의 분점정부 구조가 직접적 원인으로 작용했다. 카터 시기의 짧은 기간을 제외하고 1968년부터 1990년대 초반까지 지속된 이 구조에서 민주당은 의회, 특히 하원의 정당이란 역할에 익숙해졌고, 공화당의 행정부와 경쟁을 벌이게 되었던 것이다. 즉, 정당 간 경쟁이 양부 간 경쟁으로 이전되는 상황이 지속되면서 민주당은 1973년 전쟁권한법이나 1974년 예산법과 무역법, 1988년 무역법 등을 통해 의회의 권한을 확대해 갔던 것이다.

평의원과 의원총회에 책임을 지는 정당 지도부와 정당기구를 강화하고 이를 통해 정당의 결속을 이루어 책임정당을 이루려는 목적이 어느 정도 달성되었는지에 대해서는 상반된 평가가 가능하다. 1970년대 의회개혁에 대한 대다수 연구들은 의회개혁의 결과 오히려 권력이 분산되고 독자적 권력 중심들이 증가되어 중앙의 통제에 의한 단합이 힘들어졌다고 평가해 왔다.* 즉, 위원장 중심의 체제가 소위원회 위원장 중심으로 바뀜으로써 보다 많은 권력 중심으로 권력이 분산되는 역효과를 가져오게 되었고, 결과적으로 수많은 소위원회 위원장들과 평의원들이 독자적으로 권력을 추구하는 구조로 진

문성 제고를 그 기반으로 들고 있다. 예컨대 Thomas E. Mann, ed., *A Question of Balance: The Presidents, the Congress, and Foreign Policy*, The Brookings Institution, 1990 참조.

* 예컨대 Nelson W. Polsby, *op. cit.*; Burton D. Sheppard, *Rethinking Congressional Reform*, Schenkman, 1985; Lawrence C. Dodd and Bruce I. Oppenheimer, *Congress Reconsidered*, Praeger, 1977; Leroy Rieselbach, *Congressional Reform in the Seventies*, Duxbury, 1977; Norman J. Ornstein, ed., *Congress in Change*, Praeger, 1975 참조.

표 7-2 개혁 전후 하원 내 정당 단합도의 변화(%)

연도	민주당 전체	민주당 남부	공화당 전체	연도	민주당 전체	민주당 남부	공화당 전체
1962	81	n.a.	80	1977	74	55	77
1963	85	n.a.	84	1978	71	53	77
1964	82	n.a.	81	1979	75	60	79
1965	80	55	81	1980	78	64	79
1966	78	55	82	1981	75	57	80
1967	77	53	82	1982	77	62	76
1968	73	48	76	1983	82	67	80
1969	71	47	71	1984	81	68	77
1970	71	52	72	1985	86	76	80
1971	72	48	76	1986	86	76	76
1972	70	44	76	1987	88	78	79
1973	75	55	74	1988	88	81	80
1974	72	51	71	1989	86	77	76
1975	75	53	78	1990	86	78	78
1976	75	52	75				

출처: Norman J. Ornstein, et al.(1992), pp. 199-200에서 발췌.

화했다는 것이다. 이러한 평가를 뒷받침하는 직접적 증거는 〈표 7-2〉에서 보듯이, 개혁이 추진된 뒤 상당 기간 동안 정당 단합도가 크게 나아지지 않았다는 사실이다.*

그러나 1980년대 중반부터 정당 단합도가 증가하게 되면서 새로운 해석도 제기되었다. 개혁의 결과 정당 지도부가 소속의원들을 결속할 수 있는 충분한 권력을 지니게 되었다는 것이다.** 사실 개혁

---

* 와텐버그 등이 주장했던 정당쇠퇴론도 이에 주목한다. 1980년대 초까지 의회 내에서 정당 단합도가 극히 낮고 정책결정의 방향을 결정하는 정당의 역할이 크게 상실되었다는 것이다. Martin Wattenberg, *The Decline of American Political Parties, 1942-1980*, University of Harvard Press, 1984.

** 예컨대 David W. Rhode, *Parties and Leaders in the Postreform House*, University of

을 통해 하원의장이 지니게 된 제도적 권한은 리드-캐넌 시기에 비교할 수 있을 정도로 막강한 것이다. 19세기 말과 같이 중대 이슈에 의해 양당 간의 이념적·정책적 대립이 뚜렷하고 대결이 격화된다면, 이 제도적 권한을 기반으로 강력한 하원의장이 출현할 수 있는 것이다. 1980년대 초반까지는 이런 상황이 아니었고 오히려 양당 내부의 분열이 심했던 시기이므로, 하원의장을 비롯한 정당 지도부가 강력한 지도력을 발휘하여 소속의원들을 결속할 수 없었다는 것이다.

1990년대 중반 이후의 상황은, 개혁을 통해 정당 지도부의 역할과 권력이 강화되고 정당 기율과 단합도가 증대되었음을 보여 준다. 양당 간의 대립이 격화되면서 개혁을 통해 마련된 제도적 권한을 기반으로 강력한 지도부가 출현하게 되었던 것이다. 물론 이 경우라도 리드-캐넌 모형의 전제적 지도부는 아니다. 개혁에 의해 지도부의 권력은 평당원들의 통제하에 놓여 있고 의원총회에 책임을 지도록 되어 있기 때문이다. 이러한 '민주적 통제하의 강화된 지도력'은 민주당 진보파가 의도했던 목적이었고,[18]* 개혁은 그 제도적 기반을 마련했다고 평가할 수 있다.

Chicago Press, 1991, *chs.* 3-4 참조.
* 이런 면에서 의회개혁이 일관되지 못한 방향으로 추진되었다거나 상반된 목적을 추구했다는 평가는 재고할 필요가 있다.

정당개혁

1970년대 의회개혁과 동시에 진행된 것이 흔히 '정당개혁(party reform)'이라고 불리는 대통령 후보 선출제도의 개혁이다.* 의회개혁이 원내 정당(Congressional party)과 의회제도를 바꿈으로써 의회의 성격을 변화시켰다면, 정당개혁은 대통령의 정당(presidential party)의 성격을 바꿈으로써 행정부의 성격에 커다란 영향을 미쳤다.

(1) 역사적 맥락

건국 당시부터 연방주의자와 반연방주의자로 정치세력이 조직화되었던 것을 감안하면 미국의 정치는 일찍부터 정당에 의해 움직였다고 할 수 있다. 그러나 당시의 정치 지도자들은 정치적 파벌(factions)을 혐오했고, 따라서 정당 역시 해로운 것으로 간주했다. 대통령 재임 당시 해밀턴 지지자들과 제퍼슨 지지자들 간의 대립을 줄곧 지켜봐야 했던 워싱턴은 퇴임사에서 '파벌주의(Spirit of Party)'의 해독을 경고한 바 있다. 또 미국 최초의 정당조직을 만들고 이끌었던 제퍼슨조차 한때 "정당과 함께 천국을 가야만 한다면 아예 지옥을 가겠다"고 할 정도로 정당을 혐오했다.[19]

그러나 이러한 이상적 정치관에도 불구하고, 유사한 정치적 목적

---

* 일반적으로 정당개혁은 정당 혹은 정당체제의 조직과 행태를 변화시키기 위한 법과 당헌 등의 변경을 의미한다. Austin Ranney, *Curing the Mischiefs of Faction: Party Reforms in America*, University of California Press, 1975 참조. 그러나 제퍼슨과 해밀턴 시대 이래 정당개혁의 가장 중대한 대상은 공직 후보 선출제도, 특히 대통령 후보 선출제도였다. 1970년대 개혁 역시 마찬가지다.

과 이념을 지닌 세력을 조직화할 현실적 필요성이 곧 생겨나게 되었다. 연방의회 내의 제퍼슨 추종자들에 의해 해밀턴의 정책을 저지하려는 목적으로 '효과적인 전략을 협의하기 위한 모임(caucus)'이 조직되었고, 반대파를 왕정주의자라고 공격하기 위해 스스로를 공화파(Republicans)라고 불렀다. 이에 대한 반작용으로 해밀턴 추종세력들도 자연히 조직화되기 시작하여 연방파(Federalists)를 결성했다. 이들은 제퍼슨주의자들이 연방정부와 연방헌법을 인정하지 않는 반연방 분리주의자들이라고 공격하기 위해 자신들의 명칭을 연방파로 했던 것이다. 이렇게 해서 미국은 건국 초기부터 정치적 이념과 정책적 지향에 따른 정당조직이 생겨나게 되었다. 그러나 당시의 공화파와 연방파의 두 원형적 정당은 기본적으로 연방의회 내에 생겨난 조직, 즉 원내 정당이었고 대중적 기반을 지닌 것은 아니었다.*

이러한 연방정부 내의 정당조직은 선거의 필요성 때문에 곧 정부와 수도 워싱턴의 범위 밖으로 확대되었다. 자기 세력을 확대할 필요가 있었던 양당으로서는 이미 당선된 의원들을 조직화하는 것만으로는 충분하지 않았고 자기 세력들을 선거에서 당선시키는 것이 보다 효과적이었기 때문이다. 따라서 공화파와 연방파는 이미 1790년대 말부터 각 지역에 정당조직을 결성하여 자기 당 후보를 선출하고 선거운동을 지원하도록 노력했다. 이 같은 지역적 정당조직들은 곧 연방 하원의원뿐만 아니라 주지사 및 주 의원들과 각종 주 수준의 선거에도 간여하게 되었다. 19세기 초에 이미 정당은 연

---

* 미국 정당의 기원과 이후의 발전 과정을 개관하기 위해 다음을 참조. John H. Aldrich, *Why Parties? The Origin and Transformation of Party Politics in America*, University of Chicago Press, 1995.

방, 주 및 지방정부 등 모든 수준의 선거에서 후보자를 선출하고 선거운동을 조직하는 독점적 지위를 확보하게 되었던 것이다. 그러나 당시의 정당조직은 각 지역의 엘리트들을 중심으로 결성되었다는 점에서 대중적 조직이 아닌 일종의 간부정당(cadre party)이었다.

정당조직이 지역적, 대중적으로 확산된 것은 잭슨 대통령 시기였다. '잭슨 민주주의 시대'로 불리는 이 시기에 세 가지 중대한 변화와 개혁이 이루어졌다. 우선 1820, 30년대를 통해 유권자의 수가 급격히 증대했다. 1824년 선거 당시 총투표자의 수는 36만에 불과했으나 1828년 선거에서 100만, 다시 1840년에는 200만을 넘어서게 되었다. 이는 이민자의 유입으로 총인구가 증가했기 때문이기도 하지만, 1830년대까지 개혁에 의해 대부분의 주들이 투표 자격요건이었던 재산 자격을 폐지함으로써 하층민에게까지 투표권이 확대된 때문이었다. 따라서 각 정당에게는 보다 대중적일 필요가 생기게 되었다.

다음으로 잭슨 시기에 대통령 선거제도의 개혁이 이루어져 대통령 후보가 대중에 직접 호소하게 되었다. 이전의 경우 대부분의 주가 대통령 선거인단을 주 의회에서 선출했으므로, 양당의 대통령 후보들은 유권자들에게 직접 호소하기보다는 각 주 의회 의원들, 즉 각 주의 정치 엘리트들에게 선거운동을 해 왔다. 그러나 1824년부터 유권자들에 의해 선거인단이 선출되기 시작하여, 1830년대에 이르면 거의 대부분의 주에서 선거인단의 선출이 유권자의 직접투표에 의해 이루어지게 됨으로써, 각 정당들과 그 후보들은 대중에 직접 호소하게 되었던 것이다.

이처럼 중앙집중적·엘리트 중심적 연방 정치가 전국화, 대중화되면서 대통령 후보 선출과정도 이에 맞추려는 정당개혁이 이루어졌다. 1820년대까지만 해도 각 정당의 대통령 후보 선출은 '킹 코커스(King Caucus)'라고 불리던 연방의회 의원들의 의원총회에서 이루어졌다.* 이에 대해 각 주 정당조직과 대중들의 불만이 높아져서, 1820년대에 들어서서는 상당수 주의 정당들이 독자적으로 주 의회 의원총회나 주의 전당대회를 통해 대통령 후보를 선출하려는 움직임을 보이게 되었다. 개혁세력들이 확산되고 이들의 '킹 코커스' 불참운동이 성공을 거두면서 1828년 선거부터는 연방의회의 '킹 코커스'가 대통령 후보를 선출하지 못하게 되었다. 대신 각 주 의회나 의원총회가 대통령 후보를 선출하게 되었고, 이 변화 속에서 잭슨이 대통령 후보로 선출되어 압승을 거둠으로써 최대의 수혜자가 되었다.

이 과도적 후보 선출제도는 곧 다시 바뀌게 되었다. 1832년 선거를 맞아 잭슨에 반대하던 세력들은 주 단위의 선출과정이 대중적 지지를 받고 있는 잭슨에게 유리하다는 판단에 따라 대통령 후보 선출을 위한 전국 전당대회를 도입했다. 잭슨 역시 당시 자신의 부통령이던 존 칼훈(John C. Calhoun) 대신 마틴 밴 뷰런을 부통령 후보로 내세우기 위해 전국 전당대회를 지지했다. 이후 4년마다 개최되는

---

* 이는 일부 책임정당정부론자들에게 매력적인 대안이 될 수 있다. 의회와 행정부가 권력을 공유하고 있는 권력구조하에서 양부 간을 연결할 수 있는 제도적 실체는 정당밖에 없다. 양부 간의 충돌을 막고 효율적인 공조를 위해서는 이 연계를 강화해야 하는데, 그 현실적 방안은 한 부 내의 정당조직이 다른 부의 정당조직을 충원하는 길이다. 즉, 대통령이 실질적으로 자기 당 소속 의원을 공천하든가, 혹은 그 반대의 방법이다. 건국 초기부터 잭슨 시기까지는 후자의 방법이 사용되었던 것이며, 킹 코커스의 폐지와 함께 책임정당정부, 혹은 내각제적 정부의 가능성은 "영원히 사라져 버렸다"(Austin Ranney, *op. cit*, p. 15).

전국 대의원대회(national convention)에서 대통령 후보를 선출하고 정강정책을 채택하는 제도가 각 정당에 제도화되었다. 이처럼 각 정당의 대통령 후보를 선출하는 권한이 중앙의 연방의회 의원들로부터 각 주 수준으로, 그리고 각 주 의회로부터 주 정당이 선출한 대의원들의 전국대회로 이전된 것은 정당조직에 중요한 변화를 가져왔다. 주 정당의 권한이 강화되고 양당은 각 주 정당의 연합으로서 존재하는, 정당의 연방제적 성격이 강화된 것이다.

이러한 성격은 남북전쟁과 재건기 이후 크게 강화되었다. 내전의 당연한 결과로, 남부에서는 민주당, 동북부에서는 공화당이 각기 독점적 지위를 가지게 되었던 것이다. 그 결과 각 지역과 주별로 독점적인 정당조직이 발달하게 되었다. 이처럼 주 정당의 권한이 증대되고 지역의 정당조직들이 강화되면서 나타난 것이 정당 머신(party machine)이다. 대부분의 지역에서 특정 정당조직이 표를 동원하여 공직자를 당선시키는 기능을 독점함에 따라, 이 정당조직을 장악한 정당 보스들(party bosses)이 커다란 권력과 이권을 휘두르게 되었다. 특히 뉴욕이나 시카고 등 대도시의 정당 머신들은 정치자금과 표를 동원하여 특정 후보를 당선시키고 그 반대급부로 이권과 하위 공직을 분배하는 등 장막 뒤의 정부로서 온갖 부패의 온상이 되었고, 머신을 장악한 정당 보스들은 연방 상원의원이나 주지사보다도 훨씬 강력한 권력을 행사하게 되었다.

지역적 정당조직의 강화와 이에 따른 정치적 부패는 19세기 말 혁신주의 개혁운동의 표적이 되었다. 당시 공화당 개혁파들은 당을 개혁하고 정당 보스들의 부패를 일소하기 위해 당내 주도권을 장악하려 했다. 1884년 대통령 선거에서는 부패한 공화당 조직의 후보 대신 민주당의 그로버 클리블랜드를 지지함으로써 정당의 일신을 꾀하고 패배한 공화당 조직을 장악하려 했다. 그러나 1896년의 중대 선거 이후 공화당 패권체제가 굳어지고 당내 보수파의 우세가 더욱 확고해지면서 이들의 전략은 바뀌었다. 공화당의 주도권을 장악하는 것이 불가능하므로, 정치과정에서 차지하는 정당의 비중을 줄이는 제도개혁을 통해 정당 보스들의 권력 남용과 부패를 막으려 했던 것이다.

이런 상황 속에서 혁신주의 개혁운동에 의해 중대한 개혁들이 시도되었다. 선거부정을 막기 위해 시행된 엄격한 선거등록제(voter registration), 정치적 부패의 온상이었던 엽관제(spoils system)의 폐지 등 미국 정치의 틀을 바꾸고 정당정치에 중요한 직간접적 영향을 미친 여러 개혁들이 이루어졌다. 그러나 혁신주의 운동의 초점은 부패한 정당의 개혁에 있었다. 우선 1890년대부터 1920년대에 걸쳐 대부분의 주에서 정당을 공적으로 규제하게 되었다. 즉, 정당의 내부 조직에서부터 후보선출 방식과 의사결정 방법 등의 요건들을 법률화하고 주 정부가 이를 감독함으로써 정당조직의 부패와 권력 남용을 막으려 했던 것이다.

이와 함께 당시 처음 시도되어 이후 미국 정당과 정치체제에 큰 영향을 미쳤고 1970년대 정당개혁의 전조가 된 것이 바로 직접 예비선거제(direct primary)의 도입이다. 평당원들, 혹은 유권자들의 투표에 의해 정당의 후보들을 직접 선출하는 제도가 도입되었던 것이다. 이는 단순히 정당 후보 공천과정에서 행사되는 정당 보스들과 정당조직들의 영향력을 막고 부패의 소지를 없애려 한 데 그치는 것이 아니었다. 혁신주의 개혁세력이 원했던 것은 공직 선거의 첫 단계에서부터 정당조직의 영향력을 막음으로써 선거 자체가 후보자 중심이 되고 결과적으로 정치적 부패의 온상인 정당을 약화시키는 것이었다.[20] 이러한 후보 선출제도의 개혁은 혁신주의의 힘이 강했던 캘리포니아와 위스콘신 등 일부 주에서 먼저 시도되었다.

혁신주의의 영향력이 확산되면서 예비선거제를 채택하는 주가 급속히 늘어나서 1912년 선거에는 14개 주, 1916년 선거에는 23개 주에서 개혁이 이루어졌다. 이에 고무되어 혁신주의 세력은 대통령 후보 선출을 위한 전국적 예비선거(national primary)를 추진하기도 했다. 그러나 1920년에 이르러 21개 주까지 확대되었던 예비선거제 개혁운동은 이 시점을 고비로 쇠퇴하게 되었다. 1차 세계대전을 거치면서 혁신주의 운동 자체가 쇠퇴하기 시작한 데다 내분이 정리되었기 때문이다. 더욱이 한정된 주들에서만 예비선거제가 시행되고 있었던 상황에서, 예비선거를 통해 확보할 수 있는 대의원의 수가 후보 지명권을 획득하기에는 충분하지 못했기 때문에, 후보들이 예비선거에 참여하지 않게 되면서 예비선거 개혁은 추진력을 잃게 되었다.[21]

1920년대와 1930년대에 걸쳐 예비선거제는 여러 주에서 폐지되거나 대의원에 대한 구속력이 없는 미인대회(beauty contest)로 전락했다. 따라서 실질적으로 대통령 후보의 결정은 정당 보스들 간의 타협에 의해 이루어졌다. 그러나 이미 10여 개 주가 예비선거를 채택하고 있었고, 20퍼센트 정도의 대의원이 예비선거 결과에 따라 후보를 지지하는 상태였다. 결과적으로 1960년대까지 대통령 후보 선출제도는 예비선거에 의한 직접선출(plebiscitary) 방식과 정당조직에 의해 결정되는 방식이 혼합되어 있는 형태였다. 즉, 여러 파벌들과 정당 보스들 간의 타협에 의해 후보가 지명되지만, 예비선거에서 강력한 대중적 지지를 획득함으로써 정당 보스들에게 압력을 행사할 가능성이 열려 있었던 것이다.[22]

(2) 개혁의 경과

이와 같이 1960년대까지 대통령 후보 선출제도는 정당조직에 의한 지명이 주가 되고 일부 주에서 평당원의 직접투표에 의한 의사 표시가 가능한 방식이었다. 이러한 후보 선출제도는 정당조직과 평당원들 간에 심각한 갈등을 초래할 위험을 지니고 있었다. 일부 예비선거들을 통해 평당원들이 선호하는 후보가 대두되었음에도 불구하고 정당조직의 필요에 따라 다른 후보가 선택되는 경우, 정당조직의 비민주성과 부패의 상징으로 비쳐질 수 있었기 때문이다. 1968년 민주당 후보선출 과정은 이러한 위험을 극적으로 드러냈고, 결국 혁신주의 이후 다시 한번 정당개혁 운동을 촉발하는 방아쇠 역할을 했다.

1968년은 현대 미국 정치사에서 가장 충격적인 정치적 사태들이 연이었던 해이다. 연초에 북베트남의 구정 공세가 큰 성공을 거두었고, 이 충격 속에서 유진 매카시(Eugene McCarthy) 상원의원이 반전 세력의 기수로 민주당 대통령 후보 지명을 두고 현직 대통령 존슨에게 도전했다. 처음 열린 뉴햄프셔 예비선거에서 존슨은 현직 대통령의 이점이 있었고, 민주당 조직이 총동원되었음에도 불구하고 6퍼센트 포인트 차이로 간신히 승리하게 되었는데, 이는 존슨과 민주당 지도부 및 베트남전쟁에 대한 유권자들의 심판으로 받아들여졌다. 곧이어 로버트 케네디(Robert Kennedy) 상원의원까지 후보지명전에 뛰어들게 되자, 2주 뒤 존슨은 갑작스런 회견을 통해 후보 사퇴를 선언했다. 더욱이 4월에는 마틴 루터 킹(Martin Luther King, Jr.) 목사가 암살되고 대도시의 폭동과 소요가 연이었으며, 예비선거가 끝나가던 6월에는 민주당 진보파의 기대를 모으고 있던 케네디도 암살되었다.

민주당 진보파와 반전운동 세력이 지녔던 희망은 무산되었다. 사실 1950, 60년대에 접어들면서 구제도는 흔들리고 있었고, 예비선거에서 평당원들과 유권자들의 강력한 호응을 얻은 후보가 정당조직들에 압력을 가할 수 있는 상황으로 변하고 있었다.[23] 따라서 이들은 현직 대통령이 사퇴한 상황에서 진보세력의 승리를 통해 궁극적으로 반전운동을 성공시킬 수 있다고 기대했다. 그러나 당시까지 지속되던 구제도하에서, 평당원들의 의사와는 무관하게 정당 보스들에 의해 대통령 후보 선출 전당대회의 결과는 이미 결정되어 있었다. 존슨의 불출마 선언 직후, 민주당 기성조직들은 부통령 허버트 험프리(Hubert Humphrey)를 후보로 내정했고, 이미 확정된 대의원들은 예비선거에 한번도 출마하지 않은 험프리를 선출할 것이 확실시되었던 것이다. 민주당 최대의 정당 머신을 장악하고 있던 리처드 데일리(Richard Daley) 시장의 시카고에서 열린 민주당 전당대회는 예정대로 험프리를 후보로 지명했다. 이 전당대회는 민주당의 내분과 혼란을 TV 중계를 통해 전국에 여실히 알린 사상 최악의 전당대회였다. 대회장 밖에서는 데일리의 시카고 경찰이 반전운동 시위를 무자비하게 진압하고 있었고, 안에서는 데일리에 의한 자의적인 회의 진행과 항의와 혼란이 벌어졌던 것이다.

시카고 전당대회가 드러낸 내분과 혼란은 민주당 진보세력뿐 아니라 민주당 지도부에게까지 위기감을 가져다주었다. 이에 따라 민주당 전국위원회는 혼란 상태에 빠져 있는 대통령 후보 선출과정의 문제를 조사하고 대안을 마련할 위원회를 조직했다. 원래 대통령 후보 선출제도의 개혁은 예비선거의 후반부터 민주당 진보파에 의해 요구되어 왔다. 이들은 비공식적인 위원회(Hughes Commission)를 조직하여 주 정당들의 불합리하고 차별적인 대의원 선출과정과 제도를 조사, 폭로하고 개혁을 요구했다. 이미 후보로 지명된 험프리가 이를 수락했던 것이다. 그러나 민주당 지도부가 대통령 후보 선출제도의 전면적인 개혁을 의도했던 것은 아니다. 4년마다 열리는 전당대회에서 정당 내부의 문제가 제기되었을 때, 명목적인 조사위원회를 조직하고 나면 4년 뒤에는 잊혀지는 것이 통례였고, 1968년의 상황도 이를 크게 벗어나지는 않을 것이라고 보았던 것이다.[24] 이에 따라 정당조직 및 대의원선출 조사위원회(Commission on Party Structure and Delegate Selection; McGovern-Fraser Commission)가 조직되었다.

그러나 11월의 본선거에서 험프리가 충격적으로 패배하면서 본격적으로 개혁이 추진력을 얻게 되었다. 당시 민주당 전국위는 민주당 진보파의 핵심인 조지 맥거번(George McGovern) 상원의원을 위원장으로 임명했고, 맥거번은 곧 휴즈나 도널드 프레이저(Donald Fraser) 같은 개혁파들로 위원회를 조직했다. 맥거번-프레이저 위원회는 선거 직후부터 본격적인 활동에 들어갔는데, 이들의 목표는 기존 제도의 전면적 개혁이었다. 정당 보스에 의해 대의원이 결정되고 이들의 의지대로 대통령 후보가 결정되는 기존 제도는 폐기되어야 하며, 대통령 후보 선출과정이 평당원에게 공개되고 이들의 뜻을 대표할 수 있는 새로운 제도를 수립하려 했던 것이다. 이런 목표 아래

개혁위원회는 채 1년이 안 되는 기간 동안 구제도의 비리와 모순을 조사, 폭로하면서 이를 방지할 제도개혁의 지침을 마련했다. 다음에서 논의하듯이 위원회가 마련한 지침의 내용은 주 정당들의 대의원 선출을 보다 공개적이고 대표성 있게 만드는 것이었다.

이후 1972년 전당대회까지 관건은 위원회가 마련한 지침을 주 정당들에게 집행하도록 만드는 것이었다. 민주당 전국위원회와 맥거번 위원회의 지침을 주 정당조직들이 따르지 않을 수도 있었기 때문이다. 그러나 평당원들과 당내 진보세력의 강력한 지지, 호의적인 언론 보도와 여론의 호응, 위원회의 효율적인 전략, 그리고 지침을 따르지 않은 주 대의원들을 전당대회에서 축출할 수 있는 전국위의 권한 등이 적절히 활용되면서 개혁은 실행에 옮겨지게 되었다.[*]

(3) 개혁의 내용

맥거번-프레이저 위원회의 개혁안은 휴즈 위원회와 같은 당내

---

[*] 이는 윌리엄 크로티의 설명에 근거한 것이다. 크로티는 학자로서 맥거번 위원회에 적극적으로 참여한 민주당 활동가였으므로, 당시 위원회의 활동과 전략 및 그 효과에 대해 소상히 밝히고 있다. 반면에 그 자신이 당사자였으므로 크로티의 설명에 편견이 개입되었을 가능성도 있다. 뒤에서 논의하겠지만, 개혁이 이루어질 수 있었던 주된 이유는 주 정당들이 지침을 "받아들였기 때문이 아니라 피해 가려 했기 때문이다." 그렇다고 하더라도 어떤 형태로든 주 정당들이 지침의 요구를 무시할 수 없도록 만든 것은 맥거번-프레이저 위원회의 승리였고, 그것은 위의 요인들로 인해 가능했을 것이다(William J. Crotty, *Decision for the Democrats: Reforming the Party Structure*, Johns Hopkins University Press, 1978, pp. 44-62). 맥거번-프레이저 위원회의 활동과 이를 둘러싼 갈등에서부터 이후의 반대세력들의 움직임에 대한 상세한 연구는 Byron Shafer, *Quiet Revolution: The Struggle for the Democratic Party and the Shaping of Post Reform Politics*, Russell Sage, 1984를 참조.

진보파들이 1968년 전당대회에서 제기했던 문제점들로부터 출발했다. 즉, 대통령 후보 선출 대의원들이 주 정당 조직들에 의해 자의적이고 비공개적으로 선정되고 이 과정에 평당원들의 참여가 실질적으로 가로막혀 있어서 대통령 후보 선출 자체가 왜곡된다고 보았던 것이다. 이를 개혁하기 위해 위원회가 주 정당들에 요구한 구체적 지침들은 다음과 같다.[25]

첫째, 대의원의 선출에 관한 주 정당의 규칙을 제정하여 문서화하고 이를 일반에 충분히 알리도록 했다. 또 선출의 모든 단계가 이루어지는 과정을 일반에 충분히 공개할 것을 의무화했다. 그렇지 않을 경우 평당원들이 모르는 사이에 정당 간부들(party regulars)만이 모여 대의원을 선출할 수 있기 때문이다.

둘째, 대의원 선출의 전 과정이 전당대회가 열리는 해에 이루어지도록 적절한 일정을 수립할 것을 요구했다. 이는 구제도하에서 후보들의 선거운동이 시작되기도 전에 대의원들이 결정되어 이들이 평당원들의 의사를 무시하고 특정 후보를 지지하게 되는 것을 막기 위함이다.

셋째, 흑인, 여성 및 청년층 등이 전체 유권자에서 차지하는 비율에 따라 대의원에 포함되도록 '쿼터'를 정하도록 요구했다. 이 지침은 1972년 전당대회에서 논란의 대상이 되었고 이후 보다 느슨한 형태로 완화되었다.

넷째, 대의원의 75퍼센트 이상은 연방 하원 선거구 이하 수준에서 선출하도록 요구했다.

다섯째, 주 정당위원회에 의한 대의원 선출을 전체 대의원의 10퍼센트 이하로 한정하도록 했다. 주 정당위원회에 의한 대의원 선출

방식은 가장 비대표적이므로 가능한 한 변경할 것을 추천했다.

여섯째, 주 대의원 전체가 특정 후보에게 표를 몰아주는 제도 (unit rule), 대리투표제, 또 대의원 전체의 40퍼센트 미만의 정족수에 의한 회의 개최를 금지했다.

일곱째, 대의원이 예비선거에 의해 평당원들에 의해 직접 선출되는 경우, 대의원 후보들로 하여금 대통령 후보 선출 대의원대회에서 자신이 지지할 대통령 후보를 투표용지에 명시하도록 했다.

요컨대 대의원 선출과정에서 평당원들이 "제대로, 무의미하지 않게, 그리고 때맞춰 참여(full, meaningful, and timely participation)"할 수 있도록 정당하고 공정한 대의원 선출방식의 최소요건을 의무화했던 것이다.

그러나 맥거번-프레이저 위원회의 개혁지침이 주 정당들에 의무화되면서 전혀 예기치 못한 변화가 일어나게 되었다. 많은 주 정당들이 예비선거제를 채택한 것이다. 〈표 7-3〉에서 보듯이, 맥거번-프레이저 위원회의 지침이 강제된 1972년 전당대회를 시작으로 예비선거를 채택한 주들이 급증하게 되었다. 이는 대의원 선출제도개혁에 대한 주 정당들 나름대로의 대응이었다. 위원회의 지침을 거부할수는 없는 상황이었지만, 그렇다고 개혁안을 그대로 수용하지는 않으려 했던 것이다. 맥거번-프레이저 개혁안대로 대의원 선출과정을 평당원에게 공개할 경우 주 정당조직 전체가 공개되어야 하는 상황에 처하게 되고, 정당 간부들과 보스들의 기득권이 침해받을 수밖에 없었다. 이보다는 대통령 후보 선출과정을 분리하여 완전히 공개된 예비선거로 치름으로써 위원회의 지침을 만족시키고, 이 이외의 다른 영역에서는 기존의 제도와 기득권을 유지하러 했던 것이다.[26]

표 7-3 예비선거의 확산

연도	민주당			공화당		
	예비선거의 수	대의원의 비율	후보지지가 의무화된 대의원 비율	예비선거의 수	대의원의 비율	후보지지가 의무화된 대의원 비율
1952	17	.46	.18	15	.46	.24
1956	21	.50	.38	18	.47	.43
1960	17	.45	.20	15	.41	.35
1964	18	.51	.41	17	.48	.35
1968	17	.49	.36	16	.45	.36
1972	23	.66	.58	22	.53	.41
1976	29	.75	.66	28	.66	.54
1980	31	.71	.71	33	.75	.69

출처: Nelson Polsby(1983), p. 64에서 추출.

　　결국 개혁은 예비선거의 급증이라는, 개혁가들이 전혀 예상하지 못한 방향의 제도 변화를 가져오게 되었다. 당시 개혁에 참여했던 레이니가 밝히고 있듯이, 이들이 의도했던 것은 기존 형태의 대통령 후보 선출 전당대회를 개혁하는 것이었다.

　　민주당 맥거번-프레이저 위원회의 위원들 모두가 일차적으로 합의 했던 것은 전국적 예비선거나 주별 예비선거의 급증이 바람직하지 않다는 것이었다. 사실 우리가 원했던 것은 대의원 선출제도를 개 혁함으로써 선출과정이 공개화, 공정화되고 참여가 크게 늘게 됨으 로써 결과적으로 예비선거에 대한 요구가 사라지길 바랐던 것이다. [...] 그러나 우리는 엄청난 충격을 받았다. [...] 우리가 의도했던 바의 정반대를 만들어 냈던 것이다.[27]

(4) 개혁의 정치적 결과

역사적으로 미국 정당들이 대통령 후보를 선출한 방법은 두 가지다. 하나는 '조직 결정형(party dominance model)'으로, 정당의 각 분파 조직들과 그 보스들의 타협에 의해 후보를 결정한 방식이다. 시대에 따라 정당조직의 영향력이 달라지긴 했으나 1970년대 개혁 이전의 시기는 대체로 이 방식에 의해 대통령 후보가 선출되었다. 또 다른 형태는 '직접 선출형(plebiscitary model)'으로 1970년대 개혁 이후와 같이 평당원들의 투표에 의해 후보가 선출된 방식이다.[28] 이 두 방식은 단순한 선출방식의 차이일 뿐만 아니라, 평당원들이 결과를 받아들이게 만드는 정통성에도 차이가 있을 수 있고, 나아가 선출되는 후보의 성격과 통치 능력 및 정당 자체에 대한 영향도 크게 다를 수 있다.

조직 결정형은 평당원과 유리되어 각 분파 조직과 지역 조직의 보스들에 의해 후보가 선출되므로 결과에 대해 평당원들의 승복을 받기가 힘들 수 있다. 따라서 평당원들의 정당일체감이 강하고 정당조직에 대한 충성심이 강하지 않으면 정통성에 문제가 생길 여지가 있다. 여러 분파들의 타협에 의해서만 후보가 선출될 수 있으므로 후보가 지녀야 할 최대의 장점은 다양한 이해관계를 절충하고 타협을 끌어낼 수 있는 중개자(broker)로서의 능력이다. 역으로, 선출된 후보는 다양한 분파세력들의 타협에 따라 선출되었으므로 당내에서 광범위한 지지를 획득할 수 있다. 이렇게 형성된 연합은 본선거를 치르는 원동력이 되고, 당선된 뒤에도 대통령직을 수행하는 데 중요한 정치적 자산이 된다. 물론 다양한 분파적 이해관계와의 타협에 따른 부담도 지게 된다.

직접 선출형은 평당원 각자의 표결에 의해 후보가 선출되므로 보다 민주적이고 정통성이 크다. 그러나 정당 내부 분파들 간의 이해 조정과 무관하게 선출되므로 정당 내부에서 광범위한 지지를 동원하기가 어려울 수 있다. 더욱이 정당조직 외부의 평당원과 대중으로부터 지지를 획득하기 위해 반(反) 정당적 호소가 효력을 발휘하는 경우도 있고, 기존 정당조직 외부의 후보가 보다 많은 대중적 지지를 기반으로 정당의 후보로 선출될 수도 있다. 이러한 후보의 본선거 운동은 선출과정에서와 마찬가지로 정당과 유리된 채 후보 중심적(candidate-centered) 조직이나 특정한 파벌 중심으로 치러지기가 쉽다. 본선거에서 당선된 뒤에도, 조직된 정치적 기반이 취약하여 통치력에 문제가 생길 수 있거나, 기존 정치권 외부의 지지를 동원하거나 대중에 직접 호소하는 방식을 사용할 수 있다. 어떤 경우이든 기존 정당조직은 타격을 받게 된다.

대통령 후보 선출 대의원의 선출제도를 개혁한 1970년대 민주당 개혁은 결국 대통령 후보 선출방식을 전자에서 후자로 변화시킨 것이다. 따라서 1972년 당시부터 이 변화가 여러 가지 정치적 결과를 낳을 것으로 우려되었고, 이후의 경험적 연구들은 이 우려가 현실화되었다고 평가한다.[*]

---

[*] 대표적으로 Nelson Polsby, *Consequences of Party Reform*, Oxford University Press, *1983;* Austin Raney, *op. cit.;* James W. Ceaser, *Presidential Selection: Theory and Development*, Princeton University Press, 1979; Larry M. Bartel, *Presidential Primaries and the Dynamic of Public Choice*, Princeton University Press, 1988; John Haskell, *Fundamentally Flawed: Understanding and Reforming Presidential Primaries*, Rowman & Littlefield, 1996 등 참조.

우선 예비선거제로 인해 양당의 후보 선출과정에 평당원들의 참여가 확대되고 일반 유권자들의 의사가 제대로 반영되었다는 점 자체에 대한 이견이 제기된다. 일단 후보 선출과정에 대한 참여의 기회가 전 유권자, 혹은 평당원 전체로 확대된 것은 사실이다. 그러나 실제로 예비선거에 참여하는 유권자들의 구성을 분석해 보면, 예비선거의 참여가 사회경제적 혹은 정책 지향적으로 특정한 집단에 편향되어 있는 경향이 있다. 즉, 본선거보다 유권자들의 관심이 적을 수밖에 없는 예비선거에 참여하는 유권자들은 소위 '핵심 투표자들(core voters)', 혹은 정치활동가들이며, 따라서 예비선거의 결과가 사회경제적 중상층부와 이념적·정책적으로 특정한 집단의 선호로 편향된다는 것이다.* 그렇다면 후보 선출에 있어 일반 유권자와 평당원의 의사가 공평히 반영되는 결과가 되었다기보다는, 1950년 이래의 현상으로 윌슨이 주목했던 아마추어[29]의 증가와 이들의 영향력 확대를 가져왔다고 평가할 수 있다.

다른 한편으로 예비선거제의 확산은 기존의 정당 지지구조를 취약하게 만드는 결과를 가져왔다. 양당, 특히 민주당은 다양한 사회적·경제적·정치적 이해관계를 지닌 사회세력들의 연합으로 구성되어 있다. 뉴딜 이후 상당 기간 양당의 지지기반이 이와 같이 유지될

---

* 이에 대해서는 James I. Lengle, *Representation and Presidential Primaries: The Democratic Party in the Post-Reform Era*, Greenwood, 1981 참조. 예비선거 투표자 집단과 본선거 투표자 집단을 비교한 많은 경험적 연구들은 이 점에서 상충하는 증거들을 제시하고 있다. 그러나 이 증거들의 신뢰도는 그리 높지 않다. 일단 전국적인 선거 조사인 ANES(American National Election Study)에 예비선거 투표자들에 대한 조사가 포함된 것이 1988년이므로, 그 이전의 자료는 신뢰도가 낮고, 그 이후의 자료는 특정 선거의 일회적 예외성의 가능성이 있는 것이다. 그러나 중요한 점은 후보들 자신이 그렇게 생각하고 캠페인을 이에 맞춘다는 것이다.

수 있었던 것은 양당이 이들의 이해를 적절히 반영해 왔기 때문이다. 즉, 특정 집단들에 대해 대통령 후보 선출과정에 참여하도록 허용하지는 않았다 하더라도, 이들의 이해를 정강에 반영하고 이를 보호해 주는 후보를 선출해 왔던 것이다. 파벌 보스들 간의 타협에 의한 방법이기는 하지만, 양당의 선거연합을 구성하고 있는 주요 지지세력들의 이익이 대표될 수 있는 제도였던 것이다.

그러나 후보 선출과정이 완전히 개방되어 양당의 핵심 투표자들에 의해 후보가 결정되는 상황에서는 기존 지지세력들의 이해관계를 인위적으로 조정, 통합하는 것이 불가능하게 되었다. 기존 지지세력을 포괄적으로 대표하는 것이 아니라 특정 세력만을 대표하는 후보가 선출될 수도 있고, 이 같은 상황이 반복되면서 소외된 집단들과 유권자들의 이탈이 빈번해진 것이다. 분할투표 현상이 증대된 것을 이런 맥락에서 이해할 수 있다. 요컨대 핵심 투표자들, 즉 특정한 이슈를 중심으로 잘 조직된 정치활동가들에 의해 후보선출이 결정되고, 다양한 이해관계를 조정하는 정당 지도부의 역할이 사라짐에 따라, 정당의 지지기반이 크게 축소되고 있는 것이다. 개혁가들이 혁신주의 시대와 같이 정당을 유명무실하게 만들려는 것이 아니라, 책임정당정부론의 틀 안에서 강력하고 '효율적인 시민정당(effective citizen party)'을 구축하려 했다[30]*는 주장을 받아들인다면, 개혁은 대실패였던 셈이다.

이러한 상황은 전국적인 다수연합을 형성할 수 없는 후보에게도 후보 선출과정에서 큰 어려움을 겪지 않도록 해 주었다. 오히려 몇

---

* 개혁운동을 옹호하기 위해 출판된 이 책의 서문은 책임정당정부론의 대부 제임스 맥그리거 번스(James McGregor Burns)가 집필했다.

개 지역에 잘 조직된 지지자들을 확보하고 있는 분파적 후보에게 유리하게 작용하곤 한다. 즉, 초반에 예비선거가 개최되는 몇 개의 주에서 조직적인 지지기반을 확보하여 유리한 결과를 얻으면 소위 '추진력(momentum)'을 얻게 되고, 이후의 과정에서 조직과 자금과 홍보의 모든 면에서 유리한 위치에 서게 되는 것이다. 반면에 전국적으로 고르고 높은 지지율을 지니고 있는 후보라 할지라도 초반의 실패는 곧 인적·물적 자원의 고갈로 이어지고 흔히 탈락의 길로 이끌곤 한다. 예컨대 1976년 선거에서 카터가 민주당 지명권을 따게 된 것은 아이오와와 뉴햄프셔주에서의 성공 때문이었다. 중서부 농업지역과 동부 사양산업지대의 두 작은 주가 결과적으로 미국 전체의 예비선거와 본선거를 결정지은 것이다. 전국적 지명도나 활동경력이 없던 이들이 이 지역들에서 성공할 수 있었던 것은 오랜 기간 이 지역들에 조직을 심고 이들을 위한 이슈와 정책을 제시했기 때문임은 물론이다.

이렇게 예비선거에서 승리한 후보의 본선거 캠페인 역시 예비선거 때와 크게 다르지 않다. 정당 내의 광범위한 지지기반이 결여되어 있으므로 자신의 파벌을 중심으로 한 캠페인을 벌이고 정당조직은 부수적인 역할에 머무는 것이다. 특히 민주당의 경우, 개혁이 이루어진 1972년 이후 새로운 후보 선출과정을 통해 선출된 후보가 계속 패배하게 됨에 따라 새로운 제도하에서는 '본선거에서 승리할 수 없는 후보들만이 선출된다'는 비난을 받게 되었다. 당내에 폭넓은 지지연합을 구축하지 못한 채 후보 자신과 특정 분파에만 의존하는 캠페인이 양당의 후보만이 승부를 겨루는 본선거에서는 심각한 약점으로 작용하기 때문이다.

더욱 큰 문제는 이로 인해 심각한 통치력의 문제가 초래되어 왔다는 점이다. 대통령이 재임 시 발휘할 수 있는 통치력의 원천은 그 자신과 그가 제시한 정책에 대한 지지기반에 있으므로, 선거 당시 광범위한 지지기반을 확보한 대통령이 보다 효율적으로 통치력을 발휘할 수 있게 된다. 이 조건을 갖추지 못한 후보들 중 한 명이 본선거에서 승리했을 경우 신임 대통령은 안정된 통치력의 기반을 결여하게 된다. 특히 권력분립 구조에서 대통령이 추구하는 정책의 성공 여부는 의회 내 다수연합(presidential majority)의 확보에 달려 있는데, 원내 자기 당 내 다수의 지지를 동원하는 데도 문제가 있을 수 있는 것이다. 예컨대 카터와 같이 자신이 제시한 주요 정책들이 좌절될 수밖에 없는 상황에 처하거나, 클린턴 행정부 초기와 같이 특정 집단들의 요구에 끌려다니게 될 수도 있다. 이런 대통령에 대해 관료와 의회도 보다 대립적이 되고 결국 정부 전체가 대립과 교착상태에 빠져드는 결과도 흔히 초래되곤 한다.

나아가 대통령 선거과정에서 정당의 약화는 상대적으로 이익집단의 영향력이 증대되는 결과를 가져왔다. 자신들만의 힘으로 예비선거와 본선거를 치르게 된 후보들이 자금과 조직에 있어 특정 이익집단들에게 의지할 수 있고, 결국 선거 당시와 선거 후에도 이 집단들의 영향력이 강화될 수밖에 없는 것이다. 1970년대 이래 미국 정치에서 이익집단의 수와 영향력이 폭발적으로 증가된 것은 예비선거제의 이러한 폐해에도 직간접적으로 기인한다고 평가된다.

개혁의 유산과 이후의 개혁 시도

1960년대 후반에서 1970년대 중반에 이르는 시기는 전형적으로 크로티 모델의 위기단계에 해당되는 시기였다. 민권운동, 도시 폭동, 베트남전쟁과 반전운동, 현직 대통령의 불출마 선언, 68년 시카고 전당대회, 마틴 루터 킹과 로버트 케네디의 암살, 민주당의 거듭된 대통령 선거 패배, 워터게이트, 현직의원들의 대거 낙선 등 이 시기는 혼란과 위기의 시기였고, 기존 정치제도의 폐해와 취약함이 극적으로 드러나는 시기였다.

다른 한편으로 이 시기는 폐쇄되어 왔던 정치과정의 공개와 접근 요구가 커지고, 새로운 이념적·정책적 지향을 지닌 세력들이 정치과정에 참여하기 시작한 시기였다. 1950년대부터 윌슨이 관찰한 바 있던 지역 수준의 아마추어 민주당 활동가들로부터 1970년대에 우후죽순처럼 성장한 공익집단(public interest group)에 이르기까지, 새로운 정치세력들이 대거 진입했고 그 결과 양당의 당내 분파구조는 더욱 복잡해졌다. 민주당의 경우 신진보(New Politics' Liberals)를 표방하는 세력과 기존세력(Old Liberal) 간의 갈등이 깊어졌고, 이들은 정책목표는 물론 제도개혁에 대해서도 서로 다른 목표를 가지고 있었다. 공화당의 경우도 전통적 보수세력의 발언권이 약화되고, 대중주의적 신우파(New Right)가 세력을 키워 나갔는가 하면, 외교정책으로 인해 민주당에서 이탈한 네오콘(Neo-conservatives)도 등장했고, 기업들까지 조직적으로 공화당 정치에 적극 참여하기 시작했다. 이들 역시 추구하는 정책목표와 제도적 처방이 각기 달랐던 것은 물론이다.[31] 요컨대 양당 모두가 각기 다른 이념과 이해관계를 지니는 다양한 세력들로 더욱 분파화되어 갔던 것이다.

이런 상황에서 추진된 제도개혁들은 분파화를 더욱 조장했다. 개혁파들의 목적과는 정반대로 의회개혁과 정당개혁은 원내정당과 원외정당 모두를 더욱 취약하게 만들었고, 의회와 행정부의 통제 및 양부 간의 관계를 더욱 어렵게 만들었다. 이러한 결과가 초래된 것은, 제도개혁 자체의 중요성보다는 당시의 정책목표를 이루기 위한 수단으로서 의회개혁과 정당개혁이 이루어진 때문일 수도 있고, 참여의 증대에 초점을 두었던 개혁파의 성향 때문이었을 수도 있으며, 혹은 사적인 정치적 이해관계의 결과일 수도 있다. 참여의 증대를 통해 강한 정당을 이루려 했던 것이 애초에 양립 불가능한 목표이었을 수도 있다. 문제는 의회개혁과 정당개혁, 그리고 부분적으로 70년대 개혁의 영향으로 형성된 이익집단과 정치활동가의 폭증 현상이 정책결정 과정의 분절화와 권력의 분산, 그리고 정치적 분파화를 심화시켰다는 데 있다.

이러한 유산 속에서 전개된 1980년대 이후의 정치 상황은 독특한 성격을 지니고 있었다. 1980년 선거부터 12년간 대통령 선거에서 공화당이 압승하는 패턴이 계속되었고, 대통령 선거에서 공화당이 지니고 있는 '선거의 자물쇠(electoral lock)'는 굳건한 것으로 여겨질 정도였다. 반면 1980년 선거의 동반효과(coattail effects) 속에서 공화당이 상원을 장악했던 시기를 제외하고, 1990년대 중반까지 민주당의 의회 지배는 전혀 흔들리지 않았다.

이같이 양당이 양부를 나누어 갖는 현상은 여러 가지 정치적 결과를 초래했다. 이 시기의 정치제도개혁 논의와 연관하여 다음 두 가지 현상에 주목할 필요가 있다. 첫째, 분점 상황이 지속되면서 양당 간의 대립이 양부 간의 대립으로 번지고, 이로 인해 정부의 마비와 문제해결 능력의 저하가 두드러지게 되었다고 인식되었다. 둘째, 양당이 각각 '의회의 당'과 '대통령의 당'으로서의 역할을 분담하여 전문화해 가는 현상이 나타났다. 이는 오랜 기간 양당이 각각의 역할에 익숙해졌기 때문이기도 하지만, 대통령 선거와 의회 선거 각각에 대한 공화당과 민주당의 우위가 확고한 것으로 받아들여졌기 때문이다.

전자의 현상은 당연히 정부의 효율성을 제고하기 위한 제도개혁의 필요성을 제기했다. 1970년대의 개혁으로 정당과 의회가 약화되고 권력이 분산화된 상황 속에서 분점정부에 의해 더욱 문제가 심화되었으므로, 이를 해결할 제도개혁이 요구되었던 것이다. 후자는 권력구조와 양부 관계에 대한 양당의 처방에 영향을 미쳤다. 대통령의 정당과 의회의 정당으로 각각의 역할에 충실해지면서 양부 간 권력분배에 대해 양당이 전통적으로 지녔던 입장에 큰 변화가 오게 되었던 것이다.

이런 맥락 속에서 1980년대 이후 효율적 정부를 위한 제도개혁이 지속적으로 논의되었다. 분점 상황을 방지하기 위한 제도적 장치가 논의되었고, 정당의 단합도를 높이고 책임정당을 이룰 수 있는 방안들이 제시되었으며, 양부 간의 권한배분과 견제와 균형을 변화시키는 제도개혁이 고안되었다.* 그러나 이와 같이 정당, 의회 및 대통령 등 권력구조에 직접적 영향을 가져오는 제도개혁은 논의의 수준에 머물렀을 뿐, 실행 가능성은 극히 작았다. 제도개혁의 중대성 때문에 쉽게 이루어지기 어려운 점도 있었겠지만, 보다 근본적으로

---

* 당시의 논의들에 대해 James L. Sundquist, *Constitutional Reform and Effective Government, rev. ed.,* Brookings Institution, 1992 참조.

는 양당 간, 그리고 양당 내부에서 권력구조에 대한 합의가 더욱 어렵게 되었기 때문이다. 1980년대 이래 뚜렷한 제도개혁이 이루어지지 않은 것은 이런 이유에서였다. 1970년대 개혁의 결과와 분점정부의 지속으로 정부의 효율성 문제가 부각되었고, 제도개혁의 목표가 여기에 맞춰지게 되었으나, 양당과 양당 내부의 어떤 세력도 주도적으로 대안을 제시하지 못했던 것이다.

양당 내부에서 정치제도개혁에 대한 합의가 불가능했던 것은 변화된 정치적 상황과 양당의 분담된 역할로 인해 전통적인 입장에 변화가 생기게 되었고, 양당 내 상이한 세력들이 정책적, 정치적 목적에 따라 서로 다른 제도개혁을 요구했기 때문이다. 공화당의 경우, 레이건이 집권하고 보수적 경제, 사회, 안보정책이 추진되면서, 공화당 우파와 보수주의 운동세력을 중심으로 대통령의 권한을 강화하는 제도개혁의 필요성이 제기되었다. 지역구 이해관계와 이익집단들의 사적 이익에 민감한 의회와 달리 대통령은 전국적 유권자들에 의해 선출되었고 전 국민의 공익을 책임지는 보호자(tribune)이므로, 국민의 의지를 위임받은 대통령이 국정을 주도해야 한다고 주장했던 것이다.[32]

공화당 내의 신우파, 종교적 우파, 그리고 반공적 안보정책에 치중한 신보수 세력의 이러한 주장은 1960년대 뉴딜의 절정기에 민주당 진보파에서 주장했던 대통령 우위 정부론(presidential government)을 연상시킨다. 이는 전통적인 공화당의 보수주의 이념과 상치되는 것이며, 당연히 대다수 전통적 보수세력들의 비판을 받았다. 대통령 정부론은 직접 민주주의이고 이는 한마디로 "보수주의와 공화당의 것이 아니다."[33]* 직접 민주주의는 곧 다수주의(majority)를 의미하고,

다수주의는 미국 민주주의의 원리는 물론 보수주의의 이념과 양립할 수 없다는 것이다. 따라서 공화당과 보수주의 세력들은 정치제도개혁에 대한 일관되고 합의 가능한 대안을 제시할 수 없었다.

민주당 역시 마찬가지였다. 민주당 의원들과 진보적 지식인들은 점차 의회 중심의 견제와 균형을 선호해 갔고, 내정과 외정 모두에 있어서 의회의 권한을 강화하고 대통령을 견제할 수 있는 제도개혁을 구상했다.[40]** 닉슨 시기에 경험한 대통령의 권력 남용에 대한 반작용이기도 하지만, 1980년대 이래 공화당이 행정부를 장악하고 민주당이 의회를 맡게 되는 정치적 상황을 반영했던 것이다.

반면에 전통적인 민주당 진보파들 대부분은 여전히 국내정책에 있어서 대통령의 리더십을 중시하고 있었다. 번스나 노이스타트 등 1960년대 뉴딜의 절정기를 겪었던 진보적 지식인들은, 당시에도 만연한 국내의 사회, 경제적 문제를 해결하기 위해서는 대통령의 권한이 강해야 한다고 보았다. 양당 간의 분점과 의회 내 권력 분산이 지속될수록, 국내 문제를 해결할 수 있는 것은 대통령의 리더십이며, 따라서 대통령의 권한 강화는 국내정책을 위한 필수적 요소로 간주했다. 이들의 주장에 따르면, 닉슨 시기부터 형성된 대통령의 독주에 대한 우려는 전 세계적이고 구원자적인 미국 외교정책의 결과였다.

---

*   전통적 보수주의자들의 비판에 대해 Robert Devigne, *Recasting Conservatism*, Yale University Press, 1994, pp. 56-58, 73-74 참조.

**   대표적인 이론가로 Theodore Lowi를 들 수 있다. 그의 *The Personal President: Power Invested, Promise Unfulfilled*, Cornell University Press, 1985; "Presidential Power and the Ideological Struggle over Its Interpretation," in Martin Fausold and Alan Shank, eds., *The Constitution and the American Presidency*, SUNY Press, 1991, pp. 227-244 참조.

때문에 외교정책에 대한 대통령의 권한만을 견제하면 제왕적 대통령의 위험은 크지 않다는 것이다.[34]

　민주당과 진보적 지식인들 중 또 다른 소수세력은 내정과 외정의 구분 없이 대통령 정부론을 주장했다. 권력이 분산되고 정부의 통치능력이 저하된 상황에서 국내외적 위기를 타개하기 위해서는 대통령의 리더십이 필수적이며, 이를 위해서는 대통령의 권한을 강화하든지 정당의 정책성과 결속력을 강화하여 책임정당정부가 이루어져야 한다고 보았다. 이러한 상황 속에서 민주당 역시 일관된 통치이론과 이를 기반으로 한 제도개혁의 대안을 제시하지 못했고, 의회를 분점한 현상에 만족하게 되었던 것이다.[35]

의원 임기제한 개혁

(1) 임기제한 개혁의 중요성

　권력구조에 대한 직접적인 제도개혁 논의가 부진한 가운데 1990년대 들어 전혀 다른 방향에서 정치제도개혁이 추진되었다. 연방 및 주 의회 의원들의 임기를 일정 기간으로 제한하려는 제도개혁이 대중운동(grass roots movement)의 형태로 시도되었던 것이다. 의원의 임기를 제한함으로써 직업적 정치인들을 추방하고 주기적으로 정치 신인들로 구성되는 소위 '시민 의회(citizen legislature)'를 이루겠다는 임기제한 운동은 1990년 오클라호마주에서 처음으로 성공을 거두었다.

이후 주 의회 수준에서는 한때 캘리포니아를 비롯한 20여 개 주에서 임기제한이 이루어졌으나 여러 주에서 번복되어 현재 15개 주에서 시행되고 있다. 연방의회에 대한 임기제한은 지금까지 23개 주에서 시도되었다. 그러나 1995년 대법원 판결[35]에 의해 주에 의한 연방의회 의원의 임기제한이 위헌화되어 무산되었다. 이에 따라 연방의회 의원의 임기제한을 헌법 수정을 통해 이루려는 노력이 확산되어, 1995년 제104대에서 임기제한 헌법 수정안이 상정되기도 했다.

　　임기제한 운동이 시작된 이래 임기제한제의 정치적 영향과 가능성에 대해 많은 논란이 야기되었다. 임기제한 운동을 주도하는 대중단체들이 주장하는 것처럼 임기제한제의 영향이 단순히 현직의원들의 임기를 단축시키는 데 그치지 않기 때문이다. 임기제한제는 의회의 기능과 권한뿐 아니라, 양부 관계와 정당의 성격, 나아가 미국 정치체제의 원리 자체에도 상당한 변화를 초래할 것으로 평가되었으며, 심지어 양당의 의회 내 세력분포에도 큰 영향을 미칠 것으로 예측되곤 했다. 따라서 공화당과 민주당, 보수와 진보, 현역의원과 도전자, 정치인과 유권자, 그리고 임기제한의 지지자와 반대자 간에는 치열한 논쟁이 벌어졌다. 요컨대 임기제한제 개혁은 미국 정치체계 전반에 의회개혁이나 정당개혁에 못지않은 영향을 직, 간접적으로 가져올 수 있는 것으로 평가되었다.

　　그러나 대법원의 위헌 판결에 의해 연방의회 의원에 대한 각 주의 임기제한제가 폐기되고, 제104대 의회에서 임기제한 헌법 수정안이 부결되면서, 임기제한 운동은 추진력을 잃게 되었다. 따라서 임기제한 운동은 1990년대 초반에 팽배했던 의회에 대한 유권자들의 불만의 결과 일시적으로 확산되었던 것으로 간주될 수 있다.[37] 그럼에도 불구하고 임기제한 운동의 불씨는 여전히 살아 있으며, 임기제한 개혁이 조만간 이루어지지 않는다 하더라도 이를 둘러싼 대립이 재연될 가능성도 있다.

앞에서 논의했듯이, 대통령과 의회 및 양부 관계 등 권력구조와 직접적으로 연관된 개혁 논의들의 경우 가까운 장래에 이루어질 가능성은 낮으며, 이를 둘러싸고 진지하고 치열한 정치적 대립이 벌어질 가능성도 높지 않다고 전망된다. 반면에 임기제한제는 그 정치적 결과나 실현 가능성에 있어서 1970년대 개혁 이래 가장 중요한 정치제도개혁의 대상이었고, 이에 대한 대립이 재연될 가능성도 무시할 수 없다. 그렇지 않더라도, 임기제한제 개혁운동의 발단-확산-정체의 과정은 미국 정치제도개혁 과정에서 드러나는 개혁-반개혁의 논리와 정치적 목적 간의 동학을 잘 보여 준다.

(2) 임기제한 운동의 과정

임기제한제가 처음 도입된 것은 1990년 오클라호마주였다. 1980년대 이후 오클라호마주는 석유산업의 몰락으로 극심한 침체를 겪고 있었던 데다가 당시의 전국적 경기침체로 경제적·사회적 문제들이 더욱 악화되고 있었다. 이러한 난제들에 대해 주 정부는 속수무책이었고, 주 정부의 무능력에 대한 주민들의 불만이 고조되었다. 이런 가운데 오클라호마주 의회의 파행적 운영을 드러내는 황당한 사태가 벌어졌다. 주 헌법에 규정된 3개월간의 회기 동안 정치적 대립과 교착상태가 되풀이되면서 예정된 안건을 처리하지 못하게 되자, 주 의회는 본회의장의 시계를 멈추어 놓고 회기를 연장했던 것이다.

더욱이 연장된 시간 동안 주 의회가 처리한 안건 중에는 의원들 자신의 연봉을 3만 2천 달러나 인상하는 조치가 포함되어 있었다. 그 와중에 소수당인 공화당 의원들과 민주당 반대파 의원들에 의해 주 의회 의장이 축출되는 소동도 벌어졌다.[38]

당연히 주 정부, 특히 주 의회의 무능력과 무책임성, 그리고 기성 정치인들의 부도덕성에 대한 비난이 고조되었다. 이러한 여론이 확산되는 가운데 소수의 보수적 기업인들과 정치인들에 의해 임기제한 운동이 조직되었다. 오클라호마주 유일의 일간지인 『데일리 오클라호만(Daily Oklahoman)』의 일방적인 지지 속에 이들은 임기제한제를 위한 대중운동을 조직했고, 주민발의안을 통해 입법화를 시도했다. 이들은 당시 상황에서 특히 비난이 집중되었던 주 의회 의원들의 임기제한만을 주민발의안에 포함함으로써, 연방의회 임기제한과 연관된 헌법적·정치적 논란을 최소화하려 했다. 더욱이 공화당주지사는 주민발의안을 9월의 예비선거에서 표결되도록 만들었다. 투표율이 낮은 예비선거에 올려야 통과될 가능성이 높다고 판단했던 것이다. 결국 주 의회 의원 임기제한법은 2:1의 압도적 표차로 통과되어, 오클라호마주는 최초로 의원의 임기를 제한한 주가 되었다.

1990년 당시 오클라호마주에서 최초로 주 의원의 임기제한제가 실시될 수 있었던 데는 다음 몇 가지 요인이 작용했다. 우선, 주 의회와 의원들에 대한 불신과 비난이 고조되었다는 점이다. 의정의 난맥, 무능력, 그리고 부패와 부도덕성의 문제들이 겹치면서 주 입법부에 대한 유권자들의 신뢰나 기대가 무너졌고, 이는 직업적 정치인들이 10여 년 이상 의회에 아성을 구축하고 있기 때문이라는 주장의 설득력을 높여 주었다.

그러나 이러한 대중적 불만을 조직하여 의원 임기제한이란 생소한 주장을 확산시키고 이를 제도화할 수 있었던 것은, 기업인들과 보수적 정치인들의 후원하에 대중운동이 효율적으로 조직되었던 데 있다.[39] 연방 혹은 주 수준을 막론하고 의회에 대한 비난은 이미 1980년대 이래 만연된 현상이었으며, 이를 임기제한 운동이 효과적으로 조직했던 것이다. 이와 더불어 보수적 공화당 정치인들과 낙선 경험이 있는 후보들, 그리고 임기제한제의 대중적 인기를 이용하려 했던 후보들이 직, 간접적으로 임기제한 주민발의안의 통과에 기여했다. 이들은 임기제한제를 직접 후원하거나 그 인기를 자신들의 선거운동에 이용하려 했다. 또한 임기제한제에 반대하는 후보들 대부분도 이에 대한 언급을 회피함으로써, 임기제한 주민발의안은 일방적인 지지 분위기 속에서 표결에 부쳐졌다. 요컨대 1990년에 오클라호마에서 임기제한법이 통과될 수 있었던 것은, 주 의회에 대해 팽배해 있던 주민들의 불만을 보수적 집단들이 효율적으로 조직했고 이에 일부 정치인들이 편승함으로써 가능했던 것이다.

오클라호마에서 통과된 임기제한제는 곧 캘리포니아와 콜로라도 등 서부 주들에서도 주민발의안에 의해 채택되었고, 2~3년 안에 중서부와 남부 주 일대로 확산되었다(〈표 7-4〉 참조). 뿐만 아니라 임기제한 운동의 궁극적 목표인 연방의회 의원에 대한 임기제한까지 여러 주에서 시도되기 시작했다. 유권자들의 압도적인 지지 속에 1994년까지 22개 주에서 연방의회 의원들의 임기를 제한하는 주민발의안이 표결에 부쳐져서 21개 주에서 통과되었던 것이다(〈표 7-5〉 참조).*

---

* 연방의회 의원에 대한 임기제한 주민발의안이 통과되지 않은 경우가 두 번 있었다. 1991년 워싱턴주와 1994년의 유타주가 그 경우다. 워싱턴주의 주민발의안은 당시 연방 하원

표 7-4 주 의회 의원에 대한 임기제한제와 지지율

주	하원	상원	채택 연도	지지율(%)
알래스카	6/12	12/24	1994	63
아리조나	6	12	1992	74
아칸소	6	12	1992	60
캘리포니아	6/11	12/17	1992	63
콜로라도	6	12	1994	51
플로리다	8	8	1992	77
아이다호	6/11	12/23	1994	59
메인	6/11	12/17	1994	63
매사추세츠	8	12	1994	51
미시간	6/11	12/23	1992	59
미시시피	6	12	1995	-
미주리	8	12	1992	74
몬태나	6/12	12/24	1992	67
네브래스카	6	12	1994	68
네바다	6	12	1994	70
노스다코타	양원합쳐	12년한도	1992	55
오하이오	8	12	1992	66
오클라호마	6	12	1994	67
오리건	6	12	1992	69
사우스다코타	12	12	1992	63
유타	12	12	1994	주의회
워싱턴	6/12	12/18	1992	52
와이오밍	6/12	12/24	1992	77

이와 같이 임기제한제가 전국적으로 확산되고 연방의회 수준까

의장이던 토머스 폴리(Thomas Foley)가 적극적으로 저지하는 데 성공했는데, 워싱턴주만이 의원의 임기를 제한할 경우 폴리와 같은 거물급 의원에 의해 주의 이익이 대표되지 못하는 상황이 올 것이란 주장으로 근소한 승리를 거두었다. 이 문제를 해결하기 위해 이후 임기제한 운동가들은 임기제한제의 도입을 다른 주들의 도입 이후로 미루는 전략을 택하기도 했다. 워싱턴주의 임기제한 주민발의안은 1992년에 다시 상정되어 통과되었다. 유타주의 경우 이미 1993년에 주 의회에 의해 연방 상하원 의원의 임기를 12년으로 제한하는 법안이 통과되었는데, 다시 1994년에 임기제한 운동가들이 하원의 임기를 6년으로 단축하는 주민발의안을 상정했다가 실패하게 되었다.

표 7-5 연방의회 의원에 대한 임기제한제와 지지율

주	채택연도	하원	시행연도	상원	시행연도	지지율(%)
알래스카	1992	8	2000	8	2000	74.2
아칸소	1992	6	1998	8	2002	59.9
캘리포니아	1990	6	1996	8	1998	52.2
콜로라도	1990	8	1998	8	2000	71
플로리다	1992	8	2000	8	2000	76.8
아이다호	1994	8	2004	8	2004	59.4
루이지애나	1995	12	2007	12	2007	76
메인	1993	8	1996	8	1996	67.6
미시간	1992	6	1998	8	2002	58.8
미주리	1992	8	2002	8	2002	75
몬태나	1992	8	2000	8	2000	67
네바다	1994	12	2008	12	2008	70.4
오하이오	1992	8	2000	8	2000	68.4
오클라호마	1990	12	2004	12	2004	67.3
오리건	1992	6	1998	8	2002	69.6
사우스다코타	1992	8	2000	8	2000	63.5
유타	1994	12	2006	12	2006	-
와이오밍	1992	12	2006	12	2006	77.2

지 확대된 것은 앞에서 살펴본 것과 같은 요인들에 기인한다. 우선 1990년을 전후하여 미국민들의 정부에 대한 불신과 비판은 최고조에 달했다. 탈냉전과 군사적 패권에도 불구하고 미국 경제의 장래에 대한 불안감은 점점 커지고 있었고, 1990년 이후의 불황이 깊어지고 있었다. 경제상황뿐 아니라 재정적자의 심화나 범죄, 마약, 그리고 인종 갈등과 같이 장기간 지속되어 온 문제들에 대해 정부는 아무런 실질적 해결책을 마련하지 못하고 있었다. 더욱이 저축대부조합(Savings & Loan) 파산 사태와 연루된 추문을 비롯해, 당시 하원의장이던 짐 라이트(Jim Wright), 민주당 부총무 토니 코엘로(Tony Coelho), 세입위 위원장 댄 로스텐코스키(Dan Rostenkowsky) 등 현

직 의회 지도부의 추문이 잇달았다.

당시의 몇 가지 여론조사들은 이러한 상황을 잘 드러내 준다. 의회에 대해 "상당한 신뢰"를 지니고 있는 유권자들은 전체의 15퍼센트 정도에 불과했는데, 이는 노조나 대기업에 대한 신뢰에도 크게 못 미치는 수준이었다. 또 유권자들의 20퍼센트만이 의회의 국정수행 능력을 인정했고, 3분의 2가 새로운 인물이 의회에 진출하기를 원했다.[40] 이 같은 불만은 곧바로 임기제한제에 대한 지지로 연결되었다. 1990년 선거의 출구조사에서 3분의 2가 넘는 유권자들이 임기제한제에 찬성했고(70:28),[41] 다시 1992년 선거에서는 80퍼센트의 유권자들이 임기제한제를 지지했다.[42]

임기제한제에 대한 대중적 지지를 조직한 것은 1980년대 후반부터 우후죽순 격으로 생겨난 임기제한 운동단체들이다. 1989년 Americans to Limit Congressional Terms(ALCT)가 설립된 이래, Americans Back in Charge, Term Limits Legal Institute, U.S. Term Limits 등이 설립되어 전국적 임기제한 운동을 지휘했고, 각 주의 임기제한 주민발의안의 통과를 지원했다. 이 단체들은 주로 보수적 이념집단들이나 전통적으로 공화당을 지지하던 이익집단들이 중심이 되어 결성되었다. 나아가 기존의 이념적·정치적 단체들과 이익집단들도 임기제한 운동에 가세했다. 기독연합(Christian Coalition)이나 전국납세자연맹(National Taxpayers Union), 전미보수연맹(American Conservative Union) 등 전통적으로 공화당과 연관된 보수적 단체들의 상당수가 임기제한 운동을 적극적으로 지지하고 나섰던 것이다.

반면에 임기제한을 반대하기 위한 단체도 조직되었다. 예컨대

Let the People Decide가 수도 워싱턴에 조직되어 전국적인 임기제한 저지운동을 지휘했고, 여성유권자연맹(League of Women Voters)이나 Common Cause 등 진보적 공익집단들 역시 임기제한제에 반대하는 활동을 벌였다. 그러나 이들은 조직의 효율성이나 자금력 및 활동에 있어서 임기제한 운동 단체들에 크게 뒤졌다고 평가된다. 대표적인 반대운동 단체인 Let the People Decide는 1994년 이후 활동을 중지하기에 이르렀고, 1994년에 이들이 임기제한 반대운동에 모금한 기부금은 6만 7천 달러에 불과했다.[43]

이러한 상황 속에서 임기제한제는 전국적으로 확산되어 갔다. 그러나 1994년까지 각 주별로 거두어진 임기제한 운동의 승리는 잠정적인 것이었다. 주 수준에서의 연방의회 의원 임기제한제는 위헌 소지가 있었고, 여러 주의 임기제한법이 위헌 판결을 받고 있었던 것이다. 임기제한제의 위헌성은 이미 널리 인식되고 있었고, 위헌 판결을 면하기 위해 여러 가지 편법이 동원되기도 했다.* 그러나 1992년 네바다주 대법원의 위헌 판결 이래 1994년 아칸소주 대법원의 위헌 판결에 이르면서, 연방의회 의원의 임기를 주 수준에서 제한하는 것은 위헌일 수밖에 없음이 확인되었다. 연방헌법 제1조에 열거된 연방의원의 자격 이외에 다른 조건을 주 정부가 부과하는 것은 위헌이라는 해석이 지배적이었던 것이다. 따라서 이때까지 각 주별로 수립된 임기제한제는 조만간 무효화될 것이 자명했고, 연방의회의 임기

---

* 예컨대 상당수 주들이 후보 등록을 금지하는 방법으로 임기제한제를 시행하려 했다. 즉, 투표용지에 후보로 기재되는 것을 금지함으로써 실질적으로 재선되지 못하게 한 것이다. 후보로 등록되지 않았다 하더라도 기명투표(write-in votes)를 통해 당선될 수 있으므로 피선거권을 박탈한 것은 아니니 위헌이 아니라고 강변했다.

제한제를 위해서는 연방 수준에서의 조치가 강구되어야 했다. 그것
은 곧 헌법 수정을 의미했다.

위헌 시비에도 불구하고 임기제한제에 대한 유권자들의 지지가
계속되고, 임기제한 운동단체들이 헌법 수정안에 초점을 맞추는 가운
데 치러진 1994년 중간선거에서 공화당 우파는 임기제한제를 공약으
로 채택했다.『미국과의 계약(Contract with America)』이라는 이름으
로 발표된 선거 공약에서 깅리치와 리처드 아미(Richard Armey)를 비
롯한 공화당 우파는 정치개혁의 최우선 과제로 임기제한 헌법 수정안
을 약속했다.『미국과의 계약』에서 공화당은, "직업적 정치인들이 계
속 재선되는 상황은 더는 시민들에 의해 대표가 선택되는 것이 아니
며 [...] 이들로 이루어진 의회는 무책임하고 시민의 요구에 반응할 수
없으며 [...] 결과적으로 막대한 국가 부채와 재정적자 등 국가적 난제
와 정치적 추문 등이 생겨나기 때문에 [...] 상하 양원의원의 임기를 6
년 내지 12년으로 제한하도록 해야 한다"[44]고 주장했다. 제104대 의
회 개원 후 100일 안에 시민 입법부법(Citizen Legislature Act)을 통해
임기제한 헌법 수정안을 통과시키겠다고 공약했던 것이다. 뿐만 아니
라 다수의 공화당 후보들이 임기제한제와 무관하게 3선 혹은 4선 후
에 스스로 은퇴할 것을 공약하면서 하원 선거에 출마했다.

1994년 중간선거에서 공화당 우파는 40년 만에 양원을 장악하는
대승을 거두었다. 승리의 주역으로 등장한 깅리치와 우파들은 제104
대 의회 개원 직전부터 의정의 주도권을 장악했고,『미국과의 계약』
에서 공약한 우파의 정책들을 추진했다. 정치개혁의 최우선으로 공
약했던 임기제한제 역시 개원 직후부터 양원 법사위에서 심의되기
시작했다. 그러나 상원에서는 본회의에 상정되지도 못했을 뿐 아니

라, 하원에서의 표결 결과도 통과에 필요한 290표에 크게 모자라는 것이었다. 수정안들 중 가장 많은 찬성표를 얻은 것도 227표에 그쳤고, 최종안에 대한 표결에서 공화당 의원들 중 40명이 반대표를 던졌다.

임기제한 헌법 수정안이 제104대 의회에서 부결된 것은 민주당의 반대가 주원인이라고 볼 수 있다. 민주당이 임기제한제에 강력히 반대하고 있는 상황에서 헌법 수정안을 통과시키기 위해서는 60명의 민주당 의원들로부터 지지를 이끌어내야 했던 것이다. 이런 맥락에서 깅리치는 부결 직후 1996년 선거에서 다시 승리할 경우 제105대 의회의 첫 의제로 임기제한 헌법 수정안을 다시 상정하겠다고 약속하기도 했다.[45]

그러나 공화당 지도부 자체도 임기제한 헌법 수정안의 통과에 적극적이지 않았다. 『미국과의 계약』의 또 다른 공약사항인 균형예산 헌법 수정안(Balanced Budget Amendment)의 입법과정과 비교할 때, 공화당 지도부는 수정안의 통과를 위해 민주당 보수파의 지지를 끌어들이고 반대세력과의 타협을 이루는 데 소극적이었다. 공화당 원내부총무 톰 딜레이(Tom Delay)나 세입위 위원장 빌 아처(Bill Archer) 등 공화당 지도부 일부도 반대표를 던졌을 뿐 아니라, 깅리치 자신도 "헌법 수정안에 대해서는 각자 양심에 따라 표결해야 하며 [...] 공화당 의원들을 몰아붙이지(muscle) 않겠다"며 자신이 소극적임을 인정했다.[46] 더욱이 임기제한제의 지지파들 간에도 심각한 내분이 존재했다. 다수의 공화당 의원들이 상하 양원 12년 임기제를 지지했음에 반해, U.S. Term Limits와 공화당 초재선 의원들은 하원의 3선 제한을 고집했다. 이들 간의 갈등이 심해진 결과 공화당 내에서조차 합의를 끌어내지 못했고, 290표에 못 미치는 표결 결과가 나왔던 것이다.

이러한 결과는 제105대 의회에서도 반복되었다. 깅리치가 천명했던 대로 제105대 의회는 개원 직후 임기제한 헌법 수정안을 심의했고, 12년 임기제한제에 대한 하원 표결 결과, 217:211로 부결되었다. 2년 전보다 10표나 지지가 하락한 셈이다. 다만, 민주당 의원 중 37명이 찬성함으로써, 12년 임기제한제에 대해 민주당 내 지지가 오히려 늘었다. 반면에 공화당 의원 중에는 45명이나 반대할 정도로 공화당 내 합의의 도출은 더욱 어려워졌다. 결국 연방의회 의원들에 대한 임기제한 개혁은 1990년대 초반부터 각 주별로 광범위하게 진행되다가 대법원의 위헌 판결에 의해 무효화되었고, 헌법 수정을 통한 개혁은 의회 내에서 저지되었던 것이다.

(3) 목적과 효과

비록 연방의회에서 좌절되었으나, 불과 수년 사이에 형성된 임기제한 운동의 폭발적 힘은 1970년대 전반의 개혁 시기에 비할 수 있는 정도였고, 상당한 수준의 대중적 지지와 조직적 힘이 여전히 잠재되어 있다고 평가할 수 있다.

임기제한 운동의 이 같은 힘은 어디에 근거하는 것일까? 앞에서 살펴보았듯이, 압도적인 대중적 지지와 효과적인 대중조직 운동(grass roots movement), 그리고 공화당의 개입이라는 세 요소가 결합됨으로써 임기제한 개혁의 추진력이 이루어졌다. 즉, 1980년대부터 형성된 반워싱턴, 반정치, 반의회 분위기가 연이은 정치적 추문들 속에서 고조되면서 임기제한제에 대한 미국민들의 지지가 크게 확산될 수 있었고, 대중조직들이 이를 주민발의안 운동이나 선거쟁점화를 통해 전략적으로 조직했으며, 공화당이 이를 정치적으로 활용함으로써 임기제한 운동이 확산될 수 있었던 것이다.

이와 같이 대중적 수준과 운동단체 수준, 그리고 정당의 수준에서 임기제한 운동이 강력히 추진되었다고 해서, 이들을 동시에 결합하는 이해관계나 이념적 일치가 있었던 것은 아니다. 임기제한제가 가져다줄 것으로 기대되는 효과는 다양하게 해석되었고, 대중들과 보수 단체의 정치활동가들 및 공화당 우파들은 각각 임기제한제의 특정한 결실에 이끌렸던 것이다. 이들의 동기구조를 밝히는 것은, 의원 임기제한제의 도입이란 정치제도개혁의 성격이 무엇이며, 왜 1990년대에 시도되었는지를 이해하는 데 도움을 준다.

우선 일반 유권자들의 대부분은 임기제한제가 가져다줄 의회와 정부의 변화를 기대했다. 무능력하고 비효율적이고 무책임한 의회가 임기제한제에 의해 국민들의 요구에 보다 반응적인 의회로 바뀌게 될 수 있다는 기대감이 대중들로 하여금 압도적으로 임기제한제를 지지하도록 했던 것이다. 이는 많은 임기제한 주창자들이 되풀이하여 강조하고 확산시킴으로써, 대중들을 동원하는 이념의 역할을 했다.

이들은 현재의 의회가 현직의 이점으로 인해 98퍼센트의 확률로 재선되는 직업 정치인들의 아성이 되어 있다고 진단했다. 재선이 확실한 상황에서 의원들은 유권자들에 의해 선출되지 않으며, 따라서 유권자들의 요구에 반응할 필요가 없게 되었고, 국가 이익이나 유권자들의 요구보다는 사리사욕에 더 큰 관심을 두게 되었다는 것이다. 결과적으로 이들의 집합체인 의회는 대중들의 요구에 제대로 반응하지 않고, 무책임하고 비능률적일 수밖에 없다. 임기제한에 의해 입법부에서 직업적 정치계급이 사라지고 시민 입법부가 이루어져야만, 시민의 요구에 반응하는 진정한 민주주의를 지니게 된다는 것이 이들의 주장이었다.

이들의 주장에는 의문의 여지가 있다. 우선 재선율과 의회의 반응성 간의 상관관계가 명확하지 않다. 미 의회 선거의 재선율은 90퍼센트를 상회하고 있지만, 이는 의원들이 의정활동의 최우선 목표를 재선에 두고 있기 때문이다.* 즉, 쉽게 재선되기 때문에 유권자들의 요구에 반응하지 않는 것이 아니라, 지역구와 연관된 활동에 전념하기 때문에 쉽게 재선되는 것이다. 의회에 대한 불만과 비난이 고조되는 가운데 유권자들이 여전히 자기 지역구의 의원은 높이 평가하고 재선시키는 현상이 그 방증일 수 있다. 의원들 각자는 자신의 지역구 유권자들에 대해서 반응성이 극히 높지만, 미국민 전체에 대한 의회의 반응성이 낮은 것이다. 그렇다면 문제는 의회의 구조와 입법과정에 있는 것이지, 재선율이 높은 데 있는 것이 아니다.

임기제한에 의해 시민 입법가들이 의회에 진출하여 시민 입법부가 이루어질 것이라는 주장도 설득력이 없다. 임기제한제가 시행되어 기존의 다선 의원들이 물러난다고 해도, 정치 신인들과 '아마추어' 정치인들이 얼마나 충원될 수 있을지 의문이다. 제이콥슨이 지적하고 있듯이, 2차 세계대전 이후 주 의회들이 명실상부한 입법부로서 제도화되고 이에 따라 주 의원직이 직업화(professionalization)하게 되면서, 연방의회의 충원구조는 주 의회에 기반을 두게 되었다.[47]

---

* 이에 대해서는 많은 경험적 연구가 축적되어 있다. 제4장을 참조.

이런 충원구조 속에서는 임기제한으로 공석이 증가한다 해도, 대부분의 자리는 주 의원 출신의 직업적 정치인들에 의해 채워질 것이다. 더욱이 주 의회의 임기가 제한되고 있다면, 주 의회의 다선 의원들이 연방의회로 진출하는 충원구조는 더욱 굳어질 것이다. 또 임기제한의 기간이 어떻게 설정된다 하더라도, 초선 당시에는 정치적 신인이며 아마추어 정치인이 의회 경력이 쌓임에 따라 직업 정치인이 될 가능성도 있다. 예컨대 1970년대 초반 대거 의회에 진출했던 정치 신인들과 아마추어 의원들이 얼마 후 임기제한 운동가들이 가장 적대시하는 직업 정치인들의 대표 격이 되었던 것이다.

그렇다면 임기제한에 의해 의회의 책임성이 증대되고 유권자들에 대한 반응성이 증대될 것인가? 임기제한의 주창자들은 임기제한과 이로 인한 관직순환(rotation in office)이야말로 유권자들이 자신의 대표자들을 통제할 수 있는 가장 효과적이고 전통적인 수단이며,* 이같이 대표들이 통제될 수 있어야 반응성이 생긴다고 주장한

---

* 임기제한과 관직순환의 사상과 제도의 역사적 고찰로 Mark P. Petracca, "A History of Rotation in Office," in Bernard Grofman, ed., *Legislative Term Limits: Public Choice Perspectives,* Kluwer Academic Publishers, 1996, pp. 247-277; Petracca, "Restoring 'The University in Rotation': An Essay in Defense of Term Limitation," in Edward Crane and Roger Pilon, eds., *The Politics and Law of Term Limits,* Cato Institute, 1994, pp. 57-82를 참조하라. 페트라카는 고대 로마시대부터 민주주의의 필수적 요소로 인식되었던 관직순환제가 미국 헌법에 규정되지 않은 것은, 임기제한이 너무나 당연시되었기 때문이라고 주장한다. 즉, 연합 규약(Articles of Confederation)에도 있었던 임기제한제를 당시 헌법 제정가들이 헌법에 포함하지 않은 이유는, 헌법에 포함하기에는 임기제한이 "너무나 구체적이고 당연한 것"으로 받아들여졌기 때문이라는 것이다. 따라서 임기제한 여부가 정치적 문제가 된 현재에는 당연히 도입되어야 한다고 주장한다. 그러나 페트라카의 주장과는 반대로 헌법 제정 당시 임기제한을 둘러싸고 연방주의자들과 반연방주의자들 간에 치열한 논쟁이 벌어졌고, 연방주의자의 뜻대로 연방 헌법에는 연방의회 의원의 임기제한 규정을 두지 않도록 결정되었다. 이들 간의 논쟁은 거의 오늘날의

다. 반응성이 있는 의회라야 최근과 같은 마비상태, 무능력, 비효율성, 무책임성에 빠지지 않는다는 것이며,[48] 나아가 유권자들로부터의 신뢰를 회복하여 보다 강한 정부를 이룰 수 있다는 것이다.[49]

이에 대한 반론도 설득력을 지니고 있다. 우선, 임기제한제에 의해 재선의 전망이 사라진 의원들이 어떻게 통제될 수 있는가 하는 점이다. 의원들이 입법가로서의 경력을 추구하지 못하는 상황하에서는 공익보다는 자신의 이익에 신경을 쓰거나, 의정활동 자체에 무관심해질 가능성이 충분히 존재한다. 부분적인 경험적 증거에 의하면,* 임기제한제하에서 의원들의 행태를 결정하는 것은 임기 후의 경력이며, 임기 후의 경력을 결정하는 구조에 의해 입법과정이 큰 영향을 받게 된다. 그렇다면 임기가 제한된 의원들이 이익집단들이나 당파적 이해관계를 초월하여 유권자들의 요구에 보다 민감해질 가능성은 매우 낮다고 볼 수 있다.

임기제한 반대론자들이 보다 중시하고 있는 점은, 임기제한에 의해 의회의 전문성이 하락하고 의회의 정책결정 능력이 위축되며, 결과적으로 양부 관계와 정부의 통치 능력에 변화가 올 수 있다는 점

논쟁과 흡사했다. 반연방주의자들은 임기제한이 되지 않을 경우 연방의회가 독자적 권력 기반을 지니고 주 정부와 시민들의 권한을 침해할 것을 두려워했고, 연방주의자들은 임기제한이 될 경우 의회의 국정 수행능력이 훼손될 것이라고 주장했던 것이다. Jonathan Elliot, ed., *The Debates in the Several State Conventions on the Adoption of the Federal Constitution*, vol. 2, Burt Franklin, 1966, pp. 287-188, 319-321 참조.

* 이렇게 상반된 주장들의 타당성을 검증할 경험적 증거는 극히 희소하다. 중앙정부 의회의 임기제한제가 시행되고 있는 필리핀, 멕시코, 베네수엘라, 코스타리카가 있는데, 코스타리카만이 민주주의하에서 의원 임기제한이 장기간 시행되어 온 사례다. 각 주들의 임기제한이 가져오는 효과를 검토할 수도 있으나, 아직 충분한 논의가 이루어지지 않고 있나. John M. Carey, *Term Limits and Legislative Representation*, Cambridge University Press, 1996 참조.

이다.[50] 20세기 초 의회가 제도화되기 시작한 이래 의회는 위원회제도와 선임제를 두 축으로 하여 전문성의 원칙하에 조직되어 왔다. 현대사회의 복잡한 문제들에 대한 정책결정에 전문성은 필수적이고, 의회의 전문성은 의원들 각자의 전문성과 참모조직의 전문성에서 확보될 수 있다. 재선이 확실한 의회 선거구조, 선임제, 위원회제도는 의원의 전문성을 제고하고 축적하는 가장 효과적 방법이었던 것이다. 의원의 임기가 제한될 경우 이러한 의원들의 전문성의 축적은 이루어지기 힘들다. 결과적으로 비전문적 입법가에 의해 정책이 결정되거나, 국민에 의해 선출되지 않은 의회 참모조직의 영향력이 커지게 될 것이다. 이는 곧 의회의 정책결정 능력이 위축되거나, 행정부의 독주를 가져올 수 있다는 것이다.

임기제한제는 미국 의회의 문제에 대한 응징은 될 수 있을지언정 그 해결책이 되리라는 보장은 없으며, 이를 둘러싼 논쟁도 확실한 결론이나 결정적 증거에 도달하지 못했다. 그럼에도 불구하고 임기제한제의 주창자들은 임기제한제가 미국 정치의 문제와 나아가 미국 사회의 문제를 해결할 것이라고 주장했다. 이들의 주장이 대중들의 열렬한 호응을 얻게 된 것은 그 주장의 타당성보다는 메시지의 대중주의적 성격에 있는 것으로 보인다. 일반 유권자들은 임기제한제의 도입을 의회의 모든 문제를 초래한 현직의원들에 대한 응징으로 받아들이는 경향이 있었다. 따라서 의회에 대한 불만이 높아질수록, 이에 대한 해결책으로서가 아니라 그 책임을 묻기 위한 수단으로 임기제한제를 원하게 되었다고 볼 수 있다. 임기제한제의 정치적 결과와 무관하게, 워싱턴의 특권층을 형성하고 있는 직업 정치인들이 임기제한제에 의해 구축되고 시민의 진정한 대표가 의회에 진출할 수 있다는 주장이 대중들로부터의 지지를 끌어낼 수 있었던 것이다.

반면 임기제한 운동을 조직해 온 정치활동가들은 단순히 임기제한제의 대중주의적 호소력에만 이끌린 것은 아니다. 이들은 보다 일관된 이념적 정향을 지니고 있었고, 정치개혁의 구체적 목적과 연관하여 임기제한제의 의미를 파악하고 있었다. 이들 사이에 이념적 차이나 임기제한 방법에 대한 입장 차이가 없었던 것은 아니지만, 이들은 대체로 이념적으로는 보수-리버테리안(libertarian) 성향을, 그리고 정당 지지에 있어서는 공화당 우파를 지향한다는 공통점을 지니고 있었다. 예컨대 임기제한 운동의 협의체(umbrella organization)로 구성된 전국 임기제한 연합(National Term Limit Coalition)에는 기독연합(Christian Coalition)을 비롯해 세금개혁을 위한 미국인들(Americans for Tax Reform), 정부낭비반대 시민모임(Citizens Against Government Waste), 전국납세자연맹(National Taxpayers Union) 등 대표적인 보수 단체들이 속해 있었다. 이 단체들은 모두 공화당 우파와 밀접히 연관되어 있으며, 전통적으로 작은 정부론을 신봉하는 보수적 이념에 충실하다. 또 임기제한 운동의 이론적·학술적 지원을 전담했던 것은 리버테리안 성향이 강한 케이토 연구소(Cato Institute)였다.* 케이토 연구소가 1980년대 이래 초점을 두어 온 경제적 이슈가 규제 철폐였다면, 정치적 이슈는 임기제한 개혁이었다.

---

* 케이토연구소는 임기제한제에 대해 수차례의 학술회의를 주최했고, '학술적' 논의를 출간하기도 했다. *The Politics and Law of Term Limits*(by Edward H. Crane and Roger Pilon)가 그중 하나인데, 반대론자들의 글이 포함되어 있으나 찬성론을 부각하는 방향으로 편집되었다.

임기제한 운동의 이념적 성격을 여실히 드러내 주는 것은 U.S. Term Limits이다. U.S. Term Limits는 각 주의 임기제한 주민발의안 통과를 실질적으로 지휘했고, 제105대 의회의 헌법 수정안 심의과정에서 강력한 영향력을 행사했다. 임기제한의 이론적 타당성을 마련하고 홍보했을 뿐 아니라, 주 및 연방 수준의 임기제한 운동에 소요되는 인적, 물적 자원의 상당 부분을 지원했던 것이다. 예컨대 U.S. Term Limits는 1992년에만 1,800만 달러를 각 주의 임기제한 운동에 제공했고, 1994년에는 1,400만 달러를 지원했는데, 이는 각 주에서 사용된 자금의 70퍼센트에 달하는 금액이다.[51]

이처럼 임기제한 운동의 중심적 역할을 수행한 U.S. Term Limits는 거대 석유회사 코크 인더스트리즈(Koch Industries)의 코크 형제(Charles and David Koch)에 의해 설립되었고, 이들의 전적인 재정 후원하에 활동했다. 1980년대에 코크 형제는 케이토 연구소에 막대한 기부금을 후원했을 뿐 아니라, 보다 보수적 성향의 경제정책을 주창하기 위해 CSE(Citizens for a Sound Economy)를 설립했다. CSE는 작은 정부와 자유방임 시장경제, 세금 감면, 민영화 및 규제 철폐를 주장하는 철저한 리버테리안-보수주의적 경제정책을 주장하는 이념적 운동단체였다. 이들은 이러한 경제정책의 실현에 대한 최대의 장애로 의회를 지목했고, 의회의 개혁에도 초점을 두고 활동하기 시작했다. 이를 위해 1990년에 설립된 것이 CCR(Citizens for Congressional Reform)이며, CCR은 설립 직후부터 캘리포니아주의 임기제한 운동에 막대한 자금을 지원했다. CCR이 불법 활동의 시비에 휘말리면서 이름만을 바꾼 것이 곧 U.S. Term Limits였다.[52]

임기제한 운동단체들의 이러한 이념적·정책적 성향은 이들이 지향하고 있는 궁극적 목표가 '작은 정부'라는 것을 드러내 준다. 제3장에서 논의했듯이, 1960년대 중반 이래 보수주의 운동의 본질은 작은 정부론에 있다. 이들은 리버테리안 성향을 포함할 정도로 보수적 이념이 강한 단체들이 대부분이므로 정부 역할의 축소가 궁극적인 정치개혁의 목표이다. 의원 임기제한제는 이러한 목표와 밀접히 연관되어 있거나, 혹은 전략적인 방안으로 추진되었다고 해석할 수 있다. 일부 임기제한론자들은 임기제한에 의해 의회가 유권자들의 신뢰성을 회복하면 보다 효율적이고 강한 의회가 이루어질 수 있다고 주장하기도 했다.[53] 그러나 앞에서 논의했듯이, 임기제한제하의 의회는 전문성의 결여와 임기 후 경력구조로 인해 보다 취약해지고 역할이 축소될 가능성이 높다. 취약한 의회로 인해 양부 관계에서 상대적으로 권한이 증대된 대통령만으로 강한 정부가 이루어질 수는 없다. 임기제한의 이러한 정치적 효과를 임기제한 운동을 주도한 정치활동가들은 잘 이해하고 있었던 것이다.[64]

임기제한 운동단체들의 정책적 지향도 일정한 연관을 지니고 있다. 임기제한 운동을 '주도'해 온 단체들의 대부분은 세금 감면과 규제완화 등 보수적 경제정책을 목적으로 하고 있었다. 이러한 정책이 실현 가능해지려면 기존의 거대 정부가 축소되는 정치개혁이 필요하고, 특히 1980년대 이래 이를 가로막아 온 의회의 개혁이 필수적이며, 의회개혁을 위해 임기제한제가 효과적이라고 이들은 판단했다. 임기제한에 의해 의회가 약화되거나 민주당의 의회 지배가 무너지면, 정부 역할의 축소와 이에 따른 경제정책의 보수화가 훨씬 용이해질 것이기 때문이다.

한편, 공화당이 임기제한제를 공약으로 채택하고 임기제한 헌법 수정을 추진해 온 것은 주로 정치적 계산에 그 동기가 있었던 것으로 보인다. 물론 공화당 의원들 대부분은 작은 정부론을 신봉하고 보수적 경제정책을 지지하므로, 임기제한 운동을 주도한 정치활동가들과 이념적·정책적 성향이 유사하다고 볼 수 있다. 그러나 특히 공화당 온건파의 경우 이념의 강도에 있어서 이들과는 상당한 차이가 있다. 더욱이 자신들의 임기를 제한하는 제도개혁의 방법론에 있어서는 공화당 의원들 상당수가 주저할 수밖에 없었던 것이다. 앞에서 설명했듯이, 『미국과의 계약』의 공약에도 불구하고 헌법 수정안에 대해 공화당 우파 지도부조차 적극적이지 않았고, 상당수 공화당 의원들이 반대표를 던진 사실이 이러한 상황을 잘 드러내 준다. 보수적 성향이 강한 소수의 초, 재선의원들의 경우 작은 정부론의 이념적 목표를 이루려는 강한 동기를 지니고 있었다고 추측되지만, 이들 중 대부분도 자발적 임기제한 공약을 포기하게 되었다.[55]

공화당의 정치적 계산은 두 가지로 나누어 볼 수 있다. 우선, 임기제한에 대한 유권자들의 압도적 지지를 이용해 선거에서 이득을 볼 수 있다는 점이다. 유권자들의 80퍼센트가 임기제한제를 찬성하고 민주당 후보들 대부분이 반대하고 있는 상황에서, 임기제한제 찬성 입장은 공화당 후보들에게 상당한 이득이 될 수 있었다. 1994년 중간선거를 앞두고 공화당이 『미국과의 계약』을 통해 임기제한제 헌법 수정을 최우선 정치개혁으로 공약한 것에는 이러한 정치적 계산이 작용한 것으로 보인다. 또 공화당 후보들 중 상당수가 임기제한제 헌법 수정과 심지어는 자발적 임기제한을 공약하면서 출마했다. 이러한 정치적 전략의 효과가 얼마나 작용했는지 경험적으로 입증할 수는 없으나, 1994년 중간선거에서 공화당은 50년 만에 하원을 장악했다.

또 다른 정치적 계산은, 임기제한제에 의해 '현직의 이점'이 사라지면 공화당이 보다 유리해져서 조만간 공화당이 의회를 장악할 수 있으리라는 기대에 근거했다. 이러한 기대는 오랫동안 제기되어 왔던 '현직의 이점'의 문제에서 출발한다. 공화당이 대통령 선거에서 승리를 거두기 시작한 1980년대 이래 공화당은 현직의 이점이라는 의회 선거의 문제점이 공화당에 불리하게 작용한다고 주장해 왔다. 대통령 선거에서는 승리를 거두면서도 의회 선거에서 그만큼 의석을 확보하지 못하는 이유가 현직의 이점을 지닌 민주당 의원들이 계속 재선되기 때문이라는 것이다. 따라서 현직의 이점을 상당히 없애주는 임기제한제가 실시될 경우, 민주당보다 현직의원 수가 적은 공화당이 상대적으로 덜 불리하게 되어 대통령 선거에서 획득하는 지지율만큼 의석을 확보할 것으로 공화당은 기대했던 것이다.* 제104대 의회부터 임기제한제에 대한 공화당의 자세가 소극적이 된 이유가 여기에 있다. 1994년 중간선거 이후 이미 양원의 다수당이 되었기 때문이다.

임기제한제가 대중과 정치활동가 및 공화당의 수준에서 추진되

---

* 임기제한제가 의회선거에서 현직의 이점의 영향력을 상당히 없앨 것임은 분명하며, 또 당시로서는 현직자가 적은 공화당에게 상대적으로 유리하게 작용할 것도 확실하다. 그러나 이에 의해 공화당이 의회를 장악할 수 있으리라는 기대에는 중대한 맹점이 있다. 현직의 이점을 민주당이 더 많이 가지고 있기 때문에 공화당의 의석이 늘지 않는 것이라면, 최소한 현직의 이점이 있을 수 없는 공석들(open seats)에 대한 선거에서는 공화당이 성공을 거두어야 하는 것이다. 그러나 당시까지 공석에 대한 선거에서 공화당이 성공적이었다는 증거는 찾아볼 수 없다. 오히려 이전의 공화당 의석을 민주당이 차지한 경우가 민주당이 비운 의석을 공화당이 차지한 경우보다 많은 것으로 드러난다. 민주당은 현직의 이점과 무관하게 하원선거에서 성공을 거두었던 것이다. Gary C. Jacobson, *The Electoral Origins of Divided Government: Competition in U. S. House Elections, 1946-1988*, Westview Press, 1990 참조.

었던 이유에서 임기제한제의 성격을 해석할 수 있다. 우선, 제도개혁의 정당성을 위해 기성질서의 타파, 참여의 확대와 권력 분산, 시민의 통제 등 참여 민주주의적 이상이 내세워졌고, 이를 통해 대중적 지지를 획득했다는 점이다. 임기제한제는 '악당을 몰아내자(Throw the rascals out!)'와 '시민 입법부론'으로 포장되어 대중적 호소력을 발휘했던 것이다. 둘째, 개혁의 핵심세력은 특정한 정책적 목표를 지니고 있었고, 정치개혁과 제도개혁은 이러한 정책적 목표에 의해 촉발되거나 이를 달성하기 위한 수단의 의미를 지니고 있었다. 임기제한운동을 추진했던 핵심단체들은 작은 정부와 보수적 경제정책을 주창해 왔던 이념적·정책적 단체들이었고, 궁극적으로 이러한 정책적 목표를 이루는 데 임기제한 운동은 좋은 기회를 제공했다. 마지막으로 제도개혁의 추진과정에서 참여자 각자와 양당의 정치적 이해관계가 중대한 영향을 미쳤다. 공화당이 임기제한제를 공약으로 내세우고 헌법 수정을 추진했던 데는 다분히 선거정치적 계산이 작용했다. 이는 1994년 선거를 전후하여 임기제한 운동의 커다란 힘이 되었지만, 공화당의 정치적 상황이 바뀌게 되면서 추진력을 잃게 만드는 원인이 되었다.

정치 개혁의 진로

1970년대 이래 정치제도개혁이 진행되어 온 과정은 두 가지 상반된 시각에서 이해할 수 있다. 우선 이 장의 서두에서 인용한 슐레

진저와 크로티의 모델에 따른다면, 사회적 문제들의 해결을 위해 정책결정의 '틀'을 변화시키는 제도개혁이 이루어지고, 이러한 사회적·제도적 개혁의 부작용이 쌓이고 개혁에 대한 반작용이 힘을 얻으면서 또 다른 제도개혁이 이루어진다.* 현대 미국 사회의 다양한 모순과 문제가 터져 나왔던 1960, 70년대의 상황 속에서 진보적 사회개혁을 위해 정당과 의회의 기성질서를 변화시키는 제도개혁이 이루어졌고, 거대 정부와 사회적 무질서 및 정부의 문제해결 능력 저하로 대표되는 개혁의 부작용이 심화되면서 이전 상태로 돌아가기 위한 새로운 제도개혁이 모색되어 왔다고 볼 수 있는 것이다. 그렇다면 임기제한 운동이 보여 주었듯이, 당분간 정치개혁의 대상은 작은 정부를 달성하기 위한 정치제도의 수립이 될 수 있다.

다른 한편으로 1970년대 이래의 제도개혁을 참여 민주주의적 이상과 대의 민주주의적 현실 간의 대립으로 해석할 수도 있다. 200여 년 전 연방주의와 반연방주의 간의 대립 당시부터, 정치과정에 대한 대중의 참여와 통제를 확대하려는 참여 민주주의적 이상론과 효율적 정부를 위한 대의 민주주의적 현실론이 대립되어 왔고, 현대에 이르러 참여 민주주의의 승리로 나아가고 있다는 것이다.** 특히 1970년대의 제도개혁이 권력의 분산과 참여의 확대를 내용으로 했

---

* 이런 면에서, 헌팅턴이 주장했듯이 이상과 현실 사이의 부조화(disharmony)를 해결하기 위한 사회개혁에 의해서만 제도개혁이 이루어져 왔다고 볼 수 없다. 개혁운동과 반개혁운동 모두의 수단으로 제도개혁이 시도되었던 것이다. Samuel P. Huntington, *American Politics: the Promise of Disharmony*, Harvard University Press, 1981 참조.

** 이러한 관점으로 Richard A. Harris, "A Decade of Reform," in Richard A. Harris and Sidney M. Milkis, eds., *Remaking American Politics*, Westview Press, 1989, pp. 1-26; Donald R. Brand, "Reformers of the 1960s and 1970s: Modern Anti-Federalists?" in Richard A. Harris and Sidney M. Milkis, eds., *op. cit.*, pp. 27-55 참조.

고, 1990년대 임기제한 운동이 한 걸음 더 나아가 의원의 충원과 입법행태에 대한 시민의 통제와 직접 참여를 내용으로 했다는 점을 감안하면, 1970년대 이래의 개혁은 적어도 외형상 참여 확대의 방향으로 진행되어 왔다. 그렇다면 앞으로 제도개혁의 모습 역시 이러한 방향으로 전개되리라고 전망할 수 있다.

이러한 순환론과 진화론의 두 시각은 근본적으로 모순되는 것이지만, 1970년대 이래 미국 정치제도의 진화에 있어서는 크게 상충하지 않는다. 외형적으로는 '참여 확대'의 방향임과 동시에, 연관된 정치적 목표는 '큰 정부-작은 정부 간의 대립'인 것이다.

본문의 주

1) Terrence J. McDonald, "Building the Impossible State: Toward an Institutional Analysis of State-building in America, 1820-1930," in John E. Jackson, ed., *Institutions in American Society: Essays in Market, Political, and Social Organizations*, University of Michigan Press, 1990, p. 221.

2) E. Pendleton Herring, *The Politics of Democracy: American Parties in Action*, 2nd ed., W. W. Norton & Company, 1965 (1st ed., 1940), Foreword & Ch. 1, passim.

3) Arthur M. Schlesinger, Jr., *The Cycle of American History*, Houghton Mifflin, 1986.

4) Andrew S. McFarland, "Social Movements and Theories of American Politics," in Anne N. Costain and Andrew S. McFarland, eds., *Social Movements and American Political Institutions*, Rowman and Littlefield, 1998, pp. 7-19.

5) William J. Crotty, *Political Reform and the American Experiment*, Crowell, 1977, ch. 9.

6) Nelson W. Polsby, "The Institutionalization of the House of Representatives," *American Political Science Review*, 62(1968), pp. 144-168.

7) Woodrow Wilson, *Congressional Government*, Houghton Mifflin, 1885(Meridian Books, 1956), p. 80.

8) *Ibid.*, p. 1.

9) *Ibid.*, p. 76.

10) Nelson W. Polsby, *Congress and the Presidency*, 4th ed., Prentice-Hall, 1986, p. 117.

11) Joseph Cooper and David W. Brady, "Institutional Context and Leadership Style: The House from Cannon to Rayburn," *American Political Science Review*, 75(1981), p. 413.

12) Charles O. Jones, "Joseph G. Cannon and Howard W. Smith: An Essay on the Limits of Leadership in the House of Representatives," *Journal of Politics*, 30(1968), pp. 617-646.

13) Joseph Cooper and David W. Brady, *op. cit.*, pp. 416-417.

14) Burton D. Sheppard, *Rethinking Congressional Reform*, Schenkman, 1985, pp. 10-13.

15) *Ibid.*

16) David W. Rhode, *Parties and Leaders in the Postreform House*, University of Chicago Press, 1991, pp. 17-20.

17) *Ibid.*, p. 21.

18) *Ibid.*, pp. 17-39.

19) Richard Hofstadter, *The Idea of a Party System*, University of California Press, 1969, pp. 1-5.

20) James W. Ceaser, *Presidential Selection: Theory and Development*, Princeton University Press, 1979, p. 220.

21) *Ibid.*, pp. 222-226.

22) *Ibid.*, pp. 227-236.

23) Larry M. Bartels, *Presidential Primaries and the Dynamic of Public Choice*, Princeton University Press, 1988, p. 18.

24) William J. Crotty, *Decision for the Democrats: Reforming the Party Structure*, Johns Hopkins University Press, 1978, pp. 44-62.

25) *The Official Guidelines of the Commission on Party Structure and Delegate Selection to the Democratic National Committee*, Nov. 19, 1969: in Polsby, *Consequences of Party Reform*, Appendix, pp. 40-52.

26) Austin Ranney, *Curing the Mischiefs of Faction: Party Reforms in America*, University of California Press, 1975, pp. 205-206.

27) *Ibid.*, p. 73.

28) James W. Ceaser, *op. cit.*, pp. 213-217.

29) James Q. Wilson, *The Amateur Democrats*, University of Chicago Press, 1962.

30) John S. Saloma, III and Frederick H. Sontag, *Parties: the Real Opportunity for Effective Politics*, Knopf, 1972.

31) J. Richard Piper, *Ideologies and Institutions: American Conservative and Liberal Governance Prescriptions since 1933*, Rowman & Littlefield, 1997, chs. 12-16.

32) Ricahrd Viguerie, *The Establishment vs. the People*, Regenery Gateway, 1983: John Tower, "Congress versus the President," *Foreign Affairs*, vol. 60(1982), pp. 229-247: L. Gordon Crovitz and Jeremy A. Rapkin, eds., *The Fettered Presidency*, American Enterprise Institute, 1989.

33) George W. Carey, "Thunder on the Right, Lightning from the Left," *Modern Age*, vol. 25(1981), p. 132.

34) J. Richard Piper, *op. cit.*, pp. 360-364.

35) Lloyd Cutler, "To Form a Government: On the Defects of Separation of Powers," *Foreign Affairs*, 39(Fall 1980), pp. 126-143: James L. Sundquist, *Constitutional Reform and Effective Government*, rev. ed., Brookings Institution, 1992,

36) *U. S. Term Limits v. Thornton*, 1995.

37) James L. Sundquist, *op. cit.*, pp. 186-187.

38) Victor Kamber, *Giving Up on Democracy: Why Term Limits Are Bad for America*, Regnery, 1995, pp. 3-4.

39) *Ibid.*, pp. 4-7.

40) *The American Enterprise*, vol. 2(Jan., 1991), pp. 82-83.

41) *Ibid.*, p. 82.

42) *National Election Studies*, 1992.

43) Victor Kamber, *op. cit.*, p. 179.

44) Ed Gillespie and Bob Schellhas, ed., *Contract with America: the bold plan by Rep. Newt Gingrich, Rep. Dick Armey and the House Republicans to change the nation*, Times Books, 1994, pp. 157-161.

45) Victor Kamber, *op. cit.*, p. 200.

46) *Ibid.*, p. 199.

47) Gary C. Jacobson, *The Electoral Origins of Divided Government: Competition in U. S. House Elections, 1946-1988*, Westview Press, 1990, pp. 120-122.

48) Cleta D. Mitchell, "Limiting Congressional Terms: A Return to Fundamental Democracy," *Journal of Law and Politics*, 7(1991), pp. 733-755; Mark Petracca, "The Poison of Professional Politics," *Cato Institute Policy Analysis*, No. 151(1991); George F. Will, *Restoration: Congress, Term Limits, Recovery of Deliberative Democracy*, Free Press, 1992 등 참조.

49) George F. Will, *op. cit.*

50) Thomas E. Mann, "Congressional Term Limits: A Bad Idea Whose Time Should Never Come," in Edward H. Crane and Roger Pilon, eds., *The Politics and Law of Term Limits, Cato Institute*, 1994, pp. 83-97.

51) Victor Kamber, *Giving Up on Democracy*, pp. 178-179.

52) *Ibid.*, pp. 176-180.

53) George F. Will, *op. cit.*

54) Victor Kamber, *op. cit.*, pp. 183-191.

55) "Term Limit Pledges Are Coming Due," *Washington Post*, March 15, 1999, A1.

참고문헌

Abbott, Philip, 2005, "Still Louis Hartz after all These Years: a Defense of the Liberal Society Thesis," *Perspective on Politics*, 3:1, pp. 93-109.

Abramowitz, Alan, and Kyle Saunders, 1998, "Ideological Realignment in the U.S. Electorate," *Journal of Politics*, 60:3, pp. 634-652.

Ackerman, Bruce, 1991, *We the People: Foundations*, Harvard University Press.

Aldrich, John H., 1995, *Why Parties? The Origin and Transformation of Party Politics in America*, University of Chicago Press.

_____ , 2003, "Electoral Democracy During Politics as s Usual — and Unusual," in Michael B. MacKuen and George Rabinowitz, eds., *Electoral Democracy*, University of Michigan Press, pp. 279-310.

_____ and David Rohde, 2000a, "The Consequences of Party Organization in the House: The Roles of the Majority and Minority Parties in Conditional Party Government," in J. R. Bond and R. Fleisher, eds., *Polarized Politics: Congress and the President in a Partisan Era*, CQ Press, pp. 37-72.

_____ and David Rohde, 2000b, "The Logic of Conditional Party Government: Revisiting the Electoral Connection," *Political Institutions and Public Choice Program Working Paper*, 00-08, PIPC.

_____ and David Rohde, 1997, "The Transition to Republican Rule in the House: Implications for Theories of Congressional Politics," *Political Science Quarterly*, 112, pp. 541-569.

_____ , Bradford H. Bishop, Rebecca S. Hatch, D. Sunshine Hillygus, and David W. Rohde, 2014, "Blame, Responsibility, and the Tea Party in the 2010 Midterm Election," *Political Behavior*, 36, pp. 471-491.

Alt, James and Charles Stewart, 1990, "Parties and the Deficit: Some Historical Evidence," a paper presented at the NBER Conference on Political Economy, Cambridge, Mass.

American Political Science Association, Committee on Political Parties, 1950, "Toward a More Responsible Two-Party System," *American Political Science Review*, 44 supplement, pp. 35-36.

Arnold, Douglas, 2004, "Forword," in David Mayhew, *Congress: The Electoral Connection*, 2nd ed., Yale University Press, pp. vii-xii.

Bailyn, Bernard, 1967, *The ideological origins of the American Revolution*, Harvard University Press.

Barber, Benjamin, 1986, "Louis Hartz," *Political Theory*, 14:3, pp. 355–58.

Barber, James D., 1972, *The Presidential Character: Predicting Performance in the White House*, Prentice-Hall.

Barber, Michael, and Nolan McCarty, 2013, "Cuases and Consequences of Polarization," in Jane Mansbridge and Cathie Jo Martin, eds., *Negotiating Agreement in Politics*, American Political Science Association, pp. 19-53.

Bartels, Larry, 2000, "Partisanship and Voting Behavior, 1952-1996," *American Journal of Political Science*, 44:1, pp. 35-50.

_____, 1988, *Presidential Primaries and the Dynamics of Public Choice*, Princeton University Press.

Baums, Terri, 1996, "Understanding The Rhetorical Presidency," in George C. Edwards III and William G. Howell, eds., *The Oxford Handbook of the American Presidency*, Oxford University Press, pp. 208-231.

Beard, Charles A, 1941, *An Economic Interpretation of the Constitution of the United States*, Free Press.

Berthoff, Rowland and John Murrin, 1973, "Feudalism, Communalism, and the Yeoman Freeholder: The American Revolution as a social accident" in Stephen G. Kurtz and James H. Hudson, eds., *Essays on the American Revolution*, W. W. Norton, pp. 256–88.

Boorstin, Daniel, 1953, *The Genius of American Politics*, University of Chicago Press.

Brady, David W., 1993, "The Causes and Consequences of Divided Government: Toward a New Theory of American Politics?" *American Political Science Review*, 87:1), pp. 190-191.

Brand, Donald R., 1989, "Reformers of the 1960s and 1970s: Modern Anti-Federalists?" in Richard A. Harris and Sidney M. Milkis, eds., *Remaking American Politics*, Westview Press, pp. 27-55.

Brewer, Mark D, 2010, "Strategic Maneuvers: Political Parties and the Pursuit of Winning Coalitions in a Constantly Changing Electoral Environment," in Jeffrey M. Stonecash, ed., *New Directions in American Political Parties*, Routledge, pp. 22-43.

_____, 2013, "Attempting to Build a Winner: Parties and the Crafting of Electoral Coalitions," in Mark D. Brewer and L. Sandy Maisel, eds., *The Parties Respond: Changes in American Parties and Campaigns*, 5th ed., Westview Press, pp. 47-74.

_____ and Jeffrey M. Stonecash, 2009, *Dynamics of American Political Parties*, Cambridge University Press.

Burnham, Walter Dean, 1970, *Critical Elections and the Mainsprings of American Politics*, W. W. Norton.

Burns, James MacGregor, 1963, *The Deadlock of Democracy*, Prentice-Hall.

Busch, Andrew E., 2010, "The 2010 Midterm Elections: An Overview," *The Forum*, 8:4, pp. 1-15.

Cameron, Charles, Albert Cover, and Jeffrey Segal, 1990, "Senate Voting on Supreme Court Nominees: A Neoinstitutional Model," *American Political Science Review*, 84, pp. 525-34.

Carey, George W., 1981, "Thunder on the Right, Lightning from the Left," *Modern Age*, 25.

Carey, John M., 1996, *Term Limits and Legislative Representation*, Cambridge University Press, 1996.

Ceaser, James W., 1979, *Presidential Selection: Theory and Development*, Princeton University Press.

Conley, Richard S., 2011, "The Harbinger of the Unitary Executive? An Analysis of Presidential Signing Statements from Truman to Carter," *Presidential Studies Quarterly* 41:3, pp. 546-569.

_____, 2003, *The Presidency, Congress, and Divided Government*, Texas A&M University Press.

_____, 2013, "President Obama's Signing Statements and the Expansion of Executive Power," *Presidential Studies Quarterly*, 43:4, pp. 883-899.

Cooper, Joseph and David W. Brady, 1981, "Institutional Context and Leadership Style: The House from Cannon to Rayburn," *American Political Science Review*, 75, pp. 411-425.

Courser, Zachary, 2010, "The Tea Party at the Election," *The Forum*, 8:4, pp. 1-18.

Cox, Gary W. and Mathew D. McCubbins, 2005, *Setting the Agenda: Responsible Party Government in the U. S. House of Representatives*, Cambridge University Press.

Cox, Gary W. and Mathew D. McCubbins, 1993, *Legislative Leviathan: Party Government in the House*, University of California Press.

Cox, Gary W. and Mathew D. McCubbins, 1991, "Divided Control of Fiscal Policy," in Gary W. Cox and Samuel Kernell, eds., *The Politics of Divided Government*, Westview Press, pp. 155-175.

Crotty, William J., 1978, *Decision for the Democrats: Reforming the Party Structure*, Johns Hopkins University Press.

_____, 1977, *Political Reform and the American Experiment*, Crowell.

Crouch, Jeffrey, Mark J. Rozell, and Mitchel A. Sollenberger, 2017, "The Unitary Executive Theory and President Donald J. Trump," *Presidential Studies Quarterly*, 47:3, pp. 561-573.

Crovitz, L. Gordon and Jeremy A. Rapkin, eds., 1989, *The Fettered Presidency*, American Enterprise Institute.

Cutler, Lloyd, 1988, "Some Reflections about Divided Government," *Political Science Quarterly*, 18, pp. 485-492.

_____, 1980, "To Form a Government: On the Defects of Separation of Powers," *Foreign Affairs*, 39, pp. 126-143.

Davidson, Roger and Walter J. Oleszek, 1977, *Congress Against Itself*, Indiana University Press.

Devigne, Robert, 1994, *Recasting Conservatism*, Yale University Press.

Dickinson, Mathew J., 2009, "We All Want," *Presidential Studies Quarterly*, 39:4, pp. 736-770.

_____ and Jesse Gubb, 2016, "The Limit to Power without Persuasion." *Presidential Studies Quarterly*, 46:1, pp. 48-72.

Dienstag, Joshua Foa, 1996, "Serving God and Mammon: The Lockean Sympathy in early American Political Thought," *American Political Science Review*, 90:3, pp. 497–511.

Diggins, John P., 1988, "Class, classical, and Consensus Views of the Constitution" *The University of Chicago Law Review*, 55:2, pp. 555-570.

DiMaggio, Paul, et al., 1996, "Have Americans' Social Attitudes Become More Polarized?" *American Journal of Sociology*, 102:3, pp. 690-755.

Dodd, Lawrence C. and Bruce I. Oppenheimer, 1977, *Congress Reconsidered*, Praeger.

Downs, Anthony, 1957, *An Economy Theory of Democracy*, Harper and Row.

Durant, Robert F. and William G. Resh, 2009, "Presidential Agendas, Administrative Strategies, and the Bureaucracy," in Edwards and Howell, eds., *The Oxford Handbook of the American Presidency*, pp. 577-600.

Duverger, M., 1964, *Political Parties: Their Organization and Activity in the Modern State*, Taylor & Francis.

Edwards, George C., III., 2003, *On Deaf Ears: The Limits of the Bully Pulpit*, Yale University Press.

_____ 2000, "Neustadt's Power Approach to the Presidency," in Robert Y. Shapiro, Martha Joynt Kumar, and Lawrence R. Jacobs, eds., *Presidential Power: Forging the Presidency for the Twenty-first Century*, Columbia University Press, pp. 9-15.

_____, Andrew Barrett and Jeffrey Peake, 1997, "The Legislative Impact of Divided Government," *American Journal of Political Science*, 41:2, pp. 545-563.

Ellis, Richard and S. Kirk, 1998, "Jefferson, Jackson, and the Origins of the Presidential Mandate." in Richard Ellis and S Kirk, eds., *Speaking to the People: The Rhetorical Presidency in Historical Perspective*, University of Massachusetts Press, pp. 35-65.

Ellis, Richard and Aaron Wildavsky, 1989, *Dilemmas of Presidential Leadership: From Washington through Lincoln*, Transaction Books.

Epstein, David and Sharon O'Halloran, 1996, "Divided Government and the Design of Administrative Procedures: A Formal Model and Empirical Test," *Journal of Politics*, 58:2, pp. 373-97.

Evans, C. Lawrence, 2011, "Congressional Committees," in Schickler and Lee, eds., *The Oxford Handbook of The American Congress*, pp. 396-425.

Fenno, Richard F., Jr., 1978, *Home Style: House Members in Their Districts*, Little, Brown.

_____, 1973, *Congressmen in Committees*, Little, Brown.

_____, 1966, *The Power of the Purse: Appropriations Politics in Congress*, Little, Brown.

Ferguson, Thomas, 1984, "From Normalcy to New Deal: Industrial Structure, Party Competition, and American Public Policy in the Great Depression," *International Organization*, 38, pp. 41-94.

_____, Paul Jorgensen, and Jie Chen, 2018, "Industrial Structure and Party Competition in an Age of Hunger Games: Donald Trump and the 2016 Presidential Election," *Institute for New Economic Thinking*, Working Paper No. 66.

Fiorina, Morris P., 2013, "America's Polarized Politics: Causes and Solutions," *Perspectives on Politics*, 11:3, pp. 852-859.

_____, 2011, "Roll-Call Votes," in Schickler and Lee, eds., *The Oxford Handbook of The American Congress*, pp. 861-874.

_____, et al., 2005, *Culture War? The Myth of a Polarized America*, 1st ed., 3rd ed.(2011), Longman.

_____, 2003, *Divided Government*, 2nd ed., Longman,

_____, 1977, *Congress: Keystone of the Washington Establishment*, Yale University

Press.

_____ and Timothy Prinz, 1992, "Legislative Incumbency and Insulation," in Joel H. Sibley, ed., *Encyclopedia of the American Legislative System*, Vol. I, Charles Scribner's Sons, pp. 513-528.

Fowler, Robert B., 2004, "Louis Hartz, the Liberal Tradition in America, and Their Critics," a paper presented at Annual Meeting of the APSA.

Gamm, Gerald and Renée M. Smith, 1998, "Presidents, Parties, and the Public: Evolving Patterns of Interaction, 1877-1929." in Ellis and Kirk, eds., *Speaking to the People*, pp. 87-111.

Gibson, Martha, 1994, "Politics and Divided Government," a paper presented at annual meeting of American Political Science Association, New York.

Gillespie, Ed and Bob Schellhas, ed., 1994, *Contract with America : the bold plan by Rep. Newt Gingrich, Rep. Dick Armey and the House Republicans to change the nation*, Times Books.

Greenstein, Fred I., 2000, *The Presidential Difference: Leadership Style from FDR to Clinton*, Princeton University Press.

_____, 1982, *The Hidden Hand Presidency*, Basic Books.

Hacker, Jacob S. and Paul Pierson, 2014, "After the 'Master Theory': Downs, Schattschneider, and the Rebirth of Policy-Focused Analysis," *Perspectives on Politics*, 12:3, pp. 643-662.

Hardgrove, Erwin C., 2001, "Presidential Power and Political Science," *Presidential Studies Quarterly*, 31:2, pp. 245-261.

Hardy, Richard J. and David J. Webber, 2007, "Is It "President" or "president" of the United States?" *Presidential Studies Quarterly* 38:1, pp. 159-182.

Harris, Richard A., 1989, "A Decade of Reform," in Harris and Milkis, eds., *Remaking American Politics*, pp. 3-24.

Hartz, Louis, 1955, T*he Liberal Tradition in America: An Interpretation of American Political Thoughts Since the Revolution*, Harcourt, Inc.(백창재·정하용 역, 『미국의 자유주의 전통』, 나남, 2012).

_____, 1963, "Comment," *Comparative Studies in Society and History*, 5, pp. 279-284.

Haskell, John, 1996, *Fundamentally Flawed: Understanding and Reforming Presidential Primaries*, Rowman & Littlefield.

Herring, Pendleton, 1940(1965), *The Politics of Democracy: American Parties in Action*, Norton.

Hillygus, D. Sunshine and Todd G. Shields, 2005, "Moral Issues and Voter Decision Making in the 2004 Elections," *PS: Political Science and Politics*, 38, pp. 201-209.

Hirschman, Albert O., 1970, *Exit, Voice, and Loyalty: Responses to Decline in Firms, Organizations, and States*, Harvard University Press.

Hofstadter, Richard, 1979, *The Progressive Historians,* University of Chicago Press.

_____, 1969, *The Idea of a Party System*, University of California Press.

Howell, William G., 2009, "Quantitative Approach to Studying the Presidency," in Edwards and Howell, eds., *The Oxford Handbook of the American Presidency*, pp. 9-29.

_____, 2003, *Power Without Persuasion: The Politics of Direct Presidential Action*, Princeton University Press.

Hughes Tyler and Deven Carlson, 2015, "Divided Government and Delay in the Legislative Process: Evidence From Important Bills, 1949-2010," *American Politics Research*, 43:5, pp. 771-792.

Huntington, Samuel P. 1981, *American Politics: the Promise of Disharmony*, Harvard University Press.

Hunter, James D., 1991, *Culture Wars: The Struggle to Define America*, Basic Books.

Jacobson, Gary, 2017, "The Triumph of Polarized Partisanship in 2016: Donald Trump's Improbable Victory," *Political Science Quarterly*, 132:1, pp. 9-41.

_____, 2011, "The President, the Tea Party, and Voting Behavior in 2010: Insights from the Cooperative Congressional Election Study," a paper presented at the 2011 Annual Meeting of the American Political Science Association.

_____, 1990, *The Electoral Origins of Divided Government: Competition in U. S. House Elections, 1946-1988*, Westview Press.

James, Scoot C., 2009, "Historical Institutionalism, Political Development, and The Presidency," in Edwards and Howell, eds., *The Oxford Handbook of the American Presidency*, pp. 51-81.

_____, 2005, "Between the Promise and Fear: The Evolution of the Presidency," in Joel D. Aberbach and Mark A. Peterson, eds., *The Institutions of Democracy*, Oxford University Press, pp. 3-40.

John, Christian, 2011, "Divided We Fall: The Case Against Divided Government," *International Social Science Review*, 86, pp. 166-174.

Jones, Charles O., 2001, "Professional Reputation and Neustadt Formulation," *Presidential Studies Quarterly*, 32:1, pp. 281-295.

_____, 1995, *Separate But Equal Branches: Congress and the Presidency*, Chatham House.

_____, 1994, *The Presidency in a Separated System*, The Brookings Institution.

_____, 1982, *The United States Congress: People*, Place, and Policy, Dorsey Press.

_____, 1968, "Joseph G. Cannon and Howard W. Smith: An Essay on the Limits of Leadership in the House of Representatives," *Journal of Politics*, 30, pp. 617-646.

Kamber, Victor, 1995, *Giving Up on Democracy: Why Term Limits Are Bad for America*, Regnery.

Kammen, Michael, 1993, "The Problem of American Exceptionalism: A Reconsideration," *American Quarterly*, 45, pp. 1-43.

Kennedy, Joshua B., 2014, "Signing Statements, Gridlock, and Presidential Strategy," *Presidential Studies Quarterly*, 44:4, pp. 602-622.

Kelly, Sean, 1993, "Divided We Govern: A Re-assessment," *Polity*, 25, pp. 475-83.

Kernell, Samuel, 1991, "Facing an Opposition Congress: The President's Strategic Circumstance." in Cox and Kernell, eds., *The Politics of Divided Government*, pp. 87-112.

_____, 1986, *Going Public: New Strategies of Presidential Leadership*, CQ Press.

Key, V. O., Jr., 1964, *Politics, Parties, and Pressure Groups*, Crowell.

_____, 1959, "Secular Realignment and the Party System," *Journal of Politics*, 21, pp. 198-210.

_____, 1955, "A Theory of Critical Elections," *Journal of Politics*, 17, pp. 3-18.

Kiewiet, D. Roderick and Mathew McCubbins, 1991, *The Logic of Delegation*, University of Chicago Press.

King, Gary and Lyn Ragsdale, 1988, *The Elusive Executive*, CQ Press.

Kirkpatrick, Evron M., 1971, "'Toward a More Responsible Two-Party System': Political Science, Policy Science, or Pseudo-Science?" *American Political Science Review*, 65, pp. 965-990.

Kloppenberg, James T., 2001, "In Retrospect: Louis Hartz's The Liberal Tradition in America," *Reviews in American History*, 29, pp. 460-478.

Kraditor, Aileen, 1972, "American Radical Historians on Their Heritage," *Past and Present*, 56, pp. 136-53.

Krehbiel, Keith, 1998, *Pivotal Politics: A Theory of U. S. Lawmaking*, University of Chicago Press.

_____, 1996, "Institutional and Partisan Sources of Gridlock: A Theory of Divided and Unified Government," *Journal of Theoretical Politics*, 8:1, pp. 7-40.

Kreitner, Richard, 2018, "What Time Is It? Here's What the 2016 Election Tells Us About Obama, Trump, and What Comes Next," *The Nation*, https://www.thenation.com/article/what-time-is-it-heres-what-the-2016-election-tells-us-about-obama-trump-and-what-comes-next/ 검색일: 2018. 8. 11.

Laracey, Melvin, 1998, *Presidents and the People: The Partisan Story of Going Public*, Texas A&M University Press.

Lengle, James I., 1981, *Representation and Presidential Primaries: The Democratic Party in the Post-Reform Era*, Greenwood.

Linz, Juan J. and Arturo Valenzuela, eds., 1996, *The Failure of Presidential Democracy*, The Johns Hopkins University Press.

Lipset, Seymoor Martin, 1996, *American Exceptionalism, A Double-edged Sword*, W. W. Norton & Company(문지영 외 역, 『미국 예외주의』, 후마니타스, 2002).

Lowi, Theodore J., 1991, "Presidential Power and the Ideological Struggle over Its Interpretation," in Martin Fausold and Alan Shank, eds., *The Constitution and the American Presidency*, SUNY Press, pp. 227-244.

_____, 1985, *The Personal President: Power Invested, Promise Unfulfilled*, Cornell University Press.

_____, 1964, "American Business, Public Policy, Case Studies, and Political Theory," *World Politics*, 16:4, pp. 677-715.

Manley, John F., 1970, *The Politics of Finance: The House Committee on Ways and Means*, Little, Brown.

Mann, Thomas E., 1994, "Congressional Term Limits: A Bad Idea Whose Time Should Never Come," in Edward H. Crane and Roger Pilon, eds., *The Politics and Law of Term Limits*, Cato Institute, pp. 83-97.

_____, ed., 1990, *A Question of Balance: The Presidents, the Congress, and Foreign Policy*, The Brookings Institution.

Mayhew, David, 2011, "Theorizing About Congress," In Schickler and Lee, eds., *The Oxford Handbook of The American Congress*, pp. 875-893.

_____, 1991(2005), *Divided We Govern: Party Control, Lawmaking, and Investigations*, Yale University Press.

_____, 1974, *Congress: The Electoral Connection*, 1st ed., 2nd ed.(2004), Yale University Press.

McConkey, Dale, 2001, "Whither Hunter's Culture War? Shifts in Evangelical Morality, 1988-1998," *Sociology of Religion*, 62:2, pp. 149-174.

McCubbins, Mathew, 1991, "Government on Lay-away: Federal Spending and Deficits under Divided Party Control," in Cox and Kernell, eds., *Politics of Divided Government*, pp. 113-153.

McDonald, Terrence J., 1990, "Building the Impossible State: Toward an Institutional Analysis of State-building in America, 1820-1930," in John E. Jackson, ed., *Institutions in American Society: Essays in Market, Political, and Social Organizations*, University of Michigan Press, 1990, pp. 217-240.

McFarland, Andrew S., 1998, "Social Movements and Theories of American Politics," in Anne N. Costain and Andrew S. McFarland, eds., *Social Movements and American Political Institutions*, Rowman and Littlefield, pp. 7-19.

McLennan, Will, 2011, "Divided We Conquer: Why Divided Government Is Preferable to Unified Control," *International Social Science Review*, 86 pp. 162-166.

Mezey, Michael L., 1991, "The Legislature, the Executive, and Public Policy: The Futile Quest for Congressional Power," in James A. Thurber, *Divided Democracy: Cooperation and Conflict between the President and Congress*, CQ Press, pp. 99-122.

Milkis, Sidney and Michael Nelson, 2008, T*he American Presidency: Origins and Development, 1776-2007*, CQ Press, pp. 1-25.

Milkis, Sidney, 1993, *The President and the Parties: The Transformation of the American Party System Since the New Deal*, Oxford University Press.

Mitchell, Cleta D., 1991, "Limiting Congressional Terms: A Return to Fundamental Democracy," *Journal of Law and Politics*, 7, pp. 733-755.

Moe, Terry M., 2009, "The Revolution in Presidential Studies," *Presidential Studies Quarterly*, 39:4, pp. 701-724.

_____, 1985, "The Politicized Presidency," in John E. Chubb and Paul E. Peterson, The New Direction in American Politics, The Brookings Institution, pp. 235–271.

_____ and William G. Howell, 1999, "Unilateral Action and Presidential Power: A Theory," *Presidential Studies Quarterly*, 29:4, pp. 850-872.

Myers, Marvin, 1963, "Louis Hartz, The Liberal Tradition in America: An Appraisal," *Comparative Studies in Society and History*, 5, pp. 261-268.

Nathan, Richard, 1983, *The Administrative Presidency*, John Wiley & Sons.

Neustadt, Richard E., 2002, "Presidential Power and the Research Agenda," *Presidential Studies Quarterly*, 32:4, pp. 720-723.

_____, 1990, *Presidential Power and the Modern Presidents: The Politics of Leadership from Roosevelt to Reagan*, Free Press.

_____, 1980, *Presidential Power: The Politics of Leadership from FDR to Carter*, Wiley.

_____, 1970, *Alliance Politics*, Columbia University Press.

_____, 1960, *Presidential Power: The Politics of Leadership*, Wiley.

Nichols, David, 1994, *The Myth of the Modern Presidency*, Penn State University Press.

O'Brien, Patrick B., 2017, "A Theoretical Critique of the Unitary Presidency: Rethinking the First-Mover Advantage, Collective-Action Advantage, and Informational Advantage," *Presidential Studies Quarterly*, 47:1, pp. 169-185.

Oppenheiner, Bruce I., 2011, "Behavioral Approaches to the Study of Congress," in Schickler and Lee, eds., *The Oxford Handbook of The American Congress*, pp. 11-35.

Ornstein, Norman J., 1975, *Congress in Change: Evolution and Reform*, Praeger.

_____, et al., 1992, *Vital Statistics on Congress, 1991-1992*, CQ Press.

Peabody, Robert L. and Nelson Polsby, eds., 1977, *New Perspectives on the House of Representatives*, 3rd ed., Rand McNally.

Petracca, Mark P., 1996, "A History of Rotation in Office," in Bernard Grofman, ed., *Legislative Term Limits: Public Choice Perspectives*, Kluwer Academic Publishers, pp. 247-277.

_____, 1994, "Restoring 'The University in Rotation': An Essay in Defense of Term Limitation," in Edward Crane and Roger Pilon, eds., *The Politics and Law of Term Limits*, Cato Institute, pp. 57-82.

_____, 1991, "The Poison of Professional Politics," *Cato Institute Policy Analysis*, No. 151.

Petrocik, John R., 1991, "Divided Government: Is It All In the Campaigns?" in Cox and Kernell, eds., *Politics of Divided Government*, pp. 13-38.

Piper, J. Richard, 1997, *Ideologies and Institutions: American Conservative and Liberal Governance Prescriptions since 1933*, Rowman & Littlefield.

Pocock, J. G. A., 1975, *The Machiavellian Moment: Florentine Political Thought and the Atlantic Republican Tradition*, Princeton University Press.

Polsby, Nelson, 1997, "On the Distinctiveness of the American Political System," in Alan Brinkley, Nelson Polsby, and Kathleen M. Sullivan, eds., *New Federalist Papers: Essays in Defense of the Constitution*, W. W. Norton & Co., pp. 29-34.

_____, 1986, *Congress and the Presidency*, 4th ed., Prentice-Hall.

_____, 1996, *Consequences of Party Reform*, Oxfored University Press.

_____, 1972, "Review Article: the British Science of American Politics," *British Journal of Political Science*, 2:4, pp. 491-499.

_____, 1968, "The Institutionalization of U. S. House of Representatives," *American Political Science Review*, 62, pp. 144-168.

Pomper, Gerald M., 1971, "Toward a More Responsible Two-Party System? What, Again," *Journal of Politics*, 33, pp. 916-940.

Putnam, Robert D. and David E. Campbell, 2012, *American Grace: How Religion Divides and Unites Us*, New York: Simon & Schuster.

Quirk, Paul and Bruth Nesmith, 1995, "Divided Government and Policy Making: Negotiating the Laws," in Michael Nelson, ed., *Presidency and the Political System*, CQ Press, pp. 531-554.

Ranney, Austin, 1975, *Curing the Mischiefs of Faction: Party Reforms in America*, University of California Press.

Rieselbach, Leroy, 1977, *Congressional Reform in the Seventies*, Duxbury.

Roazen, Paul, 1990, *The Necessity of Choice: Nineteenth-Century Political Thought*, Transaction Publisher.

Rohde, David W., 1991, *Parties and Leaders in the Postreform House*, University of Chicago Press.

Rhode, David and Dennis Simon, 1985, "Presidential Vetoes and Congressional Response," *American Journal of Political Science*, 29, pp. 397-427.

Roscoe, Douglas D., 2003, "The Choosers or the Choices? Voter Characteristics and the Structure of Electoral Competition as Explanations for Ticket-Splitting," *Journal of Politics*, 65:4, pp. 1147-1164.

Ross, Dorothy, 1991, *The Origins of American Social Science*, Cambridge University Press(백창재·정병기 역, 『미국 사회과학의 기원』, 나남, 2008).

Rudalevige, Andrew, 2006, "The Contemporary Presidency: The Decline and Resurgence and Decline (and Resurgence?) of Congress: Charting a New Imperial Presidency," *Presidential Studies Quarterly*, 36:3, pp. 506-524.

Saloma, John S., III and Frederick H. Sontag, 1972, *Parties: the Real Opportunity for Effective Politics*, Knopf.

Schattschneider, E. E., 1960, *The Semi-sovereign People: A Realist's View of Democracy in America*, Holt, Reinhart, and Wilson.

_____, 1942, *Party Government*, Holt, Reinhart, and Wilson.

_____, 1935, *Politics, Pressure, and the Tariff*, Prentice-Hall.

Schlesinger, Arthur, Jr., 2007, *Journals, 1952-2000*, Penguin Books.

_____, 1986, *The Cycle of American History*, Houghton Mifflin.

_____, 1973, *The Imperial Presidency*, Houghton Mifflin.

_____, 1965, *A Thousand Days: John F. Kennedy in the White House*, Houghton Mifflin.

Shafer, Byron, 1984, *Quiet Revolution: The Struggle for the Democratic Party and the Shaping of Post Reform Politics*, Russell Sage.

Sheppard, Burton D., 1985, *Rethinking Congressional Reform*, Schenkman.

Shepsle, Kenneth, 1989, "Congressional Influence and Behavior: The Changing Textbook Congress," in John E. Chubb and Paul E. Peterson, eds., *American Political Institutions and the Problems of Our Time*, Brookings Institution, pp. 238-66.

Shklar, Judith, 1991, "Redeeming American Political Theory," *American Political Science Review*, 85:1, pp. 3–15.

Simon, Dennis M., 2009, "Public Expectations of the President," in Edwards and Howell, eds., *The Oxford Handbook of the American Presidency*, pp. 135-159.

Skowronek, Stephen, 2010, "A President's Personal Attributes are the Best Predictors of Performance in the White House: Con," in Richard J. Ellis and Michael Nelson, eds., *Debating the Presidency: Conflicting Perspectives on the American Executive*, 2nd ed., CQ Press, pp. 197-201.

_____, 2009a, "The Paradigm of Development in Presidential History," in Edwards and Howell, eds., *The Oxford Handbook of the American Presidency*, pp. 749-770.

____, 2009b, "Mission Accomplished," *Presidential Studies Quarterly*, 39:4, pp. 795-804.

____, 1997(1993), *The Politics Presidents Make: Leadership from John Adams to Bill Clinton*, 2nd ed., Harvard University Press.

____, 1982, *Building a New American State: The Expansion of National Administrative Capacities, 1877-1920*, Cambridge University Press.

Smith, Rogers, 1997, *Civic Ideals: Conflicting Visions of Citizenship in U.S. History*, Yale University Press.

Sperlich, Peter W., 1969, "Bargaining and Overload: An Essay on Presidential Power," in Aaron Wildavsky, ed., *The Presidency*, Little, Brown, pp. 169-81.

Sternsher, Bernard, 1975, *Consensus, Conflict, and American Historians,* Indiana University Press.

Stonecash, Jeffrey M., 2013, "Political Science and the Study of Parties: Sorting Out Interpretations of Party Response," in Brewer and Maisel, eds., *The Parties Respond*, pp. 1-23.

Strahan, Randall W., 2011, "Party Leadership," in Schickler and Lee, eds., *The Oxford Handbook of The American Congress*, pp. 371-395.

Southwell, Priscilla and David Waguespack, 1997, "Support for Term Limits and Voting Behavior in Congressional Elections," *Social Science Journal*, 34:1, pp. 81-89.

Sundquist, James L., 1992, *Constitutional Reform and Effective Government*, rev. ed., The Brookings Institution.

____, 1983, *Dynamics of the Party System: Alignment and Realignment of Political Parties in the United States*, The Brookings Institution.

Temin, Peter, 2016, *Race and the Vanishing Middle Class*, MIT Press.

Thorson, Gregory and Tasina Nitzschke, 2000, "Politics and Policy in the 103rd and 104th Congress: Evaluating the Effects of Divided Government in the Post Reform Era," *Congress & Presidency*, 27:1, pp. 1-14.

Tocqueville, Alexis de, 1835 and 1840(1948), *Democracy in America*, Alfred Knopf.

Tower, John, 1982, "Congress versus the President," *Foreign Affairs*, vol. 60, pp. 229-247.

Tulis, Jeffrey K., 1987, *The Rhetorical Presidency*, Princeton University Press.

Viguerie, Richard, 1983, *The Establishment vs. the People*, Regenery Gateway.

Volden, Craig and Alan E. Wiseman, 2011, "Formal Approaches to the Study of Congress," in Schickler and Lee, eds., *The Oxford Handbook of The American Congress*, pp. 36-65.

Warber, Adams, L., Yu Ouyang, and Richard W. Waterman, 2018, "Landmark Executive Orders: Presidential Leadership Through Unilateral Action," *Presidential Studies Quarterly*, 48:1, pp. 110-126.

Waterman, Richard W., 2009, "Assessing the Unilateral Presidency," in Edwards and Howell, eds., *The Oxford Handbook of The American Congress*, pp. 477-498.

Wattenberg, Martin, 1984, *The Decline of American Political Parties, 1942-1980*, Harvard University Press.

Wildavsky, Aaron, 1965, "The Goldwater Phenomenon: Purists, Politicians and the

Two Party System," *Review of Politics*, 27:2, pp. 386-413.

Will, George F., 1992, *Restoration: Congress, Term Limits, Recovery of Deliberative Democracy*, Free Press.

Williamson, Vanessa, Theda Skocpol, and John Coggin, 2011, "The Tea Party and the Remaking of Republican Conservatism," *Perspectives on Politics*, 9:1, pp. 25-43.

Wilson, James Q., 1962, *The Amateur Democrat: Club Politics in Three Cities*, University of Chicago Press.

Wilson, Woodrow, 1885(1956), *Congressional Government: A Study in American Politics,* Houghton Mifflin(Meridian Books).

Wood, Gordon S., 1969, *The Creation of the American Republic, 1776–1787*, W. W. Norton.

찾아보기

[ㄱ]

갈등학파 44-46

개인적 대통령(personal president) 173

거대공화국론(large republic) 31

거부점(veto points) 234, 235, 244

견제와 균형(check and balance) 56, 57,
179, 303, 305

고어, 앨(Gore, Al) 15

고의적 정족수 미달 기도(disappearing
quorum) 259

골드워터, 베리(Goldwater, Barry) 71, 93,
94, 95, 107, 289

공간 모델(spatial model) 71, 72, 74, 123,
140

공격정치(attack politics) 64

공화파(Republicans) 282

관리자형 대통령(managerial president)
164

관직순환(rotation in office) 320

교착상태(gridlock) 141, 142, 170, 215,
229, 231, 232, 300, 308

국가 안보 지침(National Security
Directive) 167

국가 진흥주의(state promotionalism)
53, 54

권력 공유제(separated institutions with
sharing powers) 30, 185

권력과 책임의 분립(separation of powers
and responsibilities) 30

권력분립(separation of powers) 16, 17,
22, 28-38, 56, 57, 60, 167, 172, 176,
179, 180, 184, 300

권리장전(Bill of Rights) 33

규칙위원회(Rules committee) 135, 261

균형예산 헌법 수정안 316

균형투표자 모델(balancing voter model)
219

그린스타인, 프레드(Greenstein, Fred I.)
181-183, 191, 206

근거지 전략(base strategy) 103

금주령(Prohibition) 35, 36

기독연합(Christian Coalition) 313, 323

깅리치, 뉴트(Gingrich, Newt) 146,
315-317

[ㄴ]

나눠먹기(pork barelling) 134, 151, 263

남부 공략(Southern strategy) 37, 94, 95,
222

남북전쟁 20, 53, 55, 84, 89, 111, 114-117,
178, 197, 201, 217, 285

네오콘(Neo-conservatives) 301

노변정담(fire-side chat) 173

노이스타트, 리처드(Neustadt, Richard E.)
7, 15, 171, 183, 184, 186-192, 200,
204-206, 305

뉴딜(New Deal) 18, 34, 36, 37, 46, 48,
55, 71, 72, 76, 79, 85, 86, 89-91, 93,
94, 97, 111, 118, 145, 163, 164, 172,
173, 195, 196, 203, 214, 222, 255, 257,
262, 263, 275, 297, 304, 305

니부어, 라인홀트(Niebuhr, Reinhold) 43

닉슨, 리처드(Nixon, Richard) 14, 92, 95,
160, 161, 164, 170, 182, 186, 199, 203,
217, 219, 222, 228, 229, 231, 248, 264-
266, 275, 305

[ㄷ]

다두제(polyarchy) 23, 24

다수의 독재(tyranny of majority) 22, 57, 59

다운스, 앤서니(Downs, Anthony) 69-71, 73, 75, 76, 78, 87, 123, 124, 127, 139

단일 행정수반제(unitary executive) 16

단점정부(unified government) 213-216, 229, 231, 232, 235, 237, 240, 241, 243, 245

달, 로버트(Dahl, Robert) 23

대중독재 대통령(plebiscitary presidency) 174, 175, 180

대중 호소 전략 170-172, 175, 180

대통령 우위 정부론(presidential government) 304

데일리, 리처드(Daley, Richard) 289, 309

도금기(gilded era) 60

동조주의(conformism) 54, 55

뒤베르제, 모리스(Duverger, Maurice) 17

디긴스, 존(Diggins, John P.) 58

딜레이, 톰(Delay, Tom) 316

[ㄹ]

라이트, 짐(Wright, Jim) 312

레이건, 로널드(Reagan, Ronald) 95, 96, 119, 161, 164, 170, 171, 180, 186, 196, 201, 206, 228, 229, 231, 233, 257, 304

로브, 칼(Rove, Karl) 103

로스텐코스키, 댄 (Rostenkowsky, Dan) 312

로위, 시어도어 (Lowi, Theodore) 151, 152, 170, 172-175, 180

로크적 자유주의 43, 46, 51

롬니, 미트 (Romney, Mit) 105

루스벨트, 시어도어 (Roosevelt, Theodore) 117, 197

루스벨트, 프랭클린 (Roosevelt, Franklin

D.) 55, 90, 117, 159, 163

리드, 토머스(Reed, Thomas B.) 260, 261, 273, 280

린츠, 후안(Linz, Juan) 16, 17

립셋, 시모어 마틴(Lipset, Seymour Martin) 25, 26, 28-30

링컨, 에이브러햄 (Lincoln, Abraham) 115

[ㅁ]

마버리 대 매디슨(Marbeury v Madison) 판례 58

막후의 대통령(hidden hand presidency) 191

매디슨, 제임스(Madison, James) 31, 34, 57, 58, 112, 113, 178-180

매케인, 존(MacKain, John) 104

맥거번, 조지(McGovern, George) 95, 95, 290, 291, 293, 294

메이휴, 데이비드(Mayhew, David) 6, 7, 70, 123-131, 134-144, 146-148, 151, 152, 230-242, 244, 245, 247

모, 테리(Moe, Terry M.) 163

무당파의 복수(revenge of the independents) 104

무어, 베링턴 (Moore, Barrington, Jr.) 49

무제한 발언(filibuster) 19, 141, 142, 168, 239, 244

문화 전쟁(culture war) 65, 66, 68, 97, 104, 105

미국 예외주의(American exceptionalism) 24, 25, 30, 39

미국 절대주의(American Absolutism) 48, 54, 55

민권법(civil rights act) 37, 91, 93, 133, 145, 235, 237

민주공화파(Democratic Republicans) 112, 245

민중주의 45, 84, 116, 117, 201, 202, 255

[ㅂ]
바버, 제임스(Barber, James D.) 182, 186
반문화(counter culture) 운동 95
밴 뷰런, 마틴 (Van Buren, Martin) 114,
    284
법안 서명문(signing statements) 166, 167
베일린, 버나드(Bailyn, Bernard) 46
변경론(frontier thesis) 21
복수회부권(multiple referrals) 272
복음주의파(evangelism) 105
부시, 조지(Bush, George W.) 14, 15, 68,
    97, 99, 102-104, 106, 161, 165-167,
    203, 218, 231, 241, 242, 257
부어스틴, 대니얼(Boorstin, Daniel) 44
분점정부(divided government) 7, 17, 29,
    38, 98, 119, 164, 165, 172, 213-249,
    278, 303, 304
분할투표(split ticket voting) 27, 29, 98,
    217, 298
비대칭적 극단화(asymmetrical
    polarization) 77
비어드, 찰스(Beard, Charles) 45, 58
빈곤과의 전쟁(War on Poverty) 180

[ㅅ]
사법심사(judicial review) 33, 34, 54,
    58-60
사회보장법(Social Security Act) 90
사회적 보수주의(social conservatism) 96,
    97, 103-105
샌더스, 버니 (Sanders, Bernie) 98, 106
샷슈나이더, 엘머 에릭 (Schattschneider,
    Elmer Eric) 6, 7, 65, 75, 78-82, 84-88,
    91, 246
서먼드, 스트롬(Thurmond, Strom) 91
선거등록제(voter registration) 286
선거법(Federal Election Campaign Act)
    270

선거의 고리(electoral connection) 70,
    123
선거인단 15, 19, 20, 97, 113, 176, 255,
    284
선공의 정치(politics of preemption) 197,
    199
선임제(seniority) 122, 130, 144, 152, 262,
    263, 266, 269, 277, 322
셉슬, 케네스(Shepsle, Kenneth) 16
셰이즈의 반란(Shays' Rebellion) 57
소위원회 권리장전(Subcommittee Bill of
    Rights) 144, 271
수사적 대통령(rhetorical presidency)
    178, 205
스무트-홀리 관세법(Smoot-Hawley Tariff
    Act) 75, 76, 263
스미스, 앨(Smith, Al) 89
스카치폴, 테다(Skocpol, Theda) 49
스코우로넥, 스티븐(Stephen, Skowronek)
    162, 193-204, 206, 207, 239
신우파(New Right) 301, 304
신진보('New Politics' Liberals) 301

[ㅇ]
아렌트, 한나(Arendt, Hannah) 58, 79
아리기, 조반니(Arrighi, Giovanni) 47
아메리칸 시스템(American system)
    30, 54
아미, 리처드(Armey, Richard) 315
아이젠하워, 드와이트(Eisenhower,
    Dwight) 94, 160, 183, 186, 191, 200,
    203, 217, 218, 231, 239
아처, 빌(Archer, Bill) 316
압력 정치 75, 76, 78, 82, 85, 86
애덤스, 존 퀸시(Adams, John Quinncy)
    57, 113, 198
앨저주의(Algerism) 53
양극화 37, 66-68, 73, 77, 98, 101-103,

119, 145, 146, 165, 172, 204, 227, 238,
240-242, 244, 245
억센 개인주의(rugged individualism) 53
에드워즈, 조지(Edwards, George C., Ⅲ)
180, 237
엘리스, 리처드(Ellis, Richard) 192
연방주의자 논고(Federalist Papers) 30
연방파(Federalist) 30, 47, 58, 112, 114,
282
엽관제(spoils system) 286
예비선거제(primary election) 7, 19, 27,
286, 287, 293, 297, 300
예산국(Bureau of the Budget) 162, 163,
229, 276
오바마, 버락(Obama, Barack) 97-99, 102,
106, 161, 167, 206, 207, 218, 219, 242
올슨, 맨슈어(Olson, Mancur) 134
와그너법(Wagner Act) 90, 257
워터게이트(Watergate) 14, 95, 160, 164,
222, 267, 301
월러스틴, 이매뉴얼(Wallerstein,
Immanuel) 47
월리스, 조지(Wallace, George) 93, 95
위대한 사회(Great Society) 37, 93, 125,
145, 164, 264
위원회 정부(committee government)
259, 262
윌다브스키, 아론(Wildavsky, Aaron) 69,
192
윌슨, 우드로(Wilson, Woodrow) 18, 117,
122, 148, 159, 162, 179, 180, 199,
259-261
의회 예산국(Congressional Budgetary
Office) 276
의회 재조직법(Legislative Reorganization
Act) 268
의회 정부(Congressional government)
18, 259

이란-콘트라게이트(Iran-Contragate) 228
이슈 투표(issue voting) 86
이중적 정통성(dual legitimacy) 16
이탈의 정치(politics of disjunction) 198
일방적 대통령론(unilateral presidency)
6, 167-170, 185
1896년 체제(system of 1896) 79, 84, 117
임기제한 운동 306-311, 313-315, 317,
318, 320, 323-326, 328, 329
입법조사처(Congressional Research
Service) 165

[ㅈ]
자연적 자유주의(natural liberalism) 50,
51, 54
재건기(Reconstruction) 84, 115, 217,
259, 285
재정적 보수주의(fiscal conservatism) 94,
96, 100, 103
재편의 정치(politics of reconstruction)
196, 197, 199, 201, 202, 207
잭슨 민주주의(Jacksonian Democracy)
53, 113, 195, 255, 256, 283
잭슨, 앤드루(Jackson, Andrew) 30, 53,
113, 114, 177, 191, 195, 196, 255, 256,
283, 284
전국 임기제한 연합(National Term Limit
Coalition) 323
전국적 예비선거(national presidential
primary) 287, 294
전미보수연맹(American Conservative
Union) 313
전쟁권한법(War Powers Act) 268, 276,
278
정당 기율(party discipline) 37, 247, 280
정당 단합도(party unity score) 37, 38,
124, 136, 138, 237, 240, 241, 244, 279
정당 머신(party machine) 285, 289

정당 보스(party bosses) 285-290

정당 재편(realignment) 195, 197, 200, 260

정돈(sorting) 67, 146

정치계급(politicos) 68, 69, 319

정치 주기(political cycle) 모델 256

제도적 대통령(institutional presidency) 164, 165

제왕적 대통령(imperial presidency) 18, 34, 159, 165, 204, 248, 264, 275, 306

제퍼슨, 토머스(Jefferson, Thomas) 29, 45, 46, 112, 113, 191, 195, 196, 245, 281, 282

조건적 정당정부론(conditional party government) 38, 143-146

존스, 찰스(Jones, Charles O.) 184, 238, 247, 268

존슨, 린든(Johnson, Lyndon B.) 92, 93, 107, 159, 161, 170, 180, 186, 191, 197-199, 203, 219, 231, 265, 275, 288, 290

종교적 우파(religious right) 65, 304

주권주의(state rightism) 91, 94, 96

중간선거 90, 92, 96-98, 102, 104, 160, 213-227, 315, 326, 327

중대 선거 104, 111, 286

중도파의 복수(revenge of the center) 104

중위투표자론(median voter theorem) 70, 141

중추 정치 이론(pivotal politics theory) 142-144

지역주의(sectionalism) 84-86, 89

집합행동의 논리(logic of collective action) 134

[ㅊ]

책임정당정부(responsible party government) 17, 38, 124, 130, 204,

246, 248, 267, 284, 298, 306

청교도정신(Puritanism) 21

최소 다수 전략(minimal majority strategy) 103

[ㅋ]

카터, 제임스(Carter, James E.) 95, 118, 161, 167, 170, 186, 198, 205, 218, 229, 231, 233, 239, 257, 278, 299, 300

칼훈, 존(Calhoun, John C.) 284

캐넌, 조지프(Cannon, Joseph) 261, 273, 280

커넬, 사무엘(Kernell, Samuel) 171, 172

케네디, 존(Kennedy, John F.) 92, 160, 186, 231, 265, 275

케네디, 로버트(Kennedy, Robert) 288, 289, 301

코엘로, 토니(Coelho, Tony) 312

크레비엘, 키스 (Krehbiel, Keith) 141-143, 152, 239

크로닌, 토머스(Cronin, Thomas E.) 159

크로티, 윌리엄(Crotty, William J.) 256, 291, 301, 328

클리블랜드, 그로버 (Cleveland, Grover) 199, 200-203, 286

클린턴, 빌 (Clinton, Bill) 96-99, 106, 107, 161, 165, 175, 180, 199, 203, 217-219, 221, 223, 224, 227, 228, 241, 257, 300

킹 코커스(King Caucus) 284, 289, 301

킹, 마틴 루터(King, Martin Luther, Jr.) 289, 301

[ㅌ]

터너, 프레드릭 잭슨(Turner, Frederick Jackson) 21

토크빌, 알렉시스 드(Tocqueville, Alexis de) 21, 22, 26, 49

통제위원회(control committees) 135,

140, 143, 147, 152

투표권법(Voting Rights Act) 263

튤리스, 제프리(Tulis, Jeffrey K.) 176-180

트럼프, 도널드(Trump, Donald) 6, 98, 105, 107, 161, 166, 204-207, 218, 242

트루먼, 해리(Truman, Harry S.) 160, 186, 197, 203, 207, 215-217, 219, 231

티파티(Tea Party) 64, 77, 102, 105-107, 204, 227

[ㅍ]

패링턴, 버넌(Parrington, Vernon) 45

페노, 리처드(Fenno, Richard F., Jr.) 6, 7, 10, 125, 126, 136, 144, 147-149, 151-153

페로, 로스(Perot, Ross) 106

포콕(Pocock, J. G. A.) 46

폴스비, 넬슨(Polsby, Nelson W.) 15, 30, 31-34, 125, 223, 224

표출의 정치(politics of articulation) 197

풀브라이트, 윌리엄(Fulbright, J. William) 215, 216

프레이저, 도널드(Fraser, Donald) 290, 291, 293, 295

피오리나, 모리스(Fiorina, Morris) 66-70, 77, 103, 146, 153, 221

핑크니, 찰스(Pinckney, Charles) 57

[ㅎ]

하츠, 루이스(Hartz, Louis) 6, 7, 9, 42-53, 55, 58-60

합의론자들(consensus school) 24

해밀턴, 알렉산더(Hamilton, Alexander) 54, 58, 60, 112, 114, 245, 281, 283

행정가형 대통령(administrative presidency) 164

행정명령(executive order) 166, 168, 170, 205

행정협정(executive agreement) 166-170, 205

헌법 숭배(Constitutional fetishism) 54

헌정적 계기(constitutional moment) 191, 192

험프리, 허버트(Humphrey, Hubert) 94, 289, 290

헤링, 펜들톤(Herring, Pendleton) 22, 23, 254, 255

혁신주의 43, 45, 48, 117, 159, 162, 254, 255, 261, 285-290, 300

현직의 이점(incumbency advantage) 127, 128, 221-223, 227, 318, 327

협력하기(logrolling) 152

호텔링, 해럴드(Hotelling, Harold) 71

호프스태터, 리처드(Hofstadter, Richard) 43

휘그당 30, 48, 49, 52-54, 58-60, 114, 115, 177-180